诚信为本

坚持准则

操守为重

不做假账

——与学习会计的同学共勉

望芾甸书巢藏　钱竹汀氏本　不装不裱宋　荣安氏重

钱本善本

珍本　国家图书馆藏

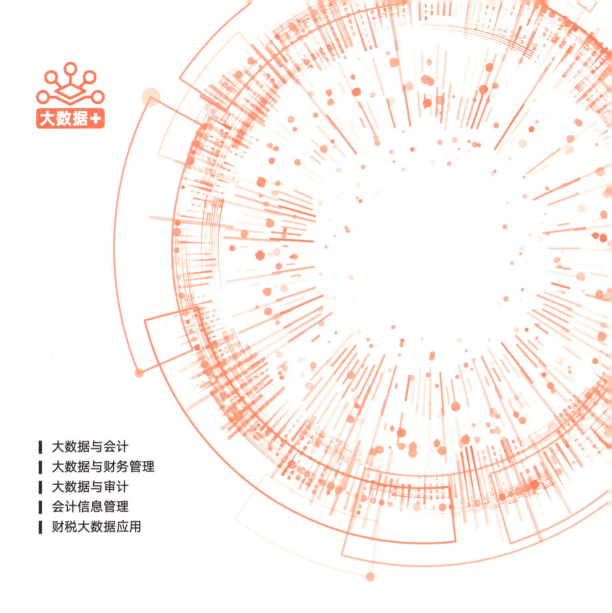

大数据+

- 大数据与会计
- 大数据与财务管理
- 大数据与审计
- 会计信息管理
- 财税大数据应用

高等职业教育财经类专业群 数智化财经 系列教材

ICVE 智慧职教　高等职业教育在线开放课程新形态一体化教材

大数据技术在财务中的应用

（Power BI版）

主编　高翠莲　乔冰琴　谢计生

中国教育出版传媒集团

高等教育出版社·北京

内容提要

本书是高等职业教育财经类专业群数智化财经系列教材之一，是高等职业教育在线开放课程新形态一体化教材，也是山西省"十四五"首批职业教育规划教材。

全书共分为知识技能融合讲练篇和业务财务融合综合实训篇。上篇知识技能融合讲练篇包括六个讲练类项目：Power BI 认知、Power BI 数据获取、Power Query 数据清洗、Power BI 数据建模、Power BI 数据分析表达式及 Power BI 数据分析可视化，侧重培养和强化学生的数据收集、清洗、整理、建模、计算与可视化呈现能力；下篇业务财务融合综合实训篇包括两个综合实训类项目：企业进销存报表分析和企业经营预算分析，侧重培养和提升学生在真实场景下业财一体化分析和解决实际问题的能力。

本书配有任务实操视频，支持二维码随扫随学，同时提供教学课件、课程标准、参考答案、Power BI 源文件、素材数据文件等教学资源，并在"智慧职教 MOOC 学院"上开设"大数据技术在财务中的应用"在线课程。资源具体获取方式请见书后"郑重声明"页的资源服务提示。

本书既可作为高等职业教育专科、本科院校大数据与会计、会计信息管理、大数据与财务管理、大数据与审计等财务会计类专业相关课程的教材，也可作为其他所有与大数据相关的财经商贸大类各专业的大数据技术应用教学用书，还可作为在职财会人员学习大数据技术的参考用书。

图书在版编目（ＣＩＰ）数据

大数据技术在财务中的应用：Power BI版 / 高翠莲，乔冰琴，谢计生主编. -- 北京：高等教育出版社，2023.9（2024.8重印）
  ISBN 978-7-04-060780-2

Ⅰ. ①大… Ⅱ. ①高… ②乔… ③谢… Ⅲ. ①财务管理-数据处理-高等职业教育-教材 Ⅳ. ①F275

中国国家版本馆CIP数据核字(2023)第123350号

大数据技术在财务中的应用（Power BI版）
DASHUJU JISHU ZAI CAIWU ZHONG DE YINGYONG

| 策划编辑 | 武君红 张雅楠 | 责任编辑 | 黄 茜 | 封面设计 | 李树龙 | 版式设计 | 马 云 |
| 责任绘图 | 易斯翔 | 责任校对 | 吕红颖 | 责任印制 | 沈心怡 | | |

出版发行	高等教育出版社	咨询电话	400-810-0598
社　　址	北京市西城区德外大街4号	网　　址	http://www.hep.edu.cn
邮政编码	100120		http://www.hep.com.cn
印　　刷	涿州市星河印刷有限公司	网上订购	http://www.hepmall.com.cn
开　　本	787mm×1092mm　1/16		http://www.hepmall.com
印　　张	21.25		http://www.hepmall.cn
字　　数	400 千字	版　　次	2023 年 9 月第 1 版
插　　页	2	印　　次	2024 年 8 月第 4 次印刷
购书热线	010-58581118	定　　价	49.80 元

本书如有缺页、倒页、脱页等质量问题，请到所购图书销售部门联系调换

前 言

2021年3月，教育部发布《职业教育专业目录（2021年）》，高等职业教育财务会计类专业名称除会计信息管理专业外均冠以"大数据与"字样，财务会计类专业转型势在必行。2022年9月，教育部发布了《职业教育专业简介（2022年修订）》，"大数据技术在财务中的应用"课程既是高等职业教育专科大数据与会计专业和会计信息管理专业的专业核心课程，又是高等职业教育本科大数据与财务管理专业和大数据与会计专业的专业基础课程。该课程教学目标定位为：培养学生具备应用大数据技术进行业务财务数据收集、清洗、整理、挖掘和可视化输出等能力。

为培养拥有较强的数字技能、缜密的数字思维、严谨的逻辑思维的财会数字化人才，推动专技融合、科教融汇、课岗赛证融通，高水平推进财会类专业数字化转型，本书搭建了多元协同型的产教融合编写团队。国家"万人计划"教学名师、国家高水平会计专业群项目负责人、山西省财政税务专科学校会计学院院长高翠莲教授带领编写团队，细致梳理岗位需求、深入挖掘真实场景、精心选择序化教学内容、创新设计螺旋式技能提升框架，从理解原始数据、设计清洗方案、构建数据计算模型，直至可视化呈现分析结果，由浅入深、由易到难，一气呵成地带领学习者由数据分析初学者成功跨入业财分析的大门。

编写团队经过实地调研、多方对比、深思熟虑后，最终确定以 Power BI（商业智能）作为大数据技术在财务中应用的首选工具。原因有三：① Power BI 是一款易入门、强功能、超低代码的大数据分析工具，其菜单式操作界面能有效降低工具自身的复杂度。相比使用 Python 语言进行真实场景下的复杂业务财务分析，Power BI 更能降低学习成本，有利于财会人员全神贯注于业财一体化管理的核心数据分析需求。② Power BI 是一款具有成熟系统架构且易于企业全面部署的大数据分析工具，这既能降低企业数字化转型成本，也利于快速落地企业整体业务财务的数智化转型需求。③ 实际应用场景下，使用 Power BI 软件进行财务分析比使用 Python 更具普适性。

本书的主要特色如下：

1. 落实立德树人根本任务，引领学生大数据素养的淬炼

本书围绕党的二十大提出的"全面贯彻党的教育方针，落实立德树人根本任务，培养德智体美劳全面发展的社会主义建设者和接班人"及加强交叉学科建设等精神，通过三位一体学习目标及"革故鼎新""动手实践"等栏目设计，将职业素养教育贯穿于大数据技术知识学习和技能培养体系中，内容编排突出数字思维和数据逻辑的培养、自主学习和思考能力的培养、综合实操技能和问题解决能力的培养等。

2. 知识、技术、场景融合，螺旋上升推进学生大数据思维的建构

本课程的关键点在于应用大数据技术推动财务场景中的业务财务数据流转、合并、计算、可视化输出等数据分析全流程的落地实施，以数据分析、挖掘和预测推动企业财务预测决策的精准化与实时化。为此，编写团队围绕业务财务岗位所需的大数据技术综合职业技能，梳理典型工作任务，挖掘典型工作场景，提取真实工作案例，并依据职业教育特点对案例进行教学化设计，形成项目任务式螺旋上升能力养成教学体系。

全书共分两大篇：知识技能融合讲练篇和业务财务融合综合实训篇。前者侧重培养和强化学生的数据收集、清洗、整理、建模、计算与可视化呈现能力；后者侧重培养和提升学生在真实场景下业财一体化分析和解决实际问题的能力。其中知识技能融合讲练篇结合数据分析基本流程及 Power BI 工具自身特点，设计六大教学项目：Power BI 认知、Power BI 数据获取、Power Query 数据清洗、Power BI 数据建模、Power BI 数据分析表达式及 Power BI 数据分析可视化。这些项目完整对应学生数据分析能力的养成过程，形成项目式数据分析六阶段能力养成模式。每个教学项目由二至四个任务组成，每个任务既突出所属项目的阶段能力培养要求，同时又自成一体地全面涵盖数据分析基本流程，形成任务式数据分析六阶段能力养成模式。

项目式数据分析六阶段能力养成模式与任务式数据分析六阶段能力养成模式共同构成数据分析能力项目任务式螺旋上升养成模式。每一个项目对应某种类型场景的数据分析能力，每一个任务对应某种类型案例的数据分析能力；项目任务层层迭代，知识技术层层叠加，技能素养层层递增，终以渐进式、螺旋式、增量式实现本课程的培养目标。

3. 数据、公式、图表联动，讲、练、训一体支持学生大数据技术应用能力的提升

本书以"明数据、懂公式、清图表"为教学目标，系统讲解和训练数据分析流程各环节的知识和技能，深析公式背后的数据计算逻辑，透析图表背后的

数据呈现逻辑。

本书上篇的项目一至项目六为讲练类项目，主要以大数据技术相关知识讲解和技术技能训练为主。讲解达到"四清"，即：知识难点讲清、技术原理理清、数据逻辑厘清、计算逻辑明清；练习达到"五熟"，即：工具使用熟练、操作步骤熟练、清洗过程熟练、公式计算熟练、图表呈现熟练。本书下篇的项目七至项目八为综合实训类项目，以真实工作场景中的业务财务分析任务为实训案例，锚定"四力"目标，即提升大数据技术综合应用能力、提升数据理解与洞察能力、提升数据建模与应用能力、提升图表呈现与分析能力。

4. 教学资源配备完善，线上学习和线下训练助力课程教学目标的落地

本书融知识学习和技能训练于项目任务中，知识丰富、任务典型、数据真实、技能实用。全书上篇共有 18 个教学任务，配套 18 个"动手实践"作业任务，下篇包括两大综合实训项目，并融入 15 个实训任务。所有教学任务和实训任务全部配套实操视频，支持二维码随扫随学。本书配套课程标准、教学课件、参考答案、Power BI 源文件及素材数据文件等教学资源，并在智慧职教平台 MOOC 学院上开设"大数据技术在财务中的应用"在线课程，以此支撑财会师生讲授、学习、训练。本书还可辅助在职财会人员财务大数据技术知识和技能的更新，支持全国职业院校技能大赛会计实务赛项中与 BI 技术应用相关的竞赛能力训练，实现岗课赛证融通综合育人，培养数智化会计职业人才。

本书由山西省财政税务专科学校会计学院院长高翠莲教授、山西省财政税务专科学校大数据学院院长乔冰琴副教授、厦门科云信息科技有限公司谢计生董事长主编。高翠莲教授负责教材的总体设计与规划、教材编写思路、框架和方向，并完成项目七和项目八的撰写；乔冰琴副教授负责所有案例的审定，并完成项目一至项目六的撰写；谢计生董事长带领的技术团队负责从真实场景中提取综合案例，并为教材配套"云"端教辅平台。全书任务配套实操视频由山西省财政税务专科学校会计学院教师团队和厦门科云信息科技有限公司技术团队共同负责录制。高翠莲教授对本书进行总纂定稿。

本书用时 8 个月得以完成，编者竭尽所能，力图以通俗易懂、深入浅出的语言，来表述复杂的数据逻辑和计算逻辑。若在学习本书前不具备任何 Power BI 基础，凭借 Power BI 自身具有的"所见即所得"特征，以及本书全面配套的实操视频等课程资源，学习者也能成功踏入财务数据分析的大门。Power BI 技术应用活灵活现，学习边界浩瀚无边，若在学习本书前具备一定的编程基础和程序思维，具备一定的数据分析基础和数据思维，无疑能如虎添翼，触类旁通。

新技术正以令人目不暇接的速度更新迭代，受限于编者水平，书中难免存在疏漏与不妥之处，敬请广大读者批评指正。

编　者

2023 年 7 月于太原

目　录

目录

上篇
知识技能融合讲练篇

项目一

Power BI 认知

1

学习目标 >>>

知识目标

了解 Power BI 软件的功能和作用

熟悉 Power BI 软件界面

掌握使用 Power BI 软件进行财务分析可视化的基本流程及基本操作方法

技能目标

能够自行下载和安装 Power BI 软件

能够使用 Power BI 软件完成简单的财务分析可视化

素养目标

提升学生的数据探查和数据分析素养，具备一定的数据计算及逻辑分析能力

项目说明 >>>

　　大数据财务分析技术是实现智能财务的重要支撑技术之一，了解和掌握大数据财务分析技术是当代青年财会人员必须具备的重要工作能力之一。本项目将从认识大数据分析工具——Power BI 软件开始，通过动手实操，下载 Power BI 安装程序，在计算机上搭建 Power BI 环境，并在 Power BI 软件中实现 Orange 公司各部门销售利润分析可视化的任务。

项目分解 >>>

项目一　Power BI认知

任务一　下载和安装Power BI

任务二　Power BI可视化分析流程认知

革故鼎新 ▶▶▶

以商业智能工具，助力企业管理提质增效

党的二十大报告提出"加快发展数字经济，促进数字经济和实体经济深度融合，打造具有国际竞争力的数字产业集群"。当前数字化浪潮下，向数字化生产和管理要效益已成为企业建立差异化竞争优势的主要手段。数据作为新型生产要素，能加速推动产业发展模式向创新驱动转变。而 5G 网络、工业互联网、人工智能、大数据、物联网等数字技术的迅猛发展，进一步推动各类资源要素快速流动、各类市场主体加速融合，帮助市场主体重构组织模式，实现跨界发展，打破时空限制，延伸产业链条，畅通国内外经济循环。

商业智能（Business Intelligence，简写为 BI）是一种使用现代数据仓库技术、线上分析处理技术、数据挖掘和数据展现技术进行数据分析以实现商业价值的重要工具。新一代商业智能工具可以赋能企业数据化运营，帮助企业快速响应市场变化和管理需求，促使业财税融合一体化管理越来越智能化和便捷化。

以商业智能工具为利器，优化企业业财税数据的收集、管理和分析过程，可以提升企业各级决策者获得知识或洞察未来的能力，助力企业作出更有利的决策。

启示：工欲善其事，必先利其器。企业数字化转型需要更多掌握新技术的数字化人才。作为财会专业的青年学生，唯有掌握新技术这一"利器"，才能在走上工作岗位后推动企业财务数字化转型、智能化升级、精准化决策，提供高价值数据。

任务一 / 下载和安装 Power BI

【任务说明】

Power BI 是商业智能分析工具之一，它可以连接企业内外数百个数据源，快速清洗及整合数据，支持构建数据模型，并提供可视化分析。用户可以基于 Power BI 创建个性化数据分析仪表板、获取对业务的全方位独特见解、生成报表视图并进行发布等，以供整个企业在 Web 和移动设备上使用可视化分析结果。但要完成上述工作，支持企业的商业智能分析活动，需要先搭建好 Power BI 环境，即完成 Power BI 的下载和安装。

【相关知识】

一、商业智能认知

商业智能，英文名称是 Business Intelligence，简称为 BI，是一组对企业内外部数据进行收集、存储、分析、挖掘和展现的技术。商业智能一词相对正式的定义，最早可以追溯到 1996 年，高德纳咨询公司（Gartner Group）提出的商业智能概念，即商业智能描述了一系列的概念和方法，通过应用基于事实的支持系统来辅助商业决策的制定。商业智能技术提供一系列帮助企业迅速分析数据的技术和方法（包括收集、管理和分析数据等），这些技术将看似杂乱的大量数据转化为有用的、支持决策的信息，进而辅助企业的价值创造活动。

商业智能一词中包含智能的含义，意味着利用商业智能技术呈现的数据会更加丰富，数据解释更有见解，操作交互性更强，用户体验感也更好。企业管理人员可以利用商业智能技术来洞察数据，制定决策，进而创造商业价值。

🔧 知识扩展

BI 和 ERP（Enterprise Resource Planning，企业资源计划）系统的区别主要表现在以下两个方面。

1. 二者服务对象不同

ERP 主要服务于企业一线业务部门，重点解决企业业务流程、业务过程管理方面的问题。BI 主要面向企业的管理决策层，同时 BI 的基础报表功能也可以兼顾到一线业务人员的报表需求，并且 BI 的基础报表功能比 ERP 的报表功能更加强大和灵活。

2. 二者取数能力不同

ERP 和企业内部其他业务系统间是彼此独立的关系（业务模块独立、数据分散独立）；BI 具有超强的跨系统取数能力，能打通各业务系统之间的数据连接，当企业要跨系统、跨业务查看数据时就需要使用 BI。

二、Power BI 软件的功能与特点

自从商业智能这一领域被开拓以来，国内外各种商业智能工具便层出不穷。目前常见的 BI 工具有：Microsoft Power BI、IBM Cognos、Oracle OBIEE、Tableau、Fine BI、Smartbi、网易有数 BI 等，这些 BI 工具有一定的共性，也各有其特性。大部分 BI 工具均提供数据汇集、数据清洗、数据转换、数据分析及数据可视化等功能。

Microsoft Power BI（简称"Power BI"）是微软公司推出的一系列软件服务、应用和连接器的集合，这些软件服务、应用和连接器协同工作，能将看似不相关的数据源转化为合乎逻辑、视觉逼真的交互式见解。无论什么样的数据，Power BI 都能弥合数据与决策制订之间的差距，帮助人们轻松发现重要信息，并将之与他人分享。Power BI 的特点表现在以下几个方面。

（一）Power BI 具有良好的数据体验

Power BI 提供 500 多个免费数据源连接功能，因此，基于 Power BI 可以轻松地连接到数百个不同类型的本地数据源和云数据源，通过对数据进行建模和可视化，能快速创建极具个性化的、令人印象深刻的、针对业务问题的、受 AI（Artificial Intelligence，人工智能）支持的决策建议或报表。

（二）Power BI 提供强大的统一部署服务

Power BI 强大的统一部署服务为企业内共享决策建议或报表服务提供有力支持。Power BI 在连接到企业所有数据源，提供分析、共享和优化决策建议的同时，还能保持数据的准确性、一致性和安全性，从而使企业能够充分利用大数据资产。

（三）Power BI 支持数据驱动型决策

Microsoft Power BI 可轻松与 Microsoft Office 应用程序协同工作，提供所有用户就同一数据和报表进行协作处理及共享的功能，以赋能企业中的每个员工，使其能够快速从技术和数据中获取价值，作出驱动战略行动的数据驱动型决策。

🔧 知识扩展

Power BI 和 Excel 具有一脉相承的关系。2015 年，微软公司将 Excel 中的 Power Pivot、Power Query 和 Power View 三大组件剥离出来，形成自助式商业智能软件 Power BI。

三、Power BI Desktop 认知

目前 Power BI 官网提供的 Power BI 产品包括：Power BI Desktop（桌面版，也称免费版）、Power BI Pro（专业版）、Power BI Premium（增值版）、Power BI 移动版、Power BI Embedded（嵌入版）、Power BI 报表服务器。对个人而言，Power BI Desktop 是一个非常合适的可供免费使用的版本，用户可从 Power BI 官网免费下载此版本，然后将其安装在本地计算机上，免费使用它完成数据准备、数据建模和可视化展示等工作。

Power BI Desktop 的大部分功能不需要用户注册和登录即可使用。不过，未注册登录用户会受到一些高级功能使用权限的限制。例如，将制作好的可视化报表发

布到 Web 上、与他人共享报表、下载自定义可视化对象、文本分析和视觉等 AI 功能，都需要用户先登录才能使用。

🔔 **提 示**

注册 Power BI Desktop 账户需要使用企业邮箱，个人邮箱不能注册 Power BI Desktop 账户。

【任务实施】

Power BI Desktop 提供两种下载和安装方式，其一是从微软商店中下载和安装；其二是通过 Microsoft 官方网站下载和安装。

一、从微软商店中下载和安装 Power BI Desktop

进入微软商店的方法有多种，这里以从本地计算机上直接进入微软商店为例。

步骤 1：在操作系统是 win10 或 win11 的计算机上单击 ▦ 图标，打开微软商店（Microsoft Store）。

步骤 2：在 Microsoft Store 搜索框中搜索 Power BI Desktop，找到后，单击界面上的【安装】按钮，就可以自动下载和安装 Power BI Desktop，如图 1-1 所示。

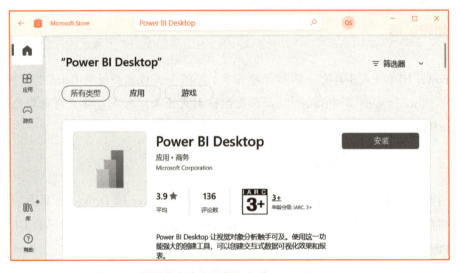

图 1-1 从微软商店中下载和安装 Power BI Desktop

🔔 **提 示**

Power BI Desktop 更新频率较高，采用此种安装方式安装的 Power BI Desktop 以后可以自动更新。

二、从 Microsoft 官方网站下载和安装 Power BI Desktop

步骤 1：百度搜索 Microsoft Power BI Desktop，找到并单击 Power BI Desktop 的 Microsoft 官方下载链接，在打开的下载界面中，选择语言为"中文（简体）"，单击下载按钮，如图 1-2 所示。

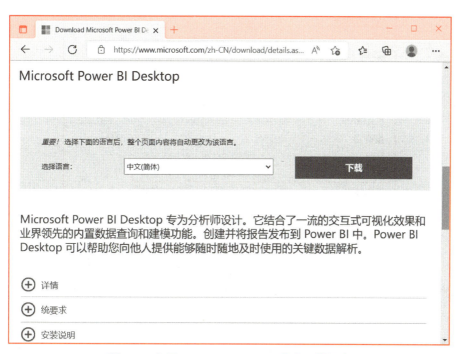

图 1-2　打开 Power BI Desktop 官方下载网站

步骤 2：Power BI Desktop 有两个安装程序，一个是 PBIDesktopSetup_x64.exe，此安装程序适合 64 位操作系统的计算机安装；另一个是 PBIDesktopSetup.exe，此安装程序适合 32 位操作系统的计算机安装。选择要下载的安装程序前，请先查看计算机中运行的 Windows 操作系统是 64 位操作系统还是 32 位操作系统。查看方法为：在资源管理器中，右键单击"此电脑"，在展开的快捷菜单中选择"属性"，即可查看到当前计算机中已安装的操作系统类型，如图 1-3 所示。

步骤 3：确认好系统的类型后，在如图 1-4 所示的界面中，选择适合计算机系统的安装程序进行下载。

步骤 4：下载完成后，双击安装程序即可启动安装向导，开始安装 Power BI Desktop。Power BI Desktop 的安装过程非常简明且易操作，读者可自行按照安装向导完成安装；或观看安装视频，在视频的指导下完成安装。

图 1-3 查看 Windows 操作系统类型

图 1-4 选择安装程序进行下载

🔔 **提 示**

安装 Power BI Desktop 时，可以自行选择安装路径，也可以直接安装在默认的安装路径下。若安装在默认路径下，则 Power BI Desktop 的应用程序 PBIDesktop.exe 的存取路径为：C:\Program Files\Microsoft Power BI Desktop\bin。

步骤 5：安装完毕后，启动 Power BI Desktop。若能成功启动，则意味着 Power BI Desktop 安装成功。

🔔 **提 示**

Power BI Desktop 软件版本更新较快，不同版本在软件界面风格和功能体验上略有差异。可以通过 Power BI Desktop 软件主界面中【帮助】功能选项卡下的【关于】来查看软件版本。本教材采用的 Power BI Desktop 软件版本为：2.111.590.0 64-bit（2022 年 11 月）。即使读者使用的软件版本和本教材不同，也基本不影响操作体验。

从 Microsoft 官方网站下载和安装 Power BI Desktop

【动手实践】

请在自己的计算机上下载和安装 Power BI Desktop，并检验是否安装成功。

【任务评价】

在"学习评价表"上记录一下你学会了多少。

学习评价表

学习内容	完成度评价
商业智能认知	是□　否□
Power BI 认知	是□　否□
Power BI Desktop 认知	是□　否□
从微软商店中下载和安装 Power BI Desktop	是□　否□
从 Microsoft 官方网站下载和安装 Power BI Desktop	是□　否□

Power BI 可视化分析流程认知

【任务说明】

Orange 公司是一家从事服装贸易的跨境电商公司，其商品销售遍布全球多个国家。Orange 公司设有 5 个销售部门，现有这 5 个销售部门连续多月的销售数据保存在"Orange 公司销售数据.xlsx"文件中。请在 Power BI Desktop 中制作一份该公司各销售部门的盈利分析报表，展示不同商品、不同地区、不同月份的销售利润情况，供决策者进行销售决策参考。

【相关知识】

一、Power BI Desktop 的界面认知

启动 Power BI Desktop 后，可以看到 Power BI Desktop 的初始工作界面。根据功能不同，可将此界面划分为五大区域，如图 1-5 所示。下面分别对这五个区域进行说明。

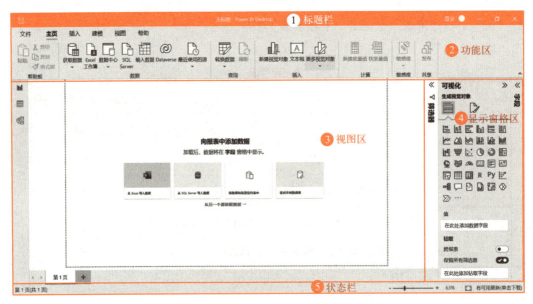

图 1-5 Power BI Desktop 启动后的默认界面

（一）标题栏

标题栏对应图1-5的①区域，标题栏标明了当前正在操作的 Power BI Desktop 文件名（对于未保存的新建文件，显示为"无标题"）；标题栏还显示了一些非常常用的功能操作按钮，如保存、撤销、恢复（标题栏左侧），登录状态、最小化、最大化（或向下还原）、关闭等按钮（标题栏右侧）。

（二）功能区

功能区对应图1-5的②区域，功能区显示了 Power BI Desktop 软件的功能操作菜单项，这是一个动态的、包含多个功能选项卡的区域，其中的功能选项卡将随着工作区的变化而变化。

提　示

【主页】选项卡的左侧是【文件】菜单，单击【文件】菜单将以下拉菜单形式显示与文件操作、系统配置等相关的功能。【文件】菜单不随工作区的变化而变化，但功能区会随工作区的变化而变化。

（三）视图区

视图区对应图1-5的③区域，此区域是 Power BI Desktop 的主要工作区域。视图区分三种，默认显示的是"报表"（📊）视图，可以单击"数据"图标（⊞）切换到数据视图，或单击"模型"图标（▣）切换到模型视图。

1. 报表视图

报表视图是 Power BI Desktop 的数据可视化编辑区域，可在此区域新增多张报表，在每张报表上添加多个视觉对象，以形成一个完整的、连续的数据故事看板。默认情况下，报表视图只显示一张报表，可单击➕按钮新增报表页。

与报表视图有关的功能选项卡有主页、插入、建模、视图和帮助等。

2. 数据视图

数据视图可用来检查、浏览、调整当前模型中各表的相关属性和数据。如图1-6所示为"销售数据"表的数据浏览和操作界面。当处在数据视图界面时，相应的功能选项卡主要有主页、帮助和表工具等。

提　示

当选中表中的某个列时，功能选项卡还会动态增加"列工具"功能选项卡。

图 1-6　"销售数据"表的数据浏览和操作界面

3. 模型视图

模型视图用来查看和编辑当前模型中的所有表、列及表间关系。当模型中的表间关系比较复杂时，此视图更为有用。如图 1-7 所示为包括四张表的模型视图，其中，产品表、城市表、客户表和销售订单表分别是表名称，每个表都包含若干个列；表和表之间的连线代表表间关系，表间关系表示两个表中的数据存在一定的相关性。当处在模型视图界面时，相应的功能选项卡主要有主页和帮助。

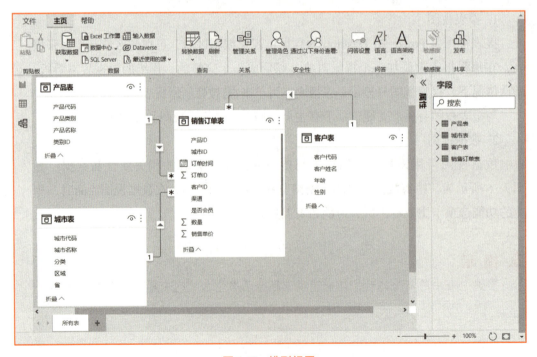

图 1-7　模型视图

（四）显示窗格区

显示窗格区对应如图 1-5 中的④区域，此区域显示了与当前视图有关的可操作窗格。在报表视图下，默认显示的窗格有筛选器、可视化和字段，这些窗格可以展开显示在屏幕上，也可以折叠起来。例如，图 1-5 中，筛选器窗格和字段窗格处于折叠状态，而可视化窗格处于展开状态。

在数据视图下，默认显示的窗格是字段窗格；在模型视图下，默认显示的窗格是属性窗格和字段窗格，如图 1-8（a）和图 1-8（b）所示。

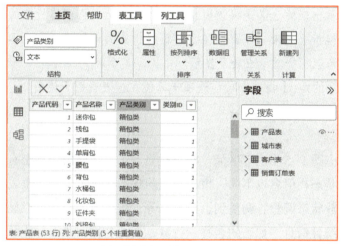

（a）数据视图下的默认显示窗格

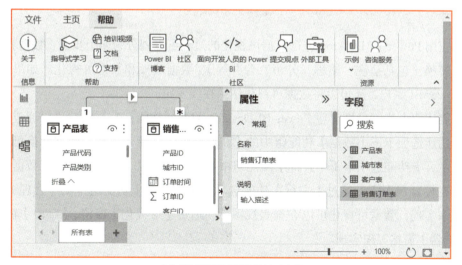

（b）模型视图下的默认显示窗格

图 1-8　Power BI Desktop 模型视图下的显示窗格区

在报表视图下，操作者可根据需要设置某些窗格显示在屏幕上，或不显示在屏幕上。报表视图中【视图】功能选项卡下的【显示窗格】功能区提供了若干开启窗格显示或关闭窗格显示的开关式按钮。如图1-9所示的【显示窗格】功能区表明，筛选器窗格正显示在屏幕上。

图1-9 【视图】功能选项卡的【显示窗格】功能区

🔔 提 示

将窗格显示出来的含义是将该窗格显示在屏幕上，将窗格折叠的含义是将显示在屏幕上的窗格折叠起来。即窗格显示是窗格折叠的前提，只有显示在屏幕上的窗格才可以在屏幕上折叠显示或展开显示。

另外要注意的是，【视图】功能选项卡只能在报表视图下使用。

（五）状态栏

状态栏对应图1-5中的⑤区域。状态栏显示了与当前操作状态有关的信息，不同视图对应的状态栏信息也不同。报表视图的状态栏显示了当前报表页的编号、总报表页数、缩放状态调整、调整到页面大小等；数据视图的状态栏显示了当前表或当前列的相关统计信息，如表的名称、行数，列的名称、非重复值数量等；模型视图的状态栏显示了缩放状态调整、重置布局、调整到页面大小等。

二、Power BI Desktop 可视化分析流程

应用 Power BI Desktop 进行数据可视化的过程可以划分为四个步骤：数据获取、数据转换（包括清洗、整理、分组、合并等）、数据建模和数据可视化。如果登录了 Power BI 账户，还可以将数据可视化结果在线发布。

上述四个步骤分别对应 Power BI Desktop 的不同功能，数据获取可以通过【主页】功能选项卡下【数据】功能组中的【获取数据】功能来实现；数据转换可以通过【主页】功能选项卡下【查询】功能组中的【转换数据】功能来实现；数据建模可以在模型视图下，通过【主页】功能选项卡下【关系】功能组中的【管理关系】功能来实现；数据可视化可以在报表视图下，通过【可视化】窗格、【字段】窗格、【筛选器】窗格等来实现。

🔔 提 示

实际应用中，上述四个步骤可能是不断反复和不断调整的过程。

【任务实施】

一、获取 Orange 公司各部门销售数据

步骤1： 打开 Power BI Desktop。打开 Power BI Desktop 的常用方法有：① 直接双击计算机桌面的 Power BI Desktop 图标 ；② 单击【开始】菜单|【Microsoft Power BI Desktop】下的【Power BI Desktop】菜单项；③ 在安装路径下直接双击 PBIDesktop.exe 应用程序。Power BI Desktop 打开后的界面如图 1-10 所示。

图 1-10　Power BI Desktop 界面

步骤2： 启动 Power BI Desktop 时，通常会显示"欢迎"界面。在此界面中，可以获取数据、查看最近使用的源、打开最近使用的报表、打开其他报表，或选择打开其他链接等。这里选择单击"欢迎"界面右上角的关闭图标（✕）关闭"欢迎"界面。

 提 示

Power BI Desktop "欢迎"界面显示的信息会依文件操作历史的不同而有所不同。

步骤3： 单击【主页】|【数据】功能区中的【Excel 工作簿】图标（ ），在打开的文件选择界面中，选择教材提供的素材文件"Orange 公司销售数据.xlsx"，随后将出现如图 1-11 所示的界面。

17

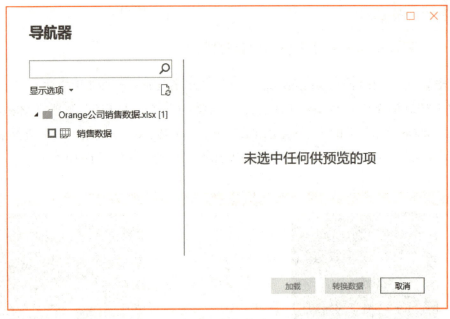

图 1-11　导入 Excel 数据

步骤 4：选中"销售数据"表前的复选框，右侧预览区域将显示此表的数据概览，如图 1-12 所示。销售数据包括日期、销售部门、销售地区、销售商品和收入等 7 列；此表数据行数较多，可以拖动垂直滚动条查看。

图 1-12　预览选中的数据

图 1-12 的右下角有三个按钮：加载、转换数据、取消。加载的作用是将所选销售数据加载到 Power BI Desktop 中；转换数据的作用是将所选销售数据加载到 Power Query 中；取消的作用是放弃本次数据获取操作。此处选择单击【加载】按钮，直接将销售数据加载到 Power BI Desktop 中。

🔔 **提 示**

在 Power BI Desktop 获取数据前，建议先了解和概览原始数据，理解原始数据和分析目标间的关系，为正确选择合理的数据处理方法作好准备。对于比较熟悉的数据，也可以先导入数据，再在 Power BI Desktop 中查看和理解数据。

Power Query 是内嵌在 Power BI Desktop 中的查询和转换数据的编辑器，通常用于数据清洗和数据合并等操作。从 Power BI Desktop 中启动 Power Query 后，Power Query 将在单独的应用程序窗口中打开。关闭 Power BI Desktop，也将自动关闭打开的 Power Query 编辑器。启动 Power Query 的方式有多种，此处若单击【转换数据】按钮，就会启动 Power Query 编辑器。Power Query 的相关知识和应用将在项目三中详解。

步骤 5：单击【数据】（▦），切换到 Power BI Desktop 的数据视图。在数据视图中，可以看到销售数据表的全部数据信息，如图 1-13 所示。屏幕左侧显

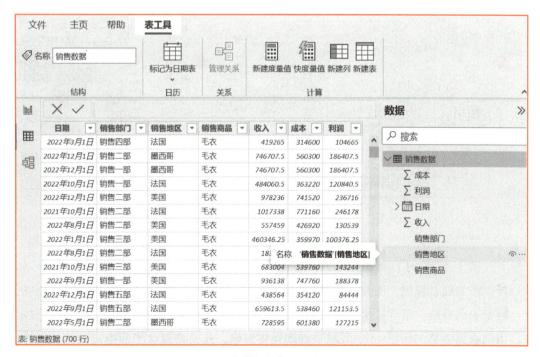

图 1-13　在【数据】视图中查看数据

示整个销售数据表中的数据，右侧显示字段窗格；字段窗格中有搜索框、当前 Power BI Desktop 数据模型中的表名、字段名（又称列名）、日期层次结构、度量值等。单击字段窗格中某对象名左侧的 ▶ 符号可以展开折叠的对象结构，单击 ⌄ 符号可以折叠展开的对象结构。屏幕最下方的状态栏显示销售数据表的总行数为700 行。

二、转换数据

在使用数据进行可视化分析前，常需要对数据进行清洗、整理、分组、合并等操作。Power BI Desktop 提供 Power Query 编辑器来帮助用户完成上述操作。打开 Power Query 的方式有多种，可以按前述内容单击【转换数据】按钮（见图 1-12），这会在加载数据的同时启动 Power Query；也可以在完成数据加载后，单击【主页】|【查询】功能区的【转换数据】按钮启动 Power Query。

步骤 1：在 Power BI Desktop 界面上，单击【主页】|【查询】功能区的【转换数据】按钮启动 Power Query，Power Query 启动后的界面如图 1-14 所示。

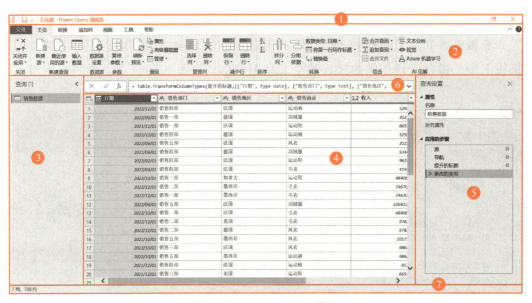

图 1-14　Power Query 界面

图 1-14 中的① 区域是 Power Query 标题栏；② 区域是由文件菜单和主页、转换、添加列、视图、工具、帮助功能选项卡组成的 Power Query 菜单功能区；③ 区域是查询窗格，用于显示所有可用的查询列表；④ 区域是主工作区，主工作区显示当前查询表格的预览；⑤ 区域是查询设置窗格，此窗格包含当前查询的相关属性，以及在其上应用的数据转换步骤列表；⑥ 区域是编辑栏，显示当前数据转换步骤对

应的由 M 公式语言构建的表达式；⑦ 区域是状态栏，显示当前查询的相关统计信息，如列数、行数等。

🔧 知识扩展

M 公式语言是 Power Query 所使用的、介于函数和编程之间的一种语言。M 公式语言的主要作用是拓展 Power Query 的功能，使 Power Query 能更自由地完成数据的导入、清洗、整理、筛选、查询、转置、合并等操作，进而搭建一个能自动完成复杂数据清洗、整理、分组及合并的数据转换模型。

步骤 2：在图 1-14 的查询设置窗格中，可以看到 Power Query 对当前"销售数据"查询（也可称为销售数据表）已经执行了四个步骤的转换处理，即：源、导航、提升的标题及更改的类型。用鼠标逐步单击各个应用步骤，查看主工作区显示的该步骤的执行结果，以及编辑栏显示的该步骤对应的表达式。

步骤 2.1：单击第一个应用的步骤"源"，查看该步骤的表达式：

= Excel.Workbook(File.Contents("F:\Orange 公司销售数据.xlsx"), null, true)

此步骤利用 Excel.Workbook( ) 以表格形式返回 F 盘下"Orange 公司销售数据.xlsx"工作簿中的对象信息（表达式中的 Excel 文件路径随该文件的存储路径不同而不同）。应用的步骤"源"的表达式及结果如图 1-15 所示。

图 1-15　应用的步骤"源"的表达式及结果

步骤 2.2：单击第二个应用的步骤"导航"，查看该步骤的表达式：

= 源 {[Item = " 销售数据 ", Kind = "Sheet"]}[Data]

此步骤将"源"表中符合 Item 列的值等于 " 销售数据 " 且 Kind 列的值等于 "Sheet" 的对象的 Data 提取出来，作为当前步骤的运行结果，如图 1-16 所示的表。注意，此表的各个列名（Column1、Column2⋯⋯）是由 Power Query 自动给出的名称。

21

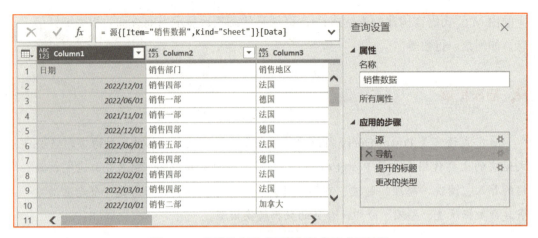

图 1-16　应用的步骤"导航"的表达式及结果

步骤 2.3：单击第三个应用的步骤"提升的标题"，查看该步骤的表达式：

= Table.PromoteHeaders(销售数据 _Sheet, [PromoteAllScalars = true])

此步骤利用 Table.PromoteHeaders( ) 将"销售数据 _Sheet"的第一行数据作为该表的列标题，如图 1-17 所示。

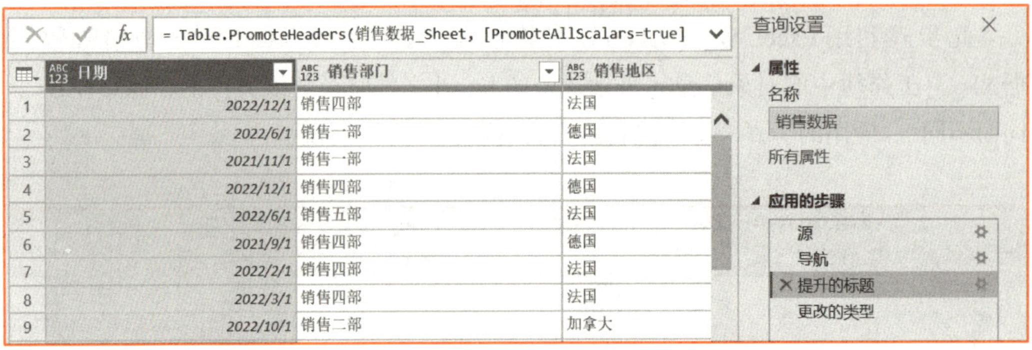

图 1-17　应用的步骤"提升的标题"的表达式及结果

步骤 2.4：单击最后一个应用的步骤"更改的类型"，查看该步骤的表达式：

= Table.TransformColumnTypes(提升的标题 , {{" 日期 ", type date}, {" 销售部门 ", type text}, {" 销售地区 ", type text}, {" 销售商品 ", type text}, {" 收入 ", type number}, {" 成本 ", Int64.Type}, {" 利润 ", type number}})

此步骤利用 Table.TransformColumnTypes( ) 将表中相应列的数据类型进行合理转换。例如，将日期列的数据类型转换为 date（日期），将销售部门列、销售地区列、销售商品列的数据类型转换为 text（文本），将收入、利润列转换为 number（小数），将成本列的数据类型转换为 int（整数）。应用的步骤"更改的类型"的表达式及结果如图 1-18 所示。

22

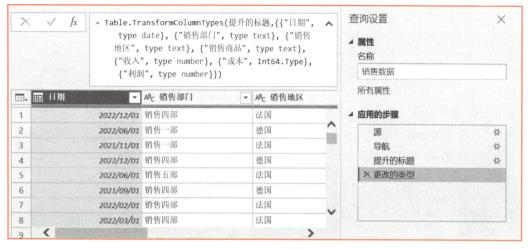

图 1-18　应用的步骤"更改的类型"的表达式及结果

步骤 3：检查销售数据表中各列的数据类型是否符合要求，对于不符合要求的列，可直接单击该列左侧的数据类型按钮进行修改。此处不需要修改数据类型，即 Power Query 自动调整的数据类型符合销售数据表中各列的实际特征。

步骤 4：单击【主页】|【关闭】功能区的【关闭并应用】按钮（），将 Power Query 修改的结果返回给 Power BI Desktop。

至此，基于 Power Query 转换销售数据表的相关操作结束。

在 Power Query 中转换数据

三、数据建模

数据转换结束后，进入 Power BI Desktop 的模型视图，以建立相关的数据关联模型，或对当前模型进行相应的调整。

步骤 1：在 Power BI Desktop 中，单击【模型】（▦），切换到 Power BI Desktop 的模型视图，从中可以看到当前数据模型的信息。由于当前模型中仅有一张数据表，因而不涉及多表间的关联关系，如图 1-19 所示。

步骤 2：若要删除当前模型中的某张表，可以右键单击该表，或者单击该表右上角的⋮按钮，从展开的菜单中单击【从模型中删除】即可。

 提 示

从模型中删除某张表的操作方法比较多。除了上述方法，还可以在报表视图和数据视图下进行删除表的操作。

图 1-19　模型视图中的销售数据表

四、数据可视化

数据分析的最后一个重要步骤是数据的可视化呈现。Power BI Desktop 提供了非常强大的可视化编辑功能，这些功能分布在 Power BI Desktop 的报表视图界面。

在 Power BI Desktop 中，单击【报表视图】，切换到 Power BI Desktop 的报表视图。默认情况下，报表视图的右侧有三个窗格：筛选器、可视化和字段。这三个窗格中包含的设置功能都能对数据可视化呈现效果产生重大影响。本示例将用到可视化窗格和字段窗格中的设置功能。

（一）分析不同商品的销售利润排名

步骤 1：切换到 Power BI Desktop 的报表视图，在【可视化】窗格的【生成视觉对象】面板中选择"簇状柱形图"视觉对象。

步骤 2：选中该视觉对象，将【字段】窗格中"销售数据"表的"销售商品"字段拖放至【可视化】窗格 |【生成视觉对象】面板的【X 轴】中，将"利润"字段拖放至【Y 轴】中。

步骤 3：用鼠标拖动柱形图的边框调整图形大小；用鼠标拖动柱形图移动图形位置。也可以通过【可视化】|【设置视觉对象格式】|【常规】|【属性】面板对图形对象的大小和位置进行精确调整。

步骤 4：选中柱形图对象，在【可视化】窗格中单击【设置视觉对象格式】（🔋），切换到设置视觉对象格式界面。

设置视觉对象格式的界面包括两种格式设置功能：【视觉对象】格式设置和

【常规】格式设置，如图1-20的（a）图和（b）图所示。需要注意的是，【视觉对象】格式设置的内容随着当前所选视觉对象类型的不同而不同，而【常规】格式设置是所有视觉对象都具有的格式设置功能。

步骤5：在柱形图的【视觉对象】格式设置中，打开【数据标签】右侧的开关按钮，使之从 ◯ 状态（关闭状态）切换至 ⬤ （打开状态），即在柱形图上显示出各个柱状体对应的利润数据值。

步骤6：在柱形图的【常规】格式设置中，单击【标题】左侧的箭头（ › ），展开标题设置面板，在【文本】下面的输入框中输入柱形图标题：商品利润排名分析；设置标题字体加粗，字号大小为15，水平对齐方式为居中，如图1-21所示。

(a)【视觉对象】面板

(b)【常规】面板

图 1-20 【可视化】窗格

图 1-21 【标题】文本设置

步骤7：继续在柱形图的【常规】格式设置中，单击【效果】左侧的箭头（ › ），展开效果设置面板。在效果设置面板中，打开【视觉对象边框】右侧的开关按钮，使之从 ◯ 状态（关闭状态）切换至 ⬤ （打开状态），即给柱形图加上边框。最终生成的商品利润排名分析柱形图如图1-22所示。

图 1-22 商品利润排名分析柱形图

图表释义

商品利润排名分析柱形图是基于"销售商品"字段和"利润"字段绘制而成的可视化图表。从图 1-22 可以看出，销售数据表中共有 5 种不同的商品：毛衣、风衣、运动鞋、羽绒服和运动裤；这 5 种商品的利润分别是 3 900 000 元、3 800 000 元、3 200 000 元、3 000 000 元和 3 000 000 元。但是反观产生柱形图的原始销售数据表，该表共包含 700 行销售信息，Power BI Desktop 根据此表的销售数据制作商品利润排名柱形图时，首先，将这 700 行数据按照商品名（X 轴）进行分组，由于有 5 种商品，故可分出 5 组数据；其次，再对这 5 组数据的利润字段（Y 轴）进行求和（Power BI Desktop 默认对数值列的汇总方式为求和）；最后，根据计算得到的各商品利润数据绘制柱形图。

由此可知，Power BI Desktop 在制作可视化图表时，可以在原始数据表上根据指定字段自动进行数据分组汇总，并基于汇总结果绘制可视化图表。

知识扩展

制作可视化图表时，Power BI Desktop 常默认对原始数据表中的数值型字段进行求和。若要修改可视化图表中数值型字段的汇总方式，需在【报表】视图中选中相应的图表对象，然后在【可视化】|【生成视觉对象】面板中，单击该数值型字段右侧的箭头（ ∨ ），再从展开的菜单中选择相应的汇总方式即可。

分析不同商品的销售利润排名

思考

如果用 Excel 根据销售数据表制作商品利润排名分析柱形图，该怎么做呢？针对此问题，试着对比一下 Excel 和 Power BI Desktop 的不同之处。

（二）分析不同销售地区的利润占比

步骤 1： 在【报表】界面的【可视化】窗格中选择"环形图"视觉对象。

步骤 2： 将【字段】窗格中"销售数据"表的"销售地区"字段拖放至【可视化】窗格 |【生成视觉对象】面板的【图例】中，将"利润"拖放至【值】中。

步骤 3： 选中环形图对象，在【可视化】|【设置视觉对象格式】|【视觉对象】面板中，展开【详细信息标签】，设置【标签内容】为"类别，总百分比"。

步骤 4： 在【可视化】|【设置视觉对象格式】|【常规】面板中，展开【标题】，设置标题文本为"销售地区利润占比分析"；设置标题字体加粗，字号大小为 15，水平对齐方式为居中。

步骤 5： 继续在环形图的【常规】格式设置中，展开【效果】，设置【视觉对象边框】选项为打开状态，为环形图加上边框。

步骤 6： 调整环形图到报表页面的合适位置。

最终生成的销售地区利润占比分析环形图如图 1-23 所示。

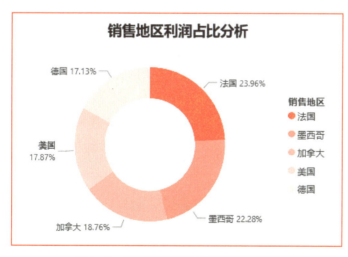

图 1-23 销售地区利润占比分析环形图

图表释义

销售地区利润占比分析环形图是基于"销售地区"字段和"利润"字段绘制而成的可视化图表，从图 1-23 可以看出，销售数据表中共有 5 个不同的销售地区：法国、墨西哥、加拿大、美国和德国；这 5 个销售地区的利润占比分别是 23.96%、22.28%、18.76%、17.87% 和 17.13%。同样，反观产生环形图的原始销售数据表，该表共包含 700 行销售信息，Power BI Desktop 根据此表的销售数据制作销售地区利润占比分析环形图时，首先将这 700 行数据按照销售地区（图例）进行分组，由于有 5 个销售地区，故可分出 5 组数据；接着，再计算这 5 组数据各自的利润在总利润中的占比；最后，根据计算得到的各销售地区的利润占比绘制环形图。

分析不同销售地区的利润占比

思 考

试用 Excel 根据销售数据表制作销售地区利润占比分析环形图。

（三）分析不同月份的利润走势

步骤 1：在【报表】界面的【可视化】窗格中选择"折线图"视觉对象。

步骤 2：将【字段】窗格中"销售数据"表的"日期"字段拖放至【可视化】窗格|【生成视觉对象】面板的【X轴】中，将"利润"拖放至【Y轴】中。

步骤 3：选中折线图对象，单击该对象上方或下方工具条（上方还是下方会随对象位置变化）上的【展开层次结构中的所有下移级别】按钮（ᵃ），使 X 轴（时间轴）的时间刻度由年转为季；再次单击该对象的【展开层次结构中的所有下移级别】按钮（ᵃ），使 X 轴（时间轴）的时间刻度由季转为月。

步骤 4：选中折线图对象，在【可视化】|【设置视觉对象格式】|【视觉对象】面板中，打开【标记】开关和【数据标签】开关。注意区分【标记】和【数据标签】，【标记】是设置折线上每个数据点的显示形式，默认的数据点显示形式是圆点；【数据标签】是显示每个数据点的数值。

步骤 5：在【可视化】|【设置视觉对象格式】|【常规】面板中，设置【标题】下的标题文本为"各月利润走势分析"；设置标题字体加粗，字号大小为 15，水平对齐方式为居中。

步骤 6：继续在折线图的【常规】格式设置中，展开【效果】，设置【视觉对象边框】选项为打开状态，为折线图加上边框。

最终生成的各月利润走势分析折线图如图 1-24 所示。

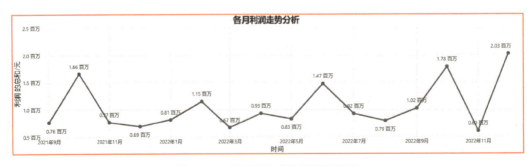

图 1-24　各月利润走势分析折线图

📋 图表释义

各月利润走势分析折线图是基于"日期"字段和"利润"字段绘制而成的可视化图表，从图 1-24 可以看出，销售数据表中共有 2021 年连续 4 个月和 2022 年连续 12 个月的销售数据。Power BI Desktop 根据此表的销售数据制作各月利润走势分析折线图时，首先将 700 行数据按照不同销售日期（X 轴）进行分组；接着，再计算不同日期的利润（Y 轴）总和（Power BI Desktop 默认对数值列进行求和）；最后，根据计算得到的不同日期的利润总和绘制折线图。

🔧 知识扩展

Power BI Desktop 能够对日期型字段自动构建日期层次结构，该层次结构包括年、季度、月份、日。基于日期型字段制作可视化图表时，Power BI Desktop 可以逐级展开日期型字段，实现在同一图表上自动基于年、季度、月份和日等不同日期层次的数据汇总计算和图表动态刷新。

📝 思考

如果用 Excel 实现基于年、季度、月份和日等不同日期层次的利润走势分析图，该如何实现？与 Power BI Desktop 的实现方式相比，其复杂度如何？

分析不同月份的利润走势

（四）分析不同部门不同维度下的利润情况

步骤 1：在【报表】界面的【可视化】窗格中选择"切片器"视觉对象。

步骤 2：将【字段】窗格中"销售数据"表的"销售部门"字段拖放至【可视化】窗格 |【生成视觉对象】面板的【字段】中。

步骤 3：在【可视化】|【设置视觉对象格式】|【视觉对象】面板中，展开【切片器设置】，在【选项】下的【方向】栏中选择"水平"，将切片器中的选项呈水平方向显示。

步骤 4：在【可视化】|【设置视觉对象格式】|【常规】面板中，展开【效果】，设置【视觉对象边框】选项为打开状态，为切片器加上边框。

步骤 5：调整切片器大小，并将切片器拖放至报表页面的合适位置。

步骤 6：用鼠标单击切片器中的某个销售部门，可以看到商品利润排名分析柱形图、销售地区利润占比分析环形图、各月利润走势分析折线图均会随着所选销售部门的变化而动态更新图表。

（五）整体版面设计

步骤 1： 设计报表的布局及主题方案。在【视图】|【主题】功能区中选择"潮汐"主题，这将会自动套用 Power BI Desktop 预先提供的名为"潮汐"的报表排版方案。

步骤 2： 调整报表页面中各可视化视觉对象的大小及布局，使报表页面能够更高效、更直观地显示数据，同时也要注意整体页面的整齐和美观。

步骤 3： 单击 Power BI Desktop 左上角的【保存】按钮（🖫），将当前编辑的 Power BI 文件保存为"Orange 公司各部门盈利分析可视化.pbix"。

🔍 **知识扩展**

切片器是 Power BI Desktop 中非常常用并且非常重要的可视化视觉对象之一。切片器具有筛选功能，通过操作切片器，可以实现对报表页上其他视觉对象所显示数据的筛选控制。

至此，我们完成了 Orange 公司各部门盈利分析的可视化任务，最终效果如图 1-25 所示。

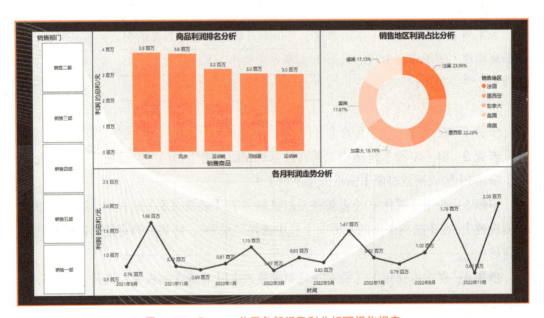

图 1-25　Orange 公司各部门盈利分析可视化报表

整体报表控
制与版面设
计

❓ **思 考**

上述报表只是从销售商品、销售地区、日期维度对利润进行分析，请自行探索和思考更多、更深入的销售数据分析情形，并在 Power BI Desktop 中体验销售数据分析可视化展示的效果。

【动手实践】

现有某全国生活类连锁超市自 2022 年 1 月 1 日起至 2022 年 8 月 31 日止的部分商品销售记录（参见素材文件"商品销售记录表.xlsx"），请依据此数据集，参考图 1-26 完成该超市销售额的可视化展示。

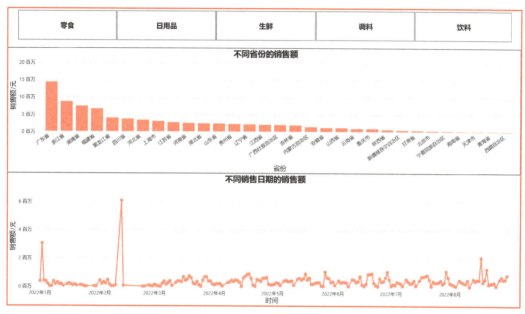

图 1-26　连锁超市销售额分析可视化报表

【任务评价】

在"学习评价表"上记录一下你学会了多少。

学习评价表

学习内容	完成度评价
Power BI Desktop 的界面认知	是□　否□
Power BI Desktop 可视化分析流程认知	是□　否□
Power Query 基本功能认知	是□　否□
Orange 公司各部门销售数据获取	是□　否□
Orange 公司各部门销售利润可视化分析	是□　否□

项目二
Power BI 数据获取

2

🎯 学习目标 ⟩⟩⟩

知识目标

掌握 Power BI Desktop 获取 Excel 数据的方法

掌握 Power BI Desktop 获取 PDF 数据的方法

掌握 Power BI Desktop 获取网页数据的方法

掌握 Power BI Desktop 获取文件夹数据的方法

技能目标

能够使用 Power BI Desktop 获取 Excel 数据

能够使用 Power BI Desktop 获取 PDF 数据

能够使用 Power BI Desktop 获取网页数据

能够使用 Power BI Desktop 获取文件夹数据

能够运用各种数据收集技巧

素养目标

培养学生的数据素养，促进对数据理解能力及对不同类型数据辨识能力的提升

培养学生的数据探查能力，深化学生对不同来源数据的认知理解，逐步形成积极探索数据的基本素养

👤 项目说明 ⟩⟩⟩

从各种数据源中获取数据是大数据分析的首要任务，熟悉财务工作中常见数据源及其特点是进行财务大数据分析的必备先导知识，厘清原始数据与分析目标间的逻辑推导关系也是掌握大数据财务分析技术的重要技能之一。本项目从了解常见数据源及其特征开始，通过多个任务的动手实操，帮助同学们认知 Power BI Desktop 获取 Excel 数据、PDF 数据、Web 数据、文件夹数据的方式和方法，完成浙能电力成长能力 Excel 数据获取与可视化、浙江新能年报摘要 PDF 数据获取与可视化、股票板块涨跌幅排行榜 Web 数据获取与可视化、ABC 公司领料文件夹数据获取与可视化等任务。

 项目分解 >>>

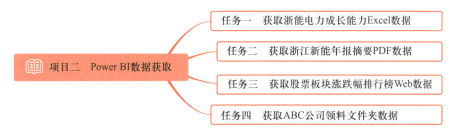

	任务一 获取浙能电力成长能力Excel数据
项目二 Power BI数据获取	任务二 获取浙江新能年报摘要PDF数据
	任务三 获取股票板块涨跌幅排行榜Web数据
	任务四 获取ABC公司领料文件夹数据

 革故鼎新 >>>

正确使用数据获取技术，助力企业精准决策

财务大数据既包括传统的、由企业各类信息系统生成的结构化数据，也包括多样化的、由企业各类业务系统产生的（如发票、合同、日志、商品评价等）非结构化数据。基于业财税一体化融合的数据获取、数据分析、数据挖掘和可视化呈现技术成为企业财务大数据分析的技术支柱。

数据获取技术是影响企业财务大数据分析的重要技术之一。基于网络爬虫、数据汇集、数据仓库技术（ETL）等技术，企业可以轻松获得其他企业竞品、行情、政策、工商、消费评价等数据，辅助企业实现更精准的销售预测、定价决策、选品决策、投融资决策等。

然而技术是把双刃剑。数字时代的企业，都会面临和数据安全有关的双重难题：采集决策所需数据可能会涉及其他企业的商业机密，自身商业机密也可能被其他企业利用爬虫技术盗取。无论哪个难题，都将置企业于重大经营风险中。党的十八大以来，网络与信息安全保障体系被提到了前所未有的高度。从《中华人民共和国网络安全法》的施行到《中华人民共和国民法典》的颁布实施，从《中华人民共和国数据安全法》的出台到《中华人民共和国个人信息保护法》的制定，在数字经济发展和法治建设进程中，有关网络与信息安全保障的法律制度逐步建立并不断发展完善。同时，隐私计算技术的发展和应用，也能保持数据在处理和分析过程中的不透明、不泄露、无法被恶意攻击或被其他非授权方获取。

启示：数据获取是企业财务大数据分析的必经环节，也是必然会涉及用户、关联企业、竞争对手等的数据隐私和数据安全的重要环节。因此，数据爬取与隐私保护、知识产权、数据确权间的问题必然会引起人们的重视。作为青年学生，在不断学习新技术、新知识的同时要养成守法思维，知法懂法，既要保护自身企业的商业机密，也要保证不侵犯他人的隐私和秘密。

获取浙能电力成长能力 Excel 数据

【任务说明】

浙江浙能电力股份有限公司（股票简称：浙能电力，股票代码：600023）是一家主要从事火力发电、热力供应以及气电、核电、光电、风电等新能源项目投资和管理的上市公司。现有该公司自 2014 年 12 月 31 日至 2022 年 3 月 31 日间各季度的成长能力指标数据，这些指标包括：主营业务收入增长率、净利润增长率、净资产增长率及总资产增长率。请基于素材文件"浙能电力（600023）成长能力数据.xlsx"，在 Power BI Desktop 中完成浙能电力成长能力预测可视化展示，供管理者进行相应的财务分析。

【相关知识】

一、Power BI Desktop 数据获取方式认知

Power BI Desktop 可以连接到多种不同类型的数据源，如本地数据库、工作表、云服务等，并从这些数据源中提取数据。在完成企业财务分析任务时，我们可以利用 Power BI Desktop 连接到 Excel、CSV、PDF、企业数据库、外部网站等数据源，迅速获取这些数据源中的内外部数据，以支持分析者形成支撑决策的观点或见解。图 2-1 的界面展示了 Power BI Desktop 支持的数据源，可连接的全部数据源按类别组织在此界面中。

（1）【全部】类别包括来自所有类别的所有数据连接类型。

（2）【文件】类别是非常常用的数据源之一，此类别用于将存储在文件中的数据源导入 Power BI Desktop 中。例如，导入逗号分隔值（.csv）文件、带分隔符的文本（.txt）文件、来自 Microsoft Excel 应用程序的工作簿（.xlsx）文件、来自便携式格式（.pdf）的文件、来自文件夹下的文件、来自轻量级数据交换格式的 JSON 文件等。

（3）【数据库】类别提供了从各类数据库中获取数据的连接。例如，连接到 SQL Server 数据库、Access 数据库、Oracle 数据库、MySQL 数据库等。

（4）【Power Platform】类别提供了获取微软低代码应用平台数据源的连接。例如，连接到 Power BI 数据集、Power BI 数据流、Dataflows 等。

图 2-1　Power BI Desktop 连接的数据源类型

（5）【Azure】类别提供了获取云服务中数据源的连接。

（6）【联机服务】类别提供了从各种联机服务中获取数据源的连接。

（7）【其他】类别提供了未归类于【文件】、【数据库】、【Power Platform】、【Azure】、【联机服务】类别的其他数据源连接。例如，来自 Web 数据源的连接、Hadoop 文件的连接、Python 脚本连接等。

二、Power BI Desktop 获取 Excel 数据认知

从 Excel 中获取数据是财务分析时非常常见的数据获取方式之一，有些企业业务数据或财务数据可能是用 Excel 编辑和保存的，而有些可能是从其他系统中导出的，所以利用 Power BI Desktop 获取 Excel 文件的数据是必须要学会的技能。

下面以素材文件"浙能电力（600023）成长能力数据.xlsx"为例，对 Power BI Desktop 获取 Excel 文件数据的原理作简单说明，以利于理解本任务的操作原理和流程。

浙能电力（600023）成长能力数据 Excel 文件包含 4 张工作表：主营业务收入增长率、净利润增长率、净资产增长率、总资产增长率，如图 2-2 所示。限于篇幅，图 2-2 的（a）（b）（c）（d）4 张图仅展示了各工作表中的部分数据截图。由图中可以看出，4 张工作表中的数据都包括 3 列：项目、报告日期、值。"项目"列

存储的是成长能力指标名称，"报告日期"列存储的是各季度末的最后一个日期，"值"列存储的是百分比形式的成长能力值。

	A	B	C	D	E
1	项目	报告日期	值/%		
2	主营业务收入增长率	2022年3月31日	26.67		
3	主营业务收入增长率	2021年12月31日	37.51		
4	主营业务收入增长率	2021年9月30日	36.63		
5	主营业务收入增长率	2021年6月30日	33.48		
6	主营业务收入增长率	2021年3月31日	66.29		
7	主营业务收入增长率	2020年12月31日	-4.94		
8	主营业务收入增长率	2020年9月30日	-6.96		
9	主营业务收入增长率	2020年6月30日	-13.82		
10	主营业务收入增长率	2020年3月31日	-34.08		

主营业务收入增长率 ｜ 净利润增长率 ｜ 净资产增长率 ｜ 总资产增长率

（a）主营业务收入增长率

	A	B	C	D	E	F
1	项目	报告日期	值/%			
2	净利润增长率	2022年3月31日	-51.63			
3	净利润增长率	2021年12月31日	-129.98			
4	净利润增长率	2021年9月30日	-69.59			
5	净利润增长率	2021年6月30日	-24.92			
6	净利润增长率	2021年3月31日	114.39			
7	净利润增长率	2020年12月31日	35.99			
8	净利润增长率	2020年9月30日	40.05			
9	净利润增长率	2020年6月30日	18.32			
10	净利润增长率	2020年3月31日	-57.4			

主营业务收入增长率 ｜ 净利润增长率 ｜ 净资产增长率 ｜ 总资产增长率

（b）净利润增长率

	A	B	C	D	E	F
1	项目	报告日期	值/%			
2	净资产增长率	2022年3月31日	-7.88			
3	净资产增长率	2021年12月31日	-5.93			
4	净资产增长率	2021年9月30日	2.12			
5	净资产增长率	2021年6月30日	6.17			
6	净资产增长率	2021年3月31日	8.4			
7	净资产增长率	2020年12月31日	5.27			
8	净资产增长率	2020年9月30日	4.49			
9	净资产增长率	2020年6月30日	2.68			
10	净资产增长率	2020年3月31日	1.14			

主营业务收入增长率 ｜ 净利润增长率 ｜ 净资产增长率 ｜ 总资产增长率

（c）净资产增长率

	A	B	C	D	E	F
1	项目	报告日期	值/%			
2	总资产增长率	2022年3月31日	1.82			
3	总资产增长率	2021年12月31日	1.03			
4	总资产增长率	2021年9月30日	3.98			
5	总资产增长率	2021年6月30日	3.81			
6	总资产增长率	2021年3月31日	4.96			
7	总资产增长率	2020年12月31日	3.19			
8	总资产增长率	2020年9月30日	1.1			
9	总资产增长率	2020年6月30日	2.83			
10	总资产增长率	2020年3月31日	-1.35			

主营业务收入增长率 ｜ 净利润增长率 ｜ 净资产增长率 ｜ 总资产增长率

（d）总资产增长率

图 2-2　4 张工作表中的数据

下面以主营业务收入增长率表为例解释具体数据的特征。项目列的指标名称取值均是同一个值，即此列取值有重复值；报告日期列的数据取值互相都不重复，即此列取值唯一；值列的取值是一个正或负的小数，可能会出现重复值，即此列取值不唯一。表中每一行数据代表了某个季度末的主营业务收入增长率。

此外，该 Excel 文件还包括 2 个命名数据范围及 2 个数据表，它们在 Excel 名称管理器中的显示如图 2-3 所示。

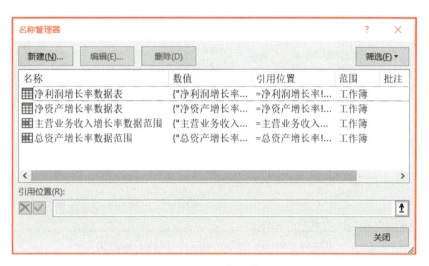

图 2-3　Excel 名称管理器

将素材文件加载到 Power BI Desktop 中，可以看到 Power BI Desktop 从该文件中提取出了相关数据，如图 2-4 所示。

在如图 2-4 所示【导航器】界面的左侧区域，可以看到该 Excel 文件中的 4 张工作表（▦）、2 个命名数据范围（▦）及 2 个数据表（▦）的名字，这意味着 Power BI Desktop 能将 Excel 文件中的多张工作表、命名数据范围、数据表等对象都提取出来。更复杂地，若 Excel 文件中有数据模型，或有与外部数据源的连接，有 Power View 表、数据透视表和图表的情况，也都可以加载到 Power BI Desktop 中。

 提　示

需要注意的是，Power BI Desktop 提供的 Excel 数据导入功能与 Excel 版本有关，能够成功导入的 Excel 数据必须是在 Excel 2007 或更高版本中创建的，Excel 文件类型必须是.xlsx 或 .xlsm，文件大小须小于 1 GB。

图 2-4　Power BI Desktop 提取的 Excel 数据

【任务实施】

一、获取 Excel 工作簿数据

步骤1：在 Power BI Desktop 中，新建一个 Power BI 文件。单击【主页】|【数据】|【获取数据】下拉菜单中【常用数据源】下的【Excel 工作簿】，在打开的【打开】文件对话框中选择素材文件"浙能电力（600023）成长能力数据.xlsx"。

步骤2：在如图 2-4 所示的【导航器】界面的左侧区域，可以看到该 Excel 文件中的工作表、命名数据范围及数据表的名字。用鼠标分别单击这8个对象，在【导航器】界面的右侧区域查看这些对象的预览。

步骤3：选中这8个对象，单击【导航器】界面右下角的【转换数据】按钮，Power BI Desktop 将在单独的应用程序窗口中打开 Power Query 编辑器，如图 2-5 所示。从图中可以看出，8个对象全部以表（又称查询，图标为 ⊞）的形式被加载到 Power Query 编辑器中，供用户进行下一步的数据清洗和数据整理等操作。

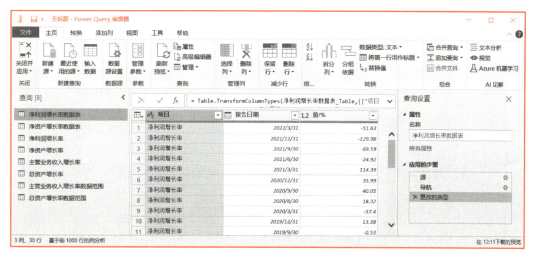

图 2-5　Power Query 编辑器

二、转换数据

步骤 1： 在图 2-5 中，逐个单击【查询】窗格中的各个对象，观察 Power Query 对这些对象所做的自动应用步骤及结果，如表 2-1 所示。

表 2-1　Power Query 自动应用步骤及结果

序号	表名	自动应用步骤的功能解释	结果	
			列名是否正确	类型是否正确
1	净利润增长率数据表	（1）源：导入"浙能电力（600023）成长能力数据.xlsx"文件； （2）导航：加载"净利润增长率数据表"工作表； （3）更改的类型：更改各列数据类型	是	是
2	净资产增长率数据表	（1）源：导入"浙能电力（600023）成长能力数据.xlsx"文件； （2）导航：加载"净资产增长率数据表"工作表； （3）更改的类型：更改各列数据类型	是	是
3	净利润增长率	（1）源：导入"浙能电力（600023）成长能力数据.xlsx"文件； （2）导航：加载"净利润增长率"工作表； （3）提升的标题：将表的第一行数据提升为列标题； （4）更改的类型：更改各列数据类型	是	是

续表

序号	表名	自动应用步骤的功能解释	结果	
			列名是否正确	类型是否正确
4	净资产增长率	（1）源：导入"浙能电力（600023）成长能力数据.xlsx"文件； （2）导航：加载"净资产增长率"工作表； （3）提升的标题：将表的第一行数据提升为列标题； （4）更改的类型：更改各列数据类型	是	是
5	主营业务收入增长率	（1）源：导入"浙能电力（600023）成长能力数据.xlsx"文件； （2）导航：加载"主营业务收入增长率"工作表； （3）提升的标题：将表的第一行数据提升为列标题； （4）更改的类型：更改各列数据类型	是	是
6	总资产增长率	（1）源：导入"浙能电力（600023）成长能力数据.xlsx"文件； （2）导航：加载"总资产增长率"工作表； （3）提升的标题：将表的第一行数据提升为列标题； （4）更改的类型：更改各列数据类型	是	是
7	主营业务收入增长率数据范围	（1）源：导入"浙能电力（600023）成长能力数据.xlsx"文件； （2）导航：加载"主营业务收入增长率数据范围"； （3）更改的类型：更改各列数据类型	否	是
8	总资产增长率数据范围	（1）源：导入"浙能电力（600023）成长能力数据.xlsx"文件； （2）导航：加载"总资产增长率数据范围"； （3）更改的类型：更改各列数据类型	否	是

🔧 知识扩展

确定列的数据类型时，可参考下面的方法。

（1）若某个列中出现汉字、英文字符、特殊符号等内容，通常设置为文本类型（ 🔤 ）；但要格外注意的是，有时某个列的值只是由阿拉伯数字组成，如身份证号、手机号、客户编号、材料编号、会计科目编码等，而这些列的值并没有数学含义，即这些列值不能直接参与数学运算，此时，这样的列也应设置为文本类型。

（2）若某个列的值代表的是日期，则设置为日期类型（▦）。

（3）若某个列的值由阿拉伯数字、小数点、正负号等组成，并且其值具有数学意义，需要进行数学运算，则可设置为数值类型。Power Query 提供的数值类型有：小数、定点小数、整数和百分比 4 种。其中，小数（**1.2**）是最常见的数值类型，也是我们熟悉的十进制数值，例如，18.06 和 18.089 361 263 等都是有效的十进制小数。定点小数（**$**）是小数位数固定为 4 位的十进制小数。整数（**¹²₃**）是没有小数位数的数值。百分比（**%**）是百分数形式的数值。

步骤 2：从表 2-1 可以看出，"净利润增长率""净资产增长率""主营业务收入增长率"和"总资产增长率"均是来自 Excel 工作表的数据，Power Query 对这 4 张表均自动采用了 4 个步骤的数据整理操作。与其他 4 张表相比，这 4 张表均包括"提升的标题"，此步骤的作用是将工作表中的第一行数据提升为表的列标题。

步骤 3：从表 2-1 可以看出，"主营业务收入增长率数据范围"和"总资产增长率数据范围"的列名处理结果不正确，仔细观察这两张表的数据，发现其列名均是 Column1、Column2、Column3。究其原因，是这两个来自 Excel 的数据范围只包括数据行，不包括列名，Power Query 根据智能检测的结果，自动为其加上了形如 ColumnN（其中 N 是从 1 开始的编号）的列名。

由于 Column1、Column2、Column3 这样的列名并不直观，因此，这里需要分别将这三个列重新手动命名。在【查询】窗格中选中"主营业务收入增长率数据范围"表，在数据预览区域双击 Column1 列名，修改此列名为项目；用同样的方法，修改 Column2 列名为报告日期，修改 Column3 列名为值。同样地，将"总资产增长率数据范围"各列的值也依次修改为项目、报告日期、值。在 Power Query 中完成列的重命名后，Power Query 将在【应用的步骤】中添加一个名为"重命名的列"步骤，即列的重命名是通过此步骤的表达式完成的。

步骤 4：此时，这 8 张表的数据转换已经完成，单击【主页】|【关闭】|【关闭并应用】按钮，返回到 Power BI Desktop。

技能提升
2.1

三、数据建模

当有多张数据表时，这些表的数据之间可能存在一定的关系。具体的表间关系一定要具体分析，表间关系是与表的具体数据特征相联系的。详细的表间关系创建原理将在项目四（Power BI 数据建模）中详解。

步骤 1：单击 Power BI Desktop 的【模型】，切换到【模型】视图。此时，Power BI Desktop 已经自动识别了这 8 张表间的关系，如图 2-6 所示。

图 2-6　Power BI Desktop 自动识别的表间关系

一定要注意的是，Power BI Desktop 自动识别的表间关系未必是正确的，此处，图 2-6 中的表间关系就全是错误的。

思 考

图 2-6 中的表间关系为什么是错误的？

获取、转换和数据建模（1）

步骤 2：在图 2-6 中，右键单击"净利润增长率"和"主营业务收入增长率"间的关系连线，在打开的快捷菜单中选择【删除】，并在弹出的【删除关系】对话框中单击【是】按钮。

步骤 3：同样地，删除"净利润增长率数据表"和"主营业务收入增长率"间的关系连线。

四、数据可视化

步骤 1：单击 Power BI Desktop 的【报表】，切换到【报表】视图。

步骤 2：单击【可视化】|【生成视觉对象】面板中的"折线图"，将【字段】窗格中"净利润增长率"表的"报告日期"字段拖放至【可视化】窗格|【生成视觉对象】面板的【X 轴】中，将"值"拖放至【Y 轴】中。

步骤 3：切换到【可视化】|【设置视觉对象格式】|【常规】面板，完成以下设置。

步骤 3.1：在【属性】|【大小】中设置折线图高度为 280，宽度为 565；在【位置】中位置水平为 55，垂直为 95。

步骤 3.2：打开【效果】|【视觉对象边框】的开关，给视觉对象加上边框。

步骤 3.3：在【标题】|【文本】中输入"净利润增长率预测"；设置标题字体加

粗，字号大小为 15，水平对齐方式为居中。

🔔 **提 示**

视觉对象的大小和位置的单位均是像素。位置值的确定是以当前报表左上角为（0，0）点进行计算，沿水平方向向右则水平位置值增加，沿垂直方向向下则垂直位置值增加。

步骤 4：切换到【可视化】|【设置视觉对象格式】|【视觉对象】面板，完成以下设置。

步骤 4.1：在【X 轴】|【标题】|【标题文本】中输入"季度"，字体加粗。

步骤 4.2：在【Y 轴】|【标题】|【标题文本】中输入"增长率"，字体加粗。

步骤 4.3：打开【标记】开关和【数据标签】开关。

步骤 5：在报表区域中，单击该折线图对象上方或下方工具条上的【展开层次结构中的所有下移级别】按钮（⅄），使 X 轴的时间刻度由年转为季。

步骤 6：切换到【可视化】|【分析】面板，完成以下设置。

步骤 6.1：打开【预测】开关。

步骤 6.2：展开【预测】，设置【选项】|【单元】为"季度"，表示对季度进行预测；设置【预测长度】为 3，表示对未来的 3 个季度进行预测。

步骤 6.3：【预测】设置完成后，单击【应用】按钮应用此预测设置。

步骤 7：鼠标右键单击此折线图对象，在展开的快捷菜单中选择【复制】|【复制视觉对象】。在键盘上同时按下 Ctrl 键和 V 键，粘贴成一个新的折线图对象。

步骤 8：选中新折线图对象，在【可视化】|【设置视觉对象格式】|【常规】|【属性】面板中，设置视觉对象的水平位置为 640，垂直位置为 95。在【标题】面板中，修改新折线图的图表标题为：净资产增长率预测。

步骤 9：删除新折线图中【X 轴】和【Y 轴】的字段，重新将【字段】窗格中"净资产增长率"表的"报告日期"字段拖放至【X 轴】中，将"值"拖放至【Y 轴】中。单击新折线图的 ⅄ 按钮，使 X 轴的时间刻度由年转为季。

步骤 10：在【可视化】|【分析】面板中，打开【预测】开关；设置【预测】|【选项】下的【单元】为"季度"，表示对季度进行预测；设置【预测长度】为 3，表示对未来的 3 个季度进行预测；单击【应用】按钮应用此预测设置。

步骤 11：按下 Shift 键的同时，用鼠标依次单击净利润增长率预测折线图和净资产增长率预测折线图（同时选中两图），然后按下键盘上的复制快捷键 Ctrl + C，再按下粘贴快捷键 Ctrl + V，产生两个折线图的新副本。在同时选中两个新折线图的情况下，用鼠标拖动两个图，将其移动到合适的位置，保证这两个新图处于两个原图的下方。

步骤 12： 修改左下角折线图的图表标题为：主营业务收入增长率预测；修改右下角折线图的图表标题为：总资产增长率预测。

步骤 13： 删除"主营业务收入增长率预测"折线图的【X轴】字段和【Y轴】字段，重新将【字段】窗格中"主营业务收入增长率"表的"报告日期"字段拖放至【X轴】中，"值"拖放至【Y轴】中。单击此新折线图的 按钮，使 X 轴的时间刻度由年转为季。

步骤 14： 删除"总资产增长率预测"折线图的【X轴】字段和【Y轴】字段，重新将【字段】窗格中"总资产增长率"表的"报告日期"字段拖放至【X轴】中，"值"拖放至【Y轴】中。单击此新折线图的 按钮，使 X 轴的时间刻度由年转为季。

步骤 15： 在【可视化】|【分析】面板中，为这两个新折线图设置未来 3 个季度的增长率预测。

步骤 16： 单击【主页】|【插入】功能组中的【文本框】按钮，在打开的文本编辑框中输入"浙能电力成长能力预测"，设置文本字号为 20，字体加粗，水平方向居中。用鼠标拖动文本框边框，调整文本框大小，并将此文本框拖放到报表上方居中位置，作为整个报表的标题。

步骤 17： 保存当前 Power BI Desktop 文件为"浙能电力成长能力预测.pbix"，保存位置自行设定。

至此完成了浙能电力成长能力预测可视化展示，如图 2-7 所示。

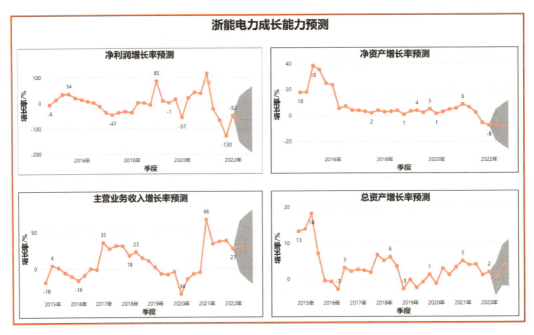

图 2-7　浙能电力成长能力预测可视化展示

思 考

请描述图 2-7 中各图表的含义。

【动手实践】

（1）根据素材文件"浙江新能（600032）成长能力数据.xlsx"，参考图 2-8，制作浙江新能成长能力预测分析图，并将文件保存为"浙江新能成长能力预测分析.pbix"。

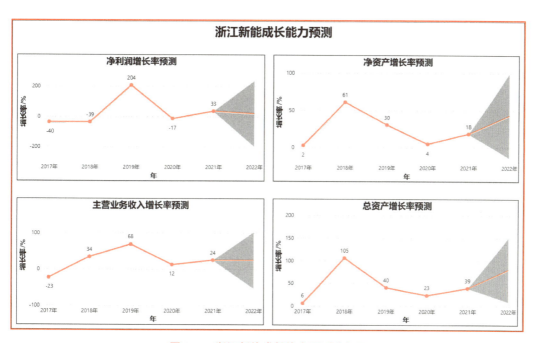

图 2-8　浙江新能成长能力预测分析图

（2）根据素材文件"电力股成长能力对比数据.xlsx"，参考图 2-9，制作浙江新能和浙能电力两大电力股成长能力对比分析图，并将文件保存为"电力股成长能力对比分析.pbix"。

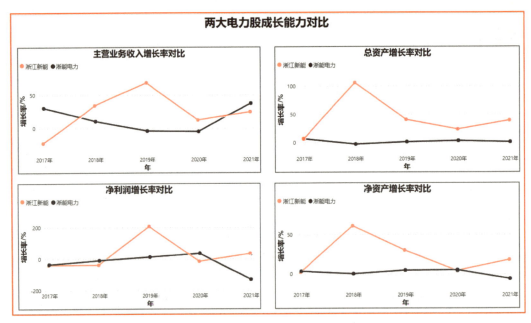

图 2-9　两大电力股成长能力对比分析图

【任务评价】

在"学习评价表"上记录一下你学会了多少。

学习评价表

学习内容	完成度评价
Power BI Desktop 数据获取方式认知	是□　否□
Power BI Desktop 获取 Excel 数据认知	是□　否□
浙能电力成长能力数据获取	是□　否□
浙能电力成长能力预测可视化	是□　否□

任务二　获取浙江新能年报摘要 PDF 数据

【任务说明】

浙江省新能源投资集团股份有限公司（股票简称：浙江新能，股票代码：

600032）是一家主营水力发电、光伏发电、风力发电等可再生能源项目的投资、开发、建设和运营管理的上市公司。现有该公司 2021 年年度报告摘要文件，内容包括：重要提示、公司基本情况、重要事项等。请基于素材文件"600032_2021 年年度报告摘要.PDF"提供的数据资料，使用 Power BI Desktop 提取 PDF 数据，完成浙江新能 2021 年年度报告摘要中部分数据的可视化呈现。

【相关知识】

一、PDF 文件认知

PDF 是 Portable Document Format 的简称，意为"可携带文档格式"，是由 Adobe 公司设计的一种跨平台使用的电子文件格式。PDF 文件格式与操作系统平台无关，即无论是在 Windows 系统、Unix 系统，或是在 Mac 系统中使用 PDF 文件，人们看到和打印出来的字符、颜色、图像都是一致的。

PDF 格式的文件中可以包含文字、字形、颜色及图形图像等常见信息，也可以包含超文本链接、声音、动态影像等多媒体信息，还可以包含 PDF 版本信息、文件结构定位信息等。PDF 支持特长文件，其集成度和安全可靠性都较高。

PDF 文件使用了工业标准的压缩算法，因而其文件大小较小，易于传输与储存。PDF 文件以分页形式组织文件，一个 PDF 文件通常可以包含一个或多个页。

正是由于上述 PDF 文件的种种优点，上市公司的年报、各种公告等资料都使用这种格式的文件，或在网络中传输，或供人们在不同的设备上阅读，或在不同的打印机上进行打印。

二、Power BI Desktop 获取 PDF 数据认知

Power BI Desktop 提供了获取 PDF 文件中数据的方法。在利用 Power BI Desktop 获取和处理 PDF 文件前，我们需要弄清 Power BI Desktop 是如何读取 PDF 文件的，以建立起对 PDF 数据的认知框架，帮助我们理解 PDF 数据、弄清 PDF 数据与分析目标间的关系，并制作出美观、实用的可视化分析图表。

下面以素材文件"600032_2021 年年度报告摘要.PDF"为例，对 Power BI Desktop 获取 PDF 文件数据的原理作简单说明，以利于理解本任务的操作原理和流程。

该素材文件是浙江省新能源投资集团股份有限公司 2021 年年度报告摘要，其内容是对年度报告全文的内容提炼。报告摘要全文共 8 页，第 1 页是封面，后 7 页是内容。内容页包括三部分：第一节是重要提示；第二节是公司基本情况；第三节是重要事项。

在第一节的重要提示中，共包括 5 个段落文字。在第二节的公司基本情况中，共有 5 方面的内容，这些内容的呈现方式有文字段落、表格和图。在第三节的重要事项中，包括 2 个段落的文字。

将此素材文件加载到 Power BI Desktop 中，可以看到 Power BI Desktop 从 PDF 文件中提取出了相关数据，如图 2-10 所示。

图 2-10　Power BI Desktop 提取 PDF 文件数据

在如图 2-10 所示【导航器】左侧的对象目录中，■ **600032_2021年年度报告摘要.PDF [16]** 是 PDF 数据源文件的名称，［16］表示 Power BI Desktop 从此 PDF 文件中提取到 16 个对象。但原 PDF 文件只有 8 页，为什么 Power BI Desktop 提取出 16 个对象呢？

仔细查看图 2-10，以 ▦ 标示的表对象有 8 个，其命名方式为 Table00N（N 是从 1 开始的顺序编号），对象名字后面以括号标注了此对象中的数据来自原 PDF 文件的哪一页。例如，来自 Page 2 的表对象有 Table001、Table002、Table003。这 8 个表对象其实是 Power BI Desktop 从原 PDF 文件中提取到的表格数据，Power BI Desktop 会根据对原 PDF 文件描述的结果，自动识别可能是表格的数据，并将这些数据单独提取到表对象中，表对象的行列大致与原 PDF 文件的表格行列相对应。

除了 8 个表对象外，Power BI Desktop 还提取到 8 个以 ▦ 标记的页对象表，其命名方式为 Page00N（N 是从 1 开始的顺序编号），这些页对象表与原 PDF 文件的各个页面一一对应，原 PDF 文件有 8 页，Power BI Desktop 提取的也是 8 个页对象表。

仔细对比 Power BI Desktop 提取的页对象表和原 PDF 文件，会发现 Power BI Desktop 并不能将 PDF 文件中的图片提取出来。例如，原 PDF 文件的第 4 页有一张图，而 Power BI Desktop 仅提取出该页面中除图以外的其他内容。

此外要注意的是，Power BI Desktop 在提取 PDF 文件中的文字段落时，会将段落中的每行文字作为页对象表中的一行数据，一个段落的多行文字将成为页对象表中的多行数据。例如，原 PDF 文件的第 3 页有多行文字，Power BI Desktop 均逐行将这些文字提取到 Page003 中。

【任务实施】

一、导入 PDF 文件

步骤 1：新建一个 Power BI 文件，在 Power BI Desktop 中，单击【主页】|【数据】|【获取数据】，在打开的【获取数据】对话框中，选择【文件】组下的【PDF】，然后单击【连接】按钮。

步骤 2：在随后打开的【打开】文件对话框中，选择打开素材文件"600032_2021 年年度报告摘要.PDF"。

步骤 3：Power BI Desktop 将该 PDF 文件中的内容按照一定的规则提取到【导航器】对话框中。根据本次任务要求，选中 Table006（Page 4）、Table007（Page 4）、Table008（Page 5）3 个表对象。其中，Table006（Page 4）是报告期分季度的主要会计数据，Table007（Page 4）和 Table008（Page 5）是原 PDF 文件跨页呈现的报告期末及年报披露前一个月末的普通股股东总数、表决权恢复的优先股股东总数和持有特别表决权股份的股东总数及前 10 名股东情况。Power BI Desktop 提取的 PDF 文件数据如图 2-11 所示。

二、转换数据

步骤 1：在图 2-11 中单击【转换数据】按钮，打开 Power Query 编辑器。

步骤 2：在 Power Query 中编辑 Table006（Page 4）表。

步骤 2.1：在【查询】窗格中右键单击 Table006（Page 4）表名，在展开的快捷菜单中选择【重命名】，将 Table006（Page 4）表重命名为"分季度主要会计数据"。

🔔 提示

也可以先选中 Table006（Page 4）表，然后在 Power Query 工作区右侧的【查询设置】窗格中【名称】处修改表名。

技能提升 2.2

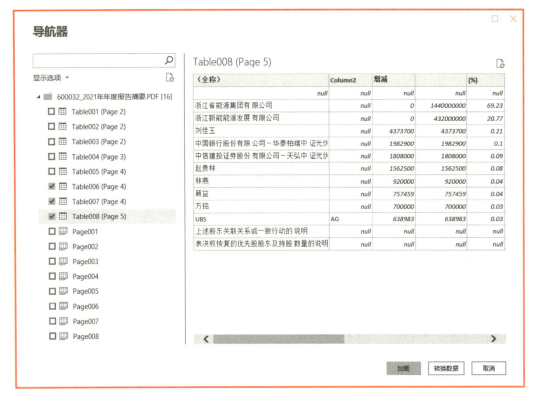

图 2-11　Power BI Desktop 提取的 PDF 文件数据

步骤 2.2：在【应用的步骤】框中选中最后一个步骤，再用鼠标双击"分季度主要会计数据"表中第一列的列名，修改列名为"指标"。同样地，依次修改第二列至第五列的列名，将原列名中显示在第二行的文本去掉。修改列名后的结果如图 2-12 所示。

指标	第一季度	第二季度	第三季度	第四季度
1 营业收入	481338641	837759673.1	844106920.8	746328560.4
2 归属于上市公司股东的净利润	23959362.16	199425243.6	184610964.3	46963209.94
3 归属于上市公司股东的扣除非经常性损益后的净利润	21418580.39	193058756.8	179171186.3	-48700657.61
4 经营活动产生的现金流量净额	30198904.2	242828438.2	500292500.1	385963059.3

图 2-12　修改列名后的结果

技能提升
2.3

步骤 2.3：从图 2-12 可以看出，第 2 行至第 4 行的"指标"列的值都是分行显示的，这意味着这些值中包含了换行符，需要将换行符去掉。选中指标列，切换到 Power Query 的【转换】功能选项卡，单击【任意列】|【替换值】，打开【替换值】对话框；先将输入光标定位在【要查找的值】框中，单击【高级选项】，在展开的

高级选项中，选中【使用特殊字符替换】；再单击【插入特殊字符】，从展开的特殊字符下拉列表中选择【换行】，此时【要查找的值】框内自动填入"#（lf）"；保持【替换为】框为空，即不输入任何字符；单击【确定】按钮完成替换。如图 2-13 所示。

替换值

在所选列中，将其中的某值用另一个值替换。

要查找的值

#(lf)

替换为

◢ 高级选项

☐ 单元格匹配

☑ 使用特殊字符替换

[插入特殊字符 ▾]

[确定] [取消]

图 2-13 替换换行符

本步骤完成后的结果如图 2-14 所示。

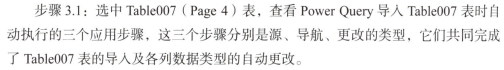

	指标	1.2 第一季度	1.2 第二季度	1.2 第三季度	1.2 第四季度
1	营业收入	481338641	837759673.1	844106920.8	746328560.4
2	归属于上市公司股东的净利润	23959362.16	199425243.6	184610964.3	46963209.94
3	归属于上市公司股东的扣除非经常性损益后的净利润	21418580.39	193058756.8	179171186.3	-48700657.61
4	经营活动产生的现金流量净额	30198904.2	242828438.2	500292500.1	385963059.3

图 2-14 删除换行符后的表

步骤 2.4：检查各列的数据类型，确保"指标"列为文本型，其他各列均为小数型。

步骤 3： 在 Power Query 中编辑 Table007（Page 4）表。

步骤 3.1：选中 Table007（Page 4）表，查看 Power Query 导入 Table007 表时自动执行的三个应用步骤，这三个步骤分别是源、导航、更改的类型，它们共同完成了 Table007 表的导入及各列数据类型的自动更改。

步骤 3.2：选中 Table007（Page 4）表，在 Power Query 工作区右侧的【查询设置】窗格中修改表名为"股东数量"。

步骤 3.3：查看股东数量表的数据，此表共 7 列 6 行，限于篇幅，这里只截取了部分列的数据，如图 2-15 所示。可以看出，表中数据很杂乱，需要清洗和整理。由于清洗和整理数据的主要内容将在项目三中讲解，因此，这里只针对此任务对数

技能提升
2.4

据作简单清洗。

	AᴮC Column1	AᴮC Column2	AᴮC Column3	AᴮC Column4
1	截至报告期末普通股股东总数 / 户	null	null	null
2	年度报告披露日前上一月末的普通股股东总数 / 户	null	null	null
3	截至报告期末表决权恢复的优先股股东总数 / 户	null	null	null
4	年度报告披露日前上一月末表决权恢复的优先股股东总数 / 户	null	null	null
5	前10名股东持股情况	null	null	null
6	股东名称	报告期内	期末持股数量	比例

图 2-15　未清洗和整理的股东数量表

步骤 3.4：单击【主页】|【减少行】|【删除行】下拉列表中的【删除最后几行】，在【行数】中输入 "2"，单击【确定】按钮，如图 2-16 所示。此步骤的作用是删除表的最后两行，剩余的四行就是表示股东数量的数据行。

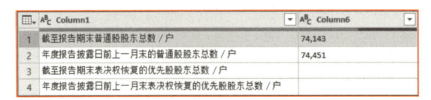

删除最后几行

指定要删除最后多少行。

行数

```
2
```

　　　　　　　　　　　　　　　　　　　　　　　　　　　　[确定]　[取消]

图 2-16　删除最后两行数据

步骤 3.5：表中有多个空列需要删除。先用鼠标单击 Column2 列的列名，再按下 Ctrl 键，同时用鼠标依次单击 Column3、Column4、Column5、Column7 列的列名，再单击【主页】|【管理列】中的【删除列】功能，将选中的这些列删除。删除空列后的表如图 2-17 所示。

	AᴮC Column1	AᴮC Column6
1	截至报告期末普通股股东总数 / 户	74,143
2	年度报告披露日前上一月末的普通股股东总数 / 户	74,451
3	截至报告期末表决权恢复的优先股股东总数 / 户	
4	年度报告披露日前上一月末表决权恢复的优先股股东总数 / 户	

图 2-17　删除空列后的表

步骤 3.6：选中列 Column6，单击【转换】|【任意列】中的【替换值】，在打开的【替换值】对话框中，保持【要查找的值】的内容为空，在【替换为】处输入 "0"，单击【确定】按钮。此步骤的作用是将列 Column6 中的空值替换为 0。

54

提 示

使用【替换值】功能时，所操作列的数据类型应为文本型。此步骤功能就是对 Column6 列的每一个值进行检查，若为空项（即空字符串），则将其替换为字符串 0。

步骤 3.7：双击列名 Column1，将其重命名为"类别"；双击列名 Column6，将其重命名为"值"。

步骤 3.8：检查和修改各列的数据类型，确保"类别"列为文本型，"值"列为小数型。清洗和整理后的股东数量表如图 2-18 所示。

	$^A_B^C$ 类别	1.2 值
1	截至报告期末普通股股东总数／户	74143
2	年度报告披露日前上一月末的普通股股东总数／户	74451
3	截至报告期末表决权恢复的优先股股东总数／户	0
4	年度报告披露日前上一月末表决权恢复的优先股股东总数／户	0

图 2-18　清洗和整理后的股东数量表

步骤 4：在 Power Query 中编辑 Table008（Page 5）表。

步骤 4.1：选中 Table008（Page 5）表，查看 Power Query 导入 Table008 表时自动执行的 4 个应用步骤，这 4 个步骤分别是源、导航、提升的标题、更改的类型，它们共同完成了 Table008 表的导入、列标题的产生及各列数据类型的自动更改。

步骤 4.2：选中 Table008（Page 5）表，修改表名为"前 10 名股东持股情况"。

步骤 4.3：查看前 10 名股东持股情况表的数据，此表共 9 列 13 行。限于篇幅，这里只截取了部分行列的数据，如图 2-19 所示。可以看出，表中数据很杂乱，需要清洗和整理。

技能提升 2.5

	$^A_B^C$ （全称）	$^A_B^C$ Column2	$^{12}_3$ 增减	$^{12}_3$	1.2 (%)
1	null	null	null	null	null
2	浙江省能源集团有限公司	null	0	1440000000	69.23
3	浙江新能能源发展有限公司	null	0	432000000	20.77
4	刘佳玉	null	4373700	4373700	0.21
5	中国银行股份有限公司－华泰柏瑞中证光伏产业交易型开放式指数证券投资基金	null	1982900	1982900	0.1

图 2-19　未清洗和整理的前 10 名股东持股情况表

提　示

　　清洗、整理数据时，可参照原始数据，在理解原始数据含义的基础上，根据分析目标选择合适的方法，对数据进行清洗和整理的操作。

　　步骤4.4：删除表的第一行。单击【主页】|【减少行】|【删除行】下拉列表中的【删除最前面几行】，在【行数】中输入"1"，单击【确定】按钮。

　　步骤4.5：删除表的最后两行。单击【主页】|【减少行】|【删除行】下拉列表中的【删除最后几行】，在【行数】中输入"2"，单击【确定】按钮。

　　步骤4.6：合并表的第一列和第二列。单击选中第一个列名，按下 Shift 键的同时用鼠标单击第二列的列名，同时选中这两列。在【转换】|【文本列】功能组中，单击【合并列】，打开如图 2-20 所示的【合并列】对话框；在【分隔符】处选择空格，表示用空格连接两个列的值；在【新列名】处输入股东名称，单击【确定】按钮。

合并列

选择已选列的合并方式。

分隔符

空格 ▼

新列名(可选)

股东名称

确定　　取消

图 2-20 【合并列】对话框

　　步骤4.7：依次修改各列列名为股东名称、增减量、期末持股数量、持股比例 /%、持有有限售条件的股份数量、异常股票状态、异常股票数量、股东性质。

　　步骤4.8：删除股东名称列和股东性质列中的换行符，使这两列的值均显示为单行文本形式。同时选中股东名称列和股东性质列，单击【转换】|【任意列】|【替换值】，打开【替换值】对话框。在【要查找的值】中输入"#(lf)"（换行符）；【替换为】保持空，不输入任何字符；单击【高级选项】，在展开的选项中，选中【使用特殊字符替换】；单击【确定】按钮完成替换。

　　步骤4.9：检查并修改各列的数据类型，确保各列数据类型依次为：股东名称（文本）、增减量（整数）、期末持股数量（整数）、持股比例 /%（小数）、持有有限售条件的股份数量（整数）、异常股票状态（文本）、异常股票数量（整数）、股东性质（文本）。清洗、整理好的前 10 名股东持股情况表如图 2–21 所示。

	股东名称	增减量	期末持股数量	1.2 持股比例(%)	持有有限售条件的...	异常股票状态	异常股票数量	股东性质
1	浙江省能源集团有限公司	0	1440000000	69.23	1440000000	无	0	国有法人
2	浙江新能源发展有限公司	0	432000000	20.77	432000000	无	0	境内非国有法人
3	刘佳玉	4373700	4373700	0.21	0	无	0	境内自然人
4	中国银行股份有限公司－华...	1982900	1982900	0.1	0	无	0	其他
5	中信建投证券股份有限公司...	1808000	1808000	0.09	0	无	0	其他
6	赵贵林	1562500	1562500	0.08	0	无	0	境内自然人
7	林赖	920000	920000	0.04	0	无	0	境内自然人
8	顾益	757459	757459	0.04	0	无	0	境内自然人
9	方铭	700000	700000	0.03	0	无	0	境内自然人
10	UBS AG	638983	638983	0.03	0	无	0	其他

图 2–21　清洗、整理好的前 10 名股东持股情况表

步骤 5：单击【主页】|【关闭】功能组中的【关闭并应用】，关闭 Power Query 编辑器，并将 Power Query 修改结果同步应用到 Power BI Desktop。

技能提升 2.6

三、数据建模

在 Power BI Desktop 中，切换到【模型视图】，查看当前数据模型。当前模型中有 3 张数据表，但这 3 张表中的数据并不存在关联关系，因而不需处理多表间的关联关系，如图 2–22 所示。

图 2–22　数据模型

四、数据可视化

步骤 1：在 Power BI Desktop 中，切换到报表视图。

步骤 2：分析股东数量。

步骤 2.1：在【报表视图】界面|【可视化】窗格的【生成视觉对象】面板中选择"簇状柱形图"视觉对象。

获取、转换和数据建模（2）

步骤2.2：将【字段】窗格中"股东数量"表的"类别"字段拖放至柱形图的【X轴】中，将"值"字段拖放至【Y轴】中。

步骤2.3：调整柱形图大小，以方便编辑此图形。

步骤2.4：切换到该柱形图的【可视化】|【设置视觉对象格式】的【常规】格式设置界面，设置柱形图【标题】为"股东数量"，字体加粗，字号大小为15，水平对齐方式为居中；设置【效果】中【视觉对象边框】状态为开。

步骤2.5：切换到该柱形图的【可视化】|【设置视觉对象格式】的【视觉对象】格式设置界面。在【Y轴】|【标题】下，修改Y轴标题文本为"数量（户）"；打开【数据标签】，并在【数据标签】|【值】项中，设置【显示单位】为无。

步骤2.6：切换到该柱形图的【筛选器】设置窗格，在【此视觉对象上的筛选器】中，设置【值】不等于0，即柱形图中只显示数量不等于0的股东类别及对应户数；设置完毕后，单击【应用筛选器】按钮，在柱形图上应用此筛选条件，如图2-23所示。

图 2-23　设置视觉对象【筛选器】

步骤2生成的股东数量柱形图如图2-24所示。

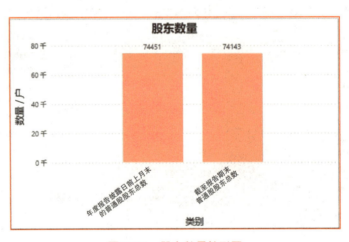

图 2-24　股东数量柱形图

图表释义

股东数量柱形图是基于"类别"字段和"值"字段绘制而成的可视化图表，股东数量表中只有4行2列数据（参见图2-18），其中第3行和第4行的值均为0。根据柱形图的值不等于0的筛选条件，这两行将不会在柱形图中显示出来。最终，柱形图依据第1行和第2行的数据进行股东数量的可视化展示。

股东数量柱形图

步骤 3：分析各季度主要会计数据。

步骤 3.1：在【报表视图】界面|【可视化】窗格的【生成视觉对象】面板中选择"簇状柱形图"视觉对象。

步骤 3.2：将【字段】窗格中"分季度主要会计数据"表的"指标"字段拖放至柱形图的【X 轴】中，其余 4 个季度字段按季度顺序拖放至【Y 轴】中，如图 2-25 所示。

步骤 3.3：调整柱形图大小，以方便编辑此图形。

步骤 3.4：切换到该柱形图的【可视化】|【设置视觉对象格式】的【常规】格式设置界面，设置柱形图【标题】为"各季度主要会计数据"，字体加粗，字号大小为 15，水平对齐方式为居中；设置【效果】中【视觉对象边框】状态为开。

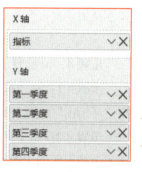

图 2-25　簇状柱形图中的数据字段

步骤 3.5：切换到该柱形图的【可视化】|【设置视觉对象格式】的【视觉对象】格式设置界面，在【Y 轴】|【标题】下，修改 Y 轴标题文本为"金额（人民币，元）"。

步骤 3 生成的各季度主要会计数据簇状柱形图如图 2-26 所示。

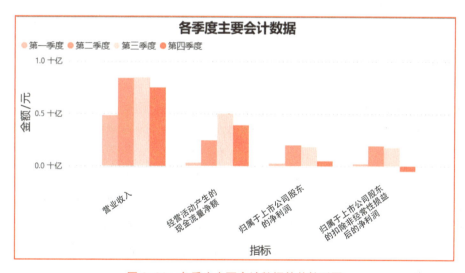

图 2-26　各季度主要会计数据簇状柱形图

图表释义

各季度主要会计数据簇状柱形图是基于"指标"字段和 4 个季度的金额字段绘制而成的可视化图表，分季度主要会计数据表中只有 4 行 4 列数据（参见图 2-12）。Power BI Desktop 是依据字段的值进行作图，对于 X 轴来说，指标列有四个不同的取值，因此，X 轴显示四个刻度，这四个刻度分别代表指标轴的四个取值；对于 Y 轴来说，图 2-26 使用了 4 个季度字段的值来绘制。针对 X 轴的"营业

各季度主要会计数据簇状柱形图

收入"刻度，柱形图使用一组柱形（包括 4 个柱，对应 4 个季度）来示意营业收入 4 个不同季度的金额值；其他 X 轴刻度的簇状柱形绘制原理同营业收入。为了区别每簇柱形的值，Power BI Desktop 使用不同的颜色来填充柱形，同时用 Y 轴数据所属字段的字段名作为颜色说明，即图例。

步骤 4：分析股东持股情况。

步骤 4.1：在【报表视图】界面|【可视化】窗格的【生成视觉对象】面板中选择"环形图"视觉对象。

步骤 4.2：将【字段】窗格中"前 10 名股东持股情况"表的"股东性质"字段拖放至环形图的【图例】中，"持股比例 /%"字段拖放至【值】中。

步骤 4.3：调整环形图大小，以方便编辑此图形。

步骤 4.4：切换到该环形图的【可视化】|【设置视觉对象格式】的【常规】格式设置界面，设置环形图【标题】为"不同股东性质持股比例"，字体加粗，字号大小为 15，水平对齐方式为居中；设置【效果】中【视觉对象边框】状态为开。

步骤 4.5：切换到该环形图的【可视化】|【设置视觉对象格式】的【视觉对象】格式设置界面，在【图例】|【选项】的【位置】处，设置环形图的图例显示位置为靠上左对齐。

步骤 4.6：复制此环形图，粘贴两个副本。

步骤 4.7：选中其中一个环形图副本，在【报表】界面|【可视化】窗格的【生成视觉对象】面板中，删除【图例】中的"股东性质"字段，重新将【字段】窗格中"前 10 名股东持股情况"表的"股东名称"字段拖放至环形图的【图例】中，【值】中的字段不变；修改此环形图【标题】为"不同股东持股比例"。

步骤 4.8：选中另外一个环形图副本，在【报表视图】界面|【可视化】窗格的【生成视觉对象】面板中，删除【图例】中的"股东性质"字段，重新将【字段】窗格中"前 10 名股东持股情况"表的"股东名称"字段拖放至环形图的【图例】中；删除【值】中的"持股比例 /%"字段，重新将"期末持股数量"字段拖放至【值】中；修改此环形图【标题】为"不同股东持股数量"。

步骤 4 生成的股东持股情况环形图如图 2-27 所示。

注：环形图中仅标注了股东持股比例前三的百分比。

图 2-27　股东持股情况环形图

思考

试着解析一下图 2-27 的含义？

步骤 5：调整报表页面中各可视化视觉对象的大小及布局，使报表页面能够更高效、更直观地显示数据，同时也要注意整体页面的整齐和美观。

步骤 6：单击【主页】|【插入】功能组中的【文本框】按钮，在打开的文本编辑框中输入"浙江新能 2021 年年度报告摘要分析"，设置文本字号为 20，字体加粗，水平方向居中。调整文本框大小，并将此文本框拖放到报表上方居中位置，作为整个报表的标题。

步骤 7：保存当前 Power BI Desktop 文件为"浙江新能 2021 年年度报告摘要分析.pbix"，保存位置自行设定。

至此，我们完成了浙江新能 2021 年年度报告摘要中部分数据的可视化展示任务。最终效果如图 2-28 所示。

注：环形图中仅标注了持股比例前三的百分比。

图 2-28　浙江新能 2021 年年度报告摘要分析

【动手实践】

根据素材文件"600642_2021 年年度报告摘要.PDF"，参考图 2-29，制作申能股份 2021 年年度报告摘要的部分数据可视化分析图，并将文件保存为"申能股份

2021 年年度报告摘要分析.pbix"。

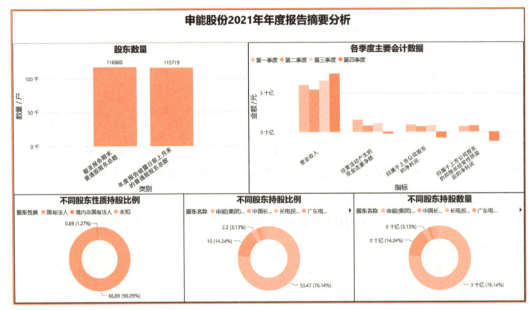

注：环形图中仅标注了持股比例前三的百分比。

图 2-29　申能股份 2021 年年度报告摘要分析

🔍 知识扩展

　　很多专业网站上都有上市公司的年报文件供阅读和下载，下面给出几个网站，同学们可以从这些网站上查询和下载所需的上市公司年报数据，以供学习和做专业财务分析。

　　1. 上海证券交易所

　　2. 深圳证券交易所

　　3. 证券时报网

　　4. 东方财富网

【任务评价】

　　在"学习评价表"上记录一下你学会了多少。

学习内容	完成度评价
PDF 文件认知	是□　否□
Power BI Desktop 获取 PDF 数据认知	是□　否□
浙江新能年报摘要数据获取	是□　否□
浙江新能年报摘要数据可视化	是□　否□

任务三　获取股票板块涨跌幅排行榜 Web 数据

【任务说明】

　　股票板块是指某些上市公司在股票市场上有某些特定的相关要素，就以这些要素命名的板块。股票板块的分类方式主要有行业板块分类和概念板块分类两类。行业板块分类是中国证券监督管理委员会（简称"证监会"）对上市公司的官方分类标准（每季度依据公司大于 50% 的业务来归类公司所属行业）。概念板块分类没有统一标准，常用的概念板块分类标准有：地域分类（如上海板块、雄安新区板块）、政策分类（如新能源板块、自贸区板块）、上市时间分类（如次新股板块）、投资人分类（如社保重仓板块、外资机构重仓板块）、指数分类（如沪深 300 板块、上证 50 板块）、热点经济分类（如网络金融板块、物联网板块）、业绩分类（如蓝筹板块、ST 板块）等。请基于新浪财经网站关于股票板块涨跌幅排行榜的 Web 数据，使用 Power BI Desktop 完成股票板块涨跌幅排行榜的可视化呈现。

【相关知识】

一、网页文件认知

　　网页文件，俗称网页，指的是上网时使用浏览器浏览的页面。网页文件本质上是一个由 HTML（HyperText Markup Language，超文本链接标记语言）标签组成的纯文本文件。浏览器的主要作用就是将由 HTML 标记组成的文件转换为易查看的网页，供人们获取资讯和信息。从网页中获取信息是大数据时代必不可少的重要数据获取方式之一。

图 2-30 所示是客户端向服务器发送网页请求、服务器给客户端返回网页的过程。浏览网页时，访问者从客户端（本地计算机）打开浏览器程序，在浏览器的地址栏中输入要访问网页的网址，即可向远程服务器发送请求。远程服务器接收请求后，将对应的网页发回给客户端，客户端的浏览器再将网页显示出来，供访问者从中获取资讯或信息。

图 2-30　请求网页与返回网页

网址是访问者获取网页资讯必须提供的信息。了解网址的构成也是使用 Power BI Desktop 熟练获取互联网信息资源的必要前提。

网址通常是指网络中某台计算机上某个网页文件的地址，网址的命名按照 URL（Uniform Resource Locator，统一资源定位器）的形式来组织，网络中每个网页都有各自的 URL，即 URL 具有全球唯一性。

URL 示例如下：

新浪财经主页：https://finance.sina.com.cn/

由示例可以看出，URL 是由若干个字符按一定规则组成的字符串，其格式可以简单描述为：

协议类型:// 服务器地址 [: 端口号]/ 路径 / 文件名

即，一个 URL 通常包含协议类型、服务器地址（或域名）、端口号、文件在服务器上的存储路径及文件名等信息。

（一）协议类型

URL 中的 https 或 http 是协议类型，它表明客户端与服务器之间基于 https 或 http 协议来传送和解析网页数据。https 是比 http 更安全的万维网协议，广泛用于网络中有安全要求的通信服务，如电子商务中的交易支付等。

🔧 知识扩展

支持网络通信的协议有很多，除了 https 协议，还有 SMTP（简单邮件传输协议）、FTP（文件传输协议）等。不同协议能够为网络用户提供不同的网络服务。

（二）服务器地址／域名

URL 示例中的 www.sina.com.cn 是服务器地址，也称域名。通过域名，访问者可以准确定位到要访问的网络中的指定服务器。

（三）端口号

URL 中的端口号可以省略。端口号是服务器对外提供的某个服务的唯一编号，由于一台服务器能够对外提供很多类型的网络服务，如浏览网页、下载文件、收发邮件等，当访问者通过域名访问到服务器后，服务器需要根据端口号来决定给访问者提供哪个服务。端口号是一个取值范围在 0~65 535 间的整数，Web 服务（即访问网站服务）的默认端口号是 80，网页文件的 URL 中经常省略此端口号。

（四）路径及文件名

就像访问本地计算机上存储的文件需要提供存储位置和文件名一样，访问网站中的网页也需要知道此网页的存储位置及文件名。每个网页的 URL 中都应该指明要访问的网页路径和文件名（网页文件名一般以 .html 或 .htm 为扩展名）。

由于网站主页是网站中众多网页文件的第一个页面，其他所有的网页都可以从主页通过若干次链接跳转访问到。因此，一般在访问网站主页时，主页文件名可以省略（网站主页的常用文件名是 index.html）。

 提 示

需要注意的是，不仅网页文件有 URL，其他的网络资源也可以有各自的 URL 提供给访问者。例如，网络中的视频、图片、音频、CSV 文件等资源都可以有 URL。

二、Power BI Desktop 获取网页数据认知

以 "http://finance.sina.com.cn/stock/sl/#industry_1" 网址对应的网页文件为例，对 Power BI Desktop 获取 Web 文件数据原理作一简单说明，以利于理解本任务的操作原理和流程。该网页在浏览器中的显示如图 2-31 所示。

将此网页的网址加载到 Power BI Desktop 中，Power BI Desktop 便可从 Web 页面中提取出相关数据，如图 2-32 所示。

如图 2-32 所示【导航器】左侧栏包括三个文件夹，说明 Power BI Desktop 将从网页提取出来的内容以三大类进行组织。一类是【HTML 表格】，这种类别的数据有 2 个，即当前网页有 2 张有序的结构化表格；一类是【建议的表格】，这种类别的数据也有 2 个，这是 Power BI Desktop 根据网页数据自动提出来的智能建议；一类是【文本】，这种类别的数据同样有 2 个，一个是网页的 HTML 源代码，一个是网页上显示的纯文本信息。

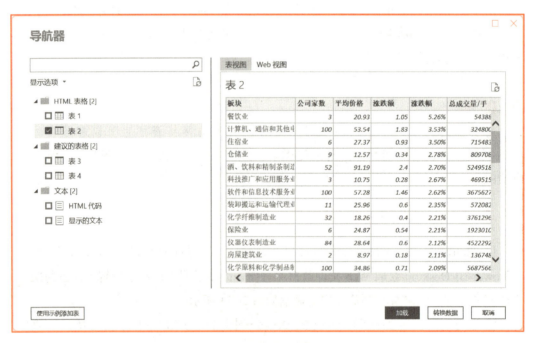

板块	公司家数	平均价格	涨跌额	涨跌幅	总成交量/手	总成交额/万元	领涨股	涨跌幅	当前价	涨跌额
餐饮业	3	20.93	1.05	5.26%	543886.70	91657.79	同庆楼 (sh605108)	10.00%	34.66	3.15
计算机、通信和其他电子设备制造业	100	53.54	1.83	3.53%	3248002.10	1084006.28	恒烁股份 (sh688416)	19.99%	52.40	8.73
住宿业	6	27.37	0.93	3.50%	715483.91	133166.11	锦江酒店 (sh600754)	4.49%	59.37	2.55
仓储业	9	12.57	0.34	2.78%	809708.67	67948.43	宏川智慧 (sz002930)	4.74%	21.86	0.99
酒、饮料和精制茶制造业	52	91.19	2.40	2.70%	5249518.51	2942903.31	百润股份 (sz002568)	10.01%	39.44	3.59
科技推广和应用服务业	3	10.75	0.28	2.67%	469515.92	36486.86	南网能源 (sz003035)	4.14%	7.04	0.28
软件和信息技术服务业	100	57.28	1.46	2.62%	3675627.44	1454665.98	必易微 (sh688045)	14.30%	76.01	9.51
装卸搬运和运输代理业	11	25.96	0.60	2.35%	572082.13	79409.11	密尔克卫 (sh603713)	3.73%	134.69	4.85
化学纤维制造业	32	18.26	0.40	2.21%	3761296.85	405936.78	凯赛生物 (sh688065)	4.45%	68.73	2.93
保险业	6	24.87	0.54	2.21%	1923010.75	488323.26	中国太保 (sh601601)	3.65%	26.69	0.94

图 2-31　新浪财经行业涨跌幅排行榜

图 2-32　Power BI Desktop 提取的 Web 数据

　　如果熟悉网页构造的话，可以利用经验快速从【导航器】中找到所需的数据对象。如果不熟悉网页构造，则可以逐个单击【导航器】中显示的对象，在右侧对应的【表视图】下查看数据内容。由于当前网页是一个简单页面，Power BI Desktop 提取到数据内容并不多，对于一些复杂的网页，Power BI Desktop 加载出来的对象可能会很多。

　　【导航器】的右侧还提供了网页的【Web 视图】，此视图显示的内容与浏览器中显示的网页一样，如图 2-33 所示。

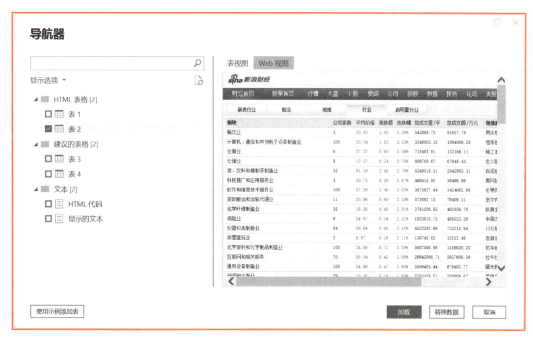

图 2-33　【导航器】显示的【Web 视图】

【任务实施】

一、导入 Web 文件

步骤 1： 新建一个 Power BI 文件，在 Power BI Desktop 中，单击【主页】|【数据】功能区的【获取数据】，在打开的【获取数据】对话框的左侧选择【其他】类别，在右侧展示的其他类别中选择【Web】（ ⊕ Web ）后，单击【连接】按钮，打开【从 Web】对话框。

步骤 2： 在【从 Web】对话框的【URL】文本框中输入网址：http://finance.sina.com.cn/stock/sl/#industry_1，单击【确定】按钮，如图 2-34 所示。

图 2-34　在【URL】文本框中输入网址

67

步骤 3：在打开的【导航器】界面中，选中【HTML 表格】类别下的"表 2"，单击【转换数据】按钮，进入 Power Query 编辑器。

🔔 提　示

由于股票交易数据具有动态变化的特征，因而，读者们在获取股票板块涨跌幅排行榜数据时，得到的数据会和本书中所用的数据不同，请务必注意。

二、转换数据

步骤 1：在 Power Query 编辑器的【查询】窗格中，右键点击"表 2"名称，在展开的快捷菜单中选择【重命名】，将当前"表 2"的名称更改为"行业涨跌幅排行榜"。行业涨跌幅排行榜数据表中的数据非常整齐，不需要做额外的数据清洗和整理等工作。

步骤 2：检查"行业涨跌幅排行榜"各列的数据类型是否合理，确保第五列"涨跌幅"为百分比类型，第六列"总成交量（手）"为小数类型。对于其他各列，若取值均为整数则设置为整数类型，若取值出现小数，则设置为小数类型。

步骤 3：单击【主页】|【关闭并应用】按钮，关闭 Power Query 编辑器，同时将 Power Query 编辑器的修改结果应用到 Power BI Desktop 中。

三、数据建模

获取、转换和数据建模（3）

在 Power BI Desktop 中，切换到模型视图，查看当前数据模型。当前模型中只有一张数据表，因而不需处理多表间的关联关系。

四、数据可视化

步骤 1：在 Power BI Desktop 中，切换到报表视图。

步骤 2：在【报表视图】界面|【可视化】窗格的【生成视觉对象】面板中选择"折线和簇状柱形图"视觉对象。

🔍 知识扩展

当需要在同一个视觉对象中同时呈现两个不同量级的数据时，可以使用 Power BI Desktop 提供的"折线和堆积柱形图"视觉对象或"折线和簇状柱形图"视觉对象。

步骤 3：将【字段】窗格中"行业涨跌幅排行榜"表的"板块"字段拖放至当

前视觉对象的【X 轴】中，将"总成交量（手）"字段拖放至【列 y 轴】中，将"涨跌幅"字段拖放至【行 y 轴】中，如图 2 -35 所示。

步骤 4：切换到该视觉对象的【可视化】|【设置视觉对象格式】的【常规】格式设置界面。① 在【属性】面板中的【大小】中，设置视觉对象高度为 500，宽度为 1 200；在【位置】中设置视觉对象在报表中的水平位置为 40，垂直位置为 110。② 在【标题】面板中，输入视觉对象标题为"行业涨跌幅排行榜"，字体加粗，字号大小为 20，水平对齐方式为居中。③ 在【效果】面板中，设置【视觉对象边框】状态为开，【阴影】状态为开。

图 2-35　坐标轴设置

步骤 5：切换到该视觉对象的【可视化】|【设置视觉对象格式】的【视觉对象】格式设置界面。① 在【X 轴】面板中，设置 X 轴上显示的【值】的字号大小为 10，字体加粗；设置 X 轴标题文本的字号大小为 15，字体加粗。② 在【Y 轴】面板中，设置 Y 轴上显示的【值】字号大小为 10，字体加粗；设置 Y 轴标题文本的字号大小为 15，字体加粗。③ 打开【辅助 Y 轴】开关，设置此轴上显示的【值】字号大小为 10，字体加粗；设置辅助 Y 轴标题文本的字号大小为 15，字体加粗。④ 在【数据标签】面板处，打开数据标签；在【将设置应用于】下的【数据系列】中，选中"涨跌幅的 总和"，表示在图表对象中标示出涨跌幅总和的数据值。

步骤 6：在【字段】窗格中，选中"行业涨跌幅排行榜"表中的"涨跌幅"字段，单击功能区的【列工具】功能选项卡，在【格式化】|【格式】下拉列表中，设置此字段的显示格式为"百分比"。

步骤 7：双击报表页面下方的报表名称"第 1 页"，将其改为"行业涨跌幅排行榜"。

步骤 8：保存当前 Power BI Desktop 文件为"行业涨跌幅排行榜.pbix"，保存位置自行设定。

至此，我们完成了从网页中获取新浪财经行业涨跌幅排行榜数据，并将板块涨跌幅和成交量进行了可视化展示。最终效果如图 2-36 所示。

思考

1. 试着理解图 2-36 的含义。

2. 若图表使用的网页数据更新了，那么如何在 Power BI Desktop 中刷新图表数据以适应网页中的新数据？

股票板块涨跌幅排行榜可视化

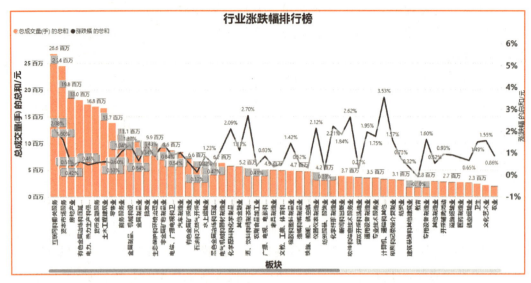

图 2-36　新浪财经行业涨跌幅与成交量可视化效果

【动手实践】

在东方财富网的行情中心中获取东方财富网上证 A 股涨跌幅排行榜数据（由于数据较多，可仅获取某页数据即可），并根据此数据，参考图 2-37，制作上证 A 股涨跌幅、市盈率和市净率排行榜可视化图表，并将文件保存为"上证 A 股涨跌幅、市盈率和市净率.pbix"。

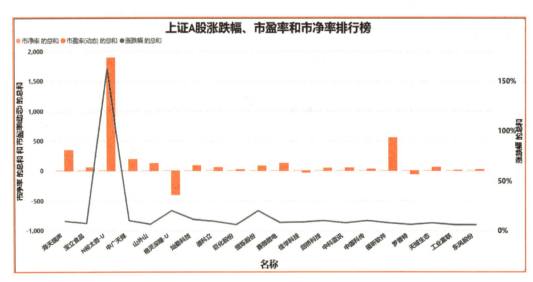

图 2-37　上证 A 股涨跌幅、市盈率和市净率排行榜可视化效果

【任务评价】

在"学习评价表"中记录一下你学会了多少。

学习评价表

学习内容	完成度评价
网页文件认知	是□　否□
Power BI Desktop 获取网页数据认知	是□　否□
新浪财经行业涨跌幅排行榜数据获取	是□　否□
新浪财经行业涨跌幅与成交量数据可视化	是□　否□

任务四　获取 ABC 公司领料文件夹数据

【任务说明】

ABC 公司是一家生产型企业，现有该公司 2022 年 1 月至 12 月的生产领料单数据，各月领料单均以单独的.csv 文件存放在名为"2022 年领料表"的文件夹中。请根据素材文件夹"2022 年领料表"所提供的数据，在 Power BI Desktop 中完成不同材料的领料金额统计，为管理者进行经营成本分析提供资料。

【相关知识】

一、文件夹和 CSV 文件认知

（一）文件夹认知

文件夹是 Windows 操作系统下管理文件资源的一种方式，通常情况下，计算机中众多的文件需要分门别类地归置到文件夹下，以利于日常工作快速找到所需文件。例如，可将 ABC 公司 2022 年 1 月至 12 月的生产领料单文件保存在文件夹"2022 年领料单"下。

（二）CSV 文件认知

CSV 是一种通用的、相对简单的文件格式，常用于不兼容系统间交换数据，广泛用于商业和科学领域。通常，CSV 文件具有以下特征。

（1）基于某种字符集的纯文本格式，字符集可以是 ASCII、Unicode、GB2312 等；

（2）内容由记录组成，记录可以简单理解为一行数据；

（3）每条记录由若干字段组成，字段间使用分隔符分隔，典型的分隔符有逗号、分号、制表符等；

（4）每条记录的字段序列相同；

（5）CSV 文件可以用记事本、Excel、写字板、Word 等多种程序打开。

二、Power BI Desktop 获取文件夹数据认知

CSV 文件作为一种纯文本文件，也可以作为 Power BI Desktop 的数据源。由于 Power BI Desktop 获取 CSV 文件的方法与前述获取 Excel 文件数据的方法较相近，因此，这里不再赘述 Power BI Desktop 获取 CSV 文件的方法，而是将 CSV 文件放置在文件夹下，作为文件夹下的资源由 Power BI Desktop 一次性批量获取。

以素材文件夹"2022 年领料表"为例，对 Power BI Desktop 批量获取文件夹下文件的方法作简单解读，以利于理解本任务的操作原理和流程。素材文件夹"2022 年领料表"下有 12 个 CSV 文件，当此文件夹作为 Power BI Desktop 的数据源时，Power BI Desktop 将把文件夹下所有的文件信息都读取到如图 2-38 所示的表格中（如果有子文件夹，子文件夹中的文件信息也会提取出来）。

F:\2022年领料表

Content	Name	Extension	Date accessed	Date modified	Date created	Attributes	Folder Path
Binary	10月份材料领用表.csv	.csv	2022/8/6 20:34:33	2022/8/6 20:34:31	2022/8/6 20:34:31	Record	F:\2022年领料表\
Binary	11月份材料领用表.csv	.csv	2022/8/6 20:34:48	2022/8/6 20:34:48	2022/8/6 20:34:48	Record	F:\2022年领料表\
Binary	12月份材料领用表.csv	.csv	2022/8/6 20:35:06	2022/8/6 20:35:05	2022/8/6 20:35:05	Record	F:\2022年领料表\
Binary	1月份材料领用表.csv	.csv	2022/8/6 20:27:32	2022/8/6 20:27:32	2022/8/6 20:27:32	Record	F:\2022年领料表\
Binary	2月份材料领用表.csv	.csv	2022/8/6 20:30:38	2022/8/6 20:30:37	2022/8/6 20:30:37	Record	F:\2022年领料表\
Binary	3月份材料领用表.csv	.csv	2022/8/6 20:30:59	2022/8/6 20:30:58	2022/8/6 20:30:58	Record	F:\2022年领料表\
Binary	4月份材料领用表.csv	.csv	2022/8/6 20:31:28	2022/8/6 20:31:27	2022/8/6 20:31:27	Record	F:\2022年领料表\
Binary	5月份材料领用表.csv	.csv	2022/8/6 20:31:45	2022/8/6 20:31:44	2022/8/6 20:31:44	Record	F:\2022年领料表\
Binary	6月份材料领用表.csv	.csv	2022/8/6 20:32:03	2022/8/6 20:32:02	2022/8/6 20:32:02	Record	F:\2022年领料表\
Binary	7月份材料领用表.csv	.csv	2022/8/6 20:32:25	2022/8/6 20:32:24	2022/8/6 20:32:24	Record	F:\2022年领料表\
Binary	8月份材料领用表.csv	.csv	2022/8/6 20:33:58	2022/8/6 20:33:57	2022/8/6 20:33:57	Record	F:\2022年领料表\
Binary	9月份材料领用表.csv	.csv	2022/8/6 20:34:16	2022/8/6 20:34:14	2022/8/6 20:34:14	Record	F:\2022年领料表\

组合 ▾　　加载　　转换数据　　取消

图 2-38　Power BI Desktop 获取文件夹数据

其中，【Content】列是二进制类型的文件内容，【Name】列是"2022年领料单"文件夹下所有文件的文件名，【Extension】列指明文件类型，【Date accessed】、【Date modified】、【Date created】分别是文件的访问时间、修改时间和创建时间，【Attributes】列指明文件是 Record（记录）形式，【Folder Path】是文件路径。

图 2-38 的右下角有四个按钮【组合】、【加载】、【转换数据】、【取消】。除了【组合】按钮外，其余三个按钮的功能同前文所述。这里重点讲解【组合】按钮功能。

单击【组合】按钮将展开一个下拉菜单，此菜单中有两个功能，其一是【合并并转换数据】，其二是【合并和加载】。从功能名称上可以看出，这两个功能就是将合并功能分别与转换数据功能、加载功能进行了整合，使得这两个功能同时具有合并和转换数据或加载的功能。若需要将文件夹下的所有文件进行合并，同时要打开 Power Query 进行编辑时，可选择【合并并转换数据】；若只需要将文件夹下的所有文件合并后，直接返回 Power BI Desktop，则可选择【合并和加载】。此处，选择【合并并转换数据】。

【任务实施】

一、导入文件夹数据

步骤 1：新建一个 Power BI 文件，在 Power BI Desktop 中，单击【主页】|【数据】|【获取数据】功能下的箭头，展开【获取数据】下拉菜单，单击其中的【更多…】打开【获取数据】对话框。在对话框的左侧选择【文件】类别，在右侧展示的文件类别中选择【文件夹】（▇ **文件夹**），接着单击【连接】按钮，打开【文件夹】对话框。

步骤 2：在【文件夹】对话框的【文件夹路径】框中，利用【浏览】按钮选择素材文件夹"2022年领料表"，如图 2-39 所示。单击【确定】按钮后，该文件夹下所有的资源都被显示在如图 2-38 所示的界面。

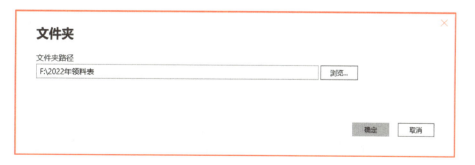

图 2-39　选择文件夹

　　步骤 3：单击【组合】按钮，展开下拉菜单，从中选择【合并并转换数据】。

　　步骤 4：在打开的【合并文件】对话框中，可以看到示例文件的数据显示。此处，【示例文件】下的文本框中默认显示"第一个文件"，这是系统自动设置的。单击"第一个文件"，可以看到文件夹下的所有文件名列表，可以任意单击一个文件名将其设为示例文件。这里单击"1 月份材料领用表.csv"文件，将其设为合并文件时的示例文件，如图 2-40 所示。

　　从图 2-40 中可以看出，当前示例文件的原始格式是"936：简体中文（GB2312）"，各字段间使用的分隔符是"逗号"；单击【确定】按钮，进入 Power Query 编辑器。

图 2-40　选择示例文件

🔍 知识扩展

　　示例文件的作用是，当后续在 Power Query 中对示例文件进行清洗及整理等操作时，这些操作都将自动应用到文件夹下的其他文件上，达到一种批量清洗及整理同结构数据文件的效果。

二、转换数据

　　步骤 1：进入 Power Query 编辑器后，在【查询】窗格中会显示如图 2-41 所示的界面，单击【查询】窗格中"从 2022 年领料表 转换文件"下的"转换示例文件"，查看该表的数据。该表中的数据来自示例文件"1 月份材料领用表.csv"。

图 2-41 查看示例文件

步骤 2：单击【查询】窗格中"其他查询"下的"2022 年领料表"，查看该表数据，如图 2-42 所示。该表中的数据是 Power Query 将文件夹"2022 年领料表"下所有文件中的数据合并后的结果。与原始数据相比，合并后的"2022 年领料表"添加了显示在最左边的一个文本型列：Source.Name。该列显示的是文件名，其用途是标示合并后的每行数据是从哪个原始文件中提取出来的。

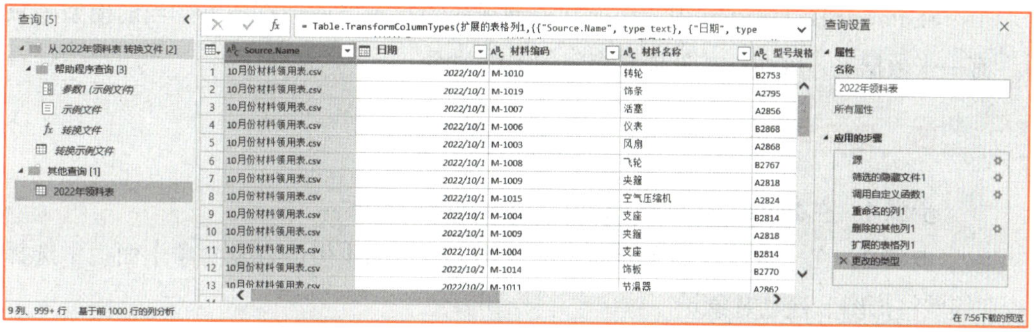

图 2-42 自动合并后的 2022 年领料表数据

步骤 3：从 Source.Name 列中提取出月份信息。选中 Source.Name 列，单击【主页】|【转换】功能组中的【拆分列】，从展开的下拉菜单中选择【按字符数】，打开【按字符数拆分列】对话框；在【字符数】处输入"11"，在【拆分】中选择"一次，尽可能靠右"，如图 2-43 所示。这样设置的作用是从 Source.Name 列值的右侧向左数 11 个字符，从此位置将 Source.Name 列值拆分为两列，Power Query 将自动为拆分后的列命名为 Source.Name.1 和 Source.Name.2。

步骤 4：将 Source.Name.1 列重命名为"月份"，修改其数据类型为整数型；删除 Source.Name.2 列。

步骤 5：检查"2022 年领料表"中各列的列名和数据类型，确保各列列名和数据类型为：月份（整数）、日期（日期型）、材料编码（文本型）、材料名称（文本

图 2-43　按字符数拆分列

技能提升
2.7

型）、型号规格（文本型）、单位（文本型）、数量（整数型）、单价（整数型）、金额（整数型）。

步骤 6：单击【主页】|【关闭并应用】按钮，关闭 Power Query 编辑器，同时将 Power Query 编辑器的修改结果应用到 Power BI Desktop 中。

获取、转换
和数据建
模（4）

三、数据建模

在 Power BI Desktop 中，切换到模型视图，查看当前数据模型。当前模型中只有一张数据表，因而不需处理多表间的关联关系。

四、数据可视化

步骤 1：在 Power BI Desktop 中，切换到报表视图。

步骤 2：在【报表视图】界面【可视化】窗格的【生成视觉对象】面板中选择"簇状柱形图"视觉对象。

步骤 3：选中该视觉对象，将【字段】窗格中"2022 年领料表"的"材料名称"字段拖放至柱形图的【X 轴】中，将"金额"字段拖放至【Y 轴】中。

步骤 4：切换到该视觉对象的【可视化】|【设置视觉对象格式】的【常规】格式设置界面。① 在【属性】面板中设置视觉对象大小，高度设为 513，宽度设为1 280；同时，在位置中设置视觉对象在报表上的水平位置为 0，垂直位置为 207。② 设置视觉对象【标题】为"不同材料领料金额统计"，字体加粗，字号大小为 15，水平对齐方式为居中。③ 设置【效果】中的【视觉对象边框】状态为开。

步骤 5：切换到该视觉对象的【可视化】|【设置视觉对象格式】的【视觉对象】格式设置界面。① 打开【缩放滑块】开关，用以控制 Y 轴刻度的显示范围。② 打开【数据标签】开关，显示各柱形代表的金额。

步骤 6：切换到该视觉对象的【分析】设置面板，在【平均值线】下，① 单击【添加行】，修改此平均线的名称为"金额均值"；② 在【数据系列】下设置数据系列为"金额",表示此处添加的是依据金额计算的平均值线;③ 在【直线】下设置平均线的颜色为红色;④ 打开【数据标签】开关,设置数据标签的【水平位置】为右,【显示单位】为"百万"。

步骤 7: 继续在报表中添加【切片器】视觉对象,将【字段】窗格中"2022 年领料表"的"月份"字段拖放至切片器对象的【字段】中。在切片器对象右上角的【选择切片器类型】下拉菜单中,设置切片器对象为"列表"类型。在【可视化】|【设置视觉对象格式】|【视觉对象】面板中,展开【切片器设置】,设置【选项】下【方向】为水平,表示切片器以水平列表形式显示;在【值】下的【背景】中,设置背景颜色为"白色,10% 较深"。

步骤 8: 给报表添加标题。单击【主页】|【插入】功能组中的【文本框】按钮,在打开的文本编辑框中输入"ABC 公司领料金额统计",设置文本字号为 20,字体加粗,水平方向居中。调整文本框大小,并将此文本框拖放到报表上方居中位置,作为整个报表的标题。

步骤 9: 保存当前 Power BI Desktop 文件为"ABC 公司领料金额统计.pbix",保存位置自行设定。

至此,我们完成了 ABC 公司领料金额统计的可视化展示任务。最终效果如图 2-44 所示。

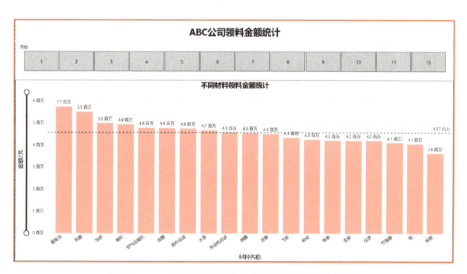

图 2-44　ABC 公司领料金额统计的可视化效果

图表释义

ABC 公司不同材料领料金额统计柱形图是依据"2022 年领料表"的"材料名称"字段和"金额"字段绘制而成的可视化图表。X 轴以领料表中 19 个不同的材料名称作为分类标签,并以每种材料名称对领料表进行金额汇总(默认为求和),将所得到的每种材料的领用金额合计在 Y 轴上进行标示，最终形成不同材料的领料金额合计。

而图 2-44 中的切片器在 ABC 公司领料金额统计的可视化展示起到非常重要的交互作用，切片器的数据展示来自领料表中的领用月份，当单击切片器中的某个月份时，意味着对领料表中的数据启动月份筛选功能。例如，单击切片器中的 1，领料表中的数据就自动筛选出 1 月份的领料数据，而柱形图就自动跟着刷新为 1 月份各材料的领料金额合计。这表明，切片器对报表的作用是提供数据筛选功能。上述描述对应的数据处理逻辑如图 2-45 所示，对应的报表显示如图 2-46 所示。

图 2-45 切片器数据处理逻辑

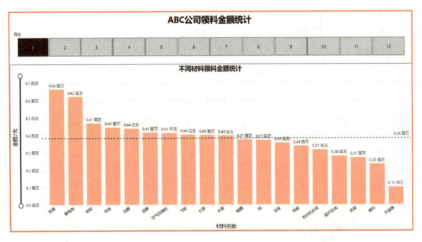

图 2-46 1 月各材料领料金额统计

ABC 公司
领料金额统
计可视化

思 考

试着理解其他月份各材料领料金额统计结果。

【动手实践】

根据素材文件夹"ABC 公司利润表数据"下的文件，参考图 2-47，制作 ABC 公司利润表分析图，并将文件保存为"ABC 公司利润表分析.pbix"。

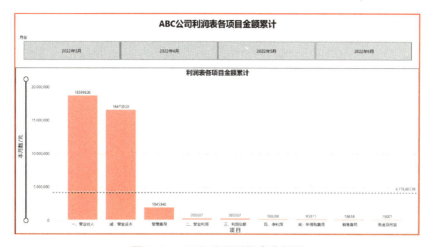

图 2-47　ABC 公司利润表分析图

【任务评价】

在"学习评价表"中记录一下你学会了多少。

学习评价表

学习内容	完成度评价
文件夹和 CSV 文件认知	是□　否□
Power BI Desktop 获取文件夹数据认知	是□　否□
ABC 公司领料金额统计的可视化	是□　否□

项目三
Power Query 数据清洗

3

学习目标 >>>

知识目标

掌握 Power Query 常用的数据清洗方法

掌握 Power Query 合并数据的方法

掌握 Power Query 转换数据的方法

掌握 Power Query 批量抓取数据的方法

技能目标

能够使用 Power Query 清洗数据

能够使用 Power Query 合并数据

能够使用 Power Query 转换数据

能够使用 Power Query 批量抓取数据

能够综合运用 Power Query 完成初始数据整理

素养目标

培养综合数据处理能力，建立起对数据形式和用途的高度敏锐性和理解力

培养数据安全意识和数据保护意识，提高大数据技术应用方面的职业素养

加强对数据的深度认知，树立保证数据质量的工作态度

项目说明 >>>

　　对收集到的数据进行清洗、转换、整理等操作是大数据分析的重要任务，熟悉财务大数据分析中常见的数据清洗方法、数据转换方法、数据整理方法及批量数据处理方法，并能综合应用这些方法为财务分析提供正确、合理的数据集合是财经类专业学生必备的重要技能之一。本项目将带领同学们从三个数据清洗任务入手，经过动手实操，帮助同学们认知和理解 Power Query 强大的数据清洗、合并、转换和整理等功能，完成批量清洗与追加上市公司财务指标、合并国内生产总值与全国税收收入数据、主营业务收入可视化分析等任务。

项目分解 ▶▶▶

	任务一　批量清洗与追加上市公司财务指标
项目三　Power Query数据清洗	任务二　合并国内生产总值与全国税收收入数据
	任务三　主营业务收入可视化分析

革故鼎新 ▶▶▶

培养认真思考、细致推导、精心检验的数据清洗"工匠精神"

数据清洗过程是一种类似于"取其精华，去其糟粕"的过程，是发现并纠正数据中可识别错误的重要环节，是企业基于财务大数据进行正确分析与决策的重要前提。现实中的数据大都不符合企业财务大数据分析的需要，如：从网络中收集到的财务报表数据使用了不同的金额单位、金额中包含了千分位分隔符、报表中出现缺失数据、金额中包含非数字符号等。能敏锐地发现和识别出数据中的"杂质"，并利用先进的计算机技术快速去除这些"杂质"是当代财务人员的必备数字化素质之一。

然而仅仅掌握数据清洗技术还不足以说明自身具备了较高的数字化思维和数字化能力。清洗数据本质是一项精细工程，需要数据使用者能根据数据分析目标厘清清洗思路、认真发现"脏"数据的特征、细致设计清洗步骤、逐步推导数据逻辑、精心检验数据清洗效果，直至得到合规的数据。这就意味着数据使用者必须具备认真思考、细致推导、精心检验、一丝不苟的"工匠精神"。

启示： 先进的技术的确能推动企业生产效益的提升，但技术终是为人所用。在企业财务大数据分析过程中，我们既要掌握先进的数据处理技术，也要具备敏锐的数据特征发现能力，还应具备精益求精的职业态度，才能成为数字时代真正有用的数字化人才。

批量清洗与追加上市公司财务指标

【任务说明】

四川省新能源动力股份有限公司（股票简称：川能动力，股票代码：000155）于 2000 年 9 月 26 日在深圳证券交易所主板上市，其业务涉及风力光伏发电、垃圾发电、锂矿采选、锂盐生产等多个领域；福建闽东电力股份有限公司（股票简称：闽东电力，股票代码：000993）于 2000 年 7 月在深圳证券交易所挂牌上市，其主营业务是水电开发、电力生产与销售；申能股份有限公司（股票简称：申能股份，股票代码：600642）于 1993 年 4 月在上海证券交易所上市，是全国电力能源行业第一家上市公司，其主业为电力、石油天然气的投资建设和经营管理。

现有这三家公司连续若干年度的主要财务指标数据素材文件，请基于这些素材文件，在 Power Query 中完成数据清理与追加、在 Power BI Desktop 中完成可视化展示，供管理者进行相应的财务对比分析。

【相关知识】

一、批量数据处理认知

财务大数据分析过程中，经常面临大量需要清洗、转换和整理的数据，其中有些结构相同的数据，它们的数据处理步骤是类似的，为节省时间和精力，提高数据处理效率，Power BI 提供了从文件夹中批量导入数据文件的功能，这个功能可将文件夹下结构相同的文件基于相同的数据处理步骤进行自动统一处理。而在 Power Query 中，也提供了专门的函数功能来实现批量导入和处理数据文件的方法。

函数本质上是一段命名的程序，它能执行特定的代码以实现使用者指定的功能。以我们熟悉的 Excel 来理解，Excel 中的 SUM( ) 函数就是一个名为 SUM 的程序，它的功能是返回求和的结果。在 Power Query 中，可以将对数据源的导入、清洗、转换、整理等数据处理操作定义为函数功能，当调用此函数时，便可自动运行函数中的所有数据处理操作，达到批量执行数据处理的要求，大幅度提高工作效率。

函数可分为无参数的函数和有参数的函数，前者是指调用函数时，不需要给函数提供输入值；与此相反，后者是指调用函数时，需要给函数提供输入值。还是以 Excel 来理解，Excel 中的 SUM( ) 就是一个有参数的函数，调用 SUM( ) 函数求和时，需要在 SUM 后的括号内给出求和的单元格范围，如 SUM（A1：C3）。当括号内的参数改变时，SUM( ) 的求和结果也跟着变化。

如图 3-1 所示，在 Power Query 中，对"川能动力（000155）年度主要财务指标"数据源从导入到完成数据清理共用了 8 个应用步骤，将这 8 个应用步骤定义为"获取财务指标"函数的功能，当调用"获取财务指标"函数时，就可以实现对其他类似数据源同样的自动导入及自动清理操作。

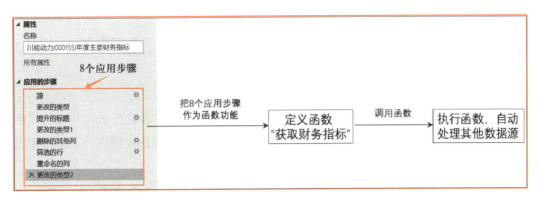

图 3-1　应用函数实现自动批量处理的原理

二、追加查询功能认知

追加查询功能的含义是将多个表的数据行纵向合并到一起，即实现多表数据行的纵向拼接，如图 3-2 所示的（a）图和（b）图分别是川能动力和江苏新能的财务指标数据，这两个表都有 3 列，并且列名也都相同；（c）图是将江苏新能的财务数据行追加到川能动力财务指标数据表后的结果，可以看出，追加后生成的数据也包括 3 列，而且列名也与原始表的列名相同。

	ABC 股票简称	ABC 报告日期	1.2 2021/12/31
1	川能动力	基本每股收益/元	0.23
2	川能动力	主营业务收入/万元	440801
3	川能动力	主营业务利润/万元	145512
4	川能动力	营业利润/万元	88771
5	川能动力	投资收益/万元	2381

（a）川能动力财务指标数据

	ABC 股票简称	ABC 报告日期	1.2 2021/12/31
1	江苏新能	基本每股收益/元	0.49
2	江苏新能	主营业务收入/万元	185672
3	江苏新能	主营业务利润/万元	89555
4	江苏新能	营业利润/万元	45904
5	江苏新能	投资收益/万元	1151

（b）江苏新能财务指标数据

	ABC 股票简称	ABC 报告日期	1.2 2021/12/31
1	川能动力	基本每股收益/元	0.23
2	川能动力	主营业务收入/万元	440801
3	川能动力	主营业务利润/万元	145512
4	川能动力	营业利润/万元	88771
5	川能动力	投资收益/万元	2381
6	江苏新能	基本每股收益/元	0.49
7	江苏新能	主营业务收入/万元	185672
8	江苏新能	主营业务利润/万元	89555
9	江苏新能	营业利润/万元	45904
10	江苏新能	投资收益/万元	1151

（c）将江苏新能的财务指标数据行追加到川能动力财务指标数据表中

图 3-2　相同结构表的追加原理

　　一般地，将多表数据进行追加以形成更大的数据表时，常常要求这些表的列数和列名要一致。对于不一致的情况，要格外注意追加功能的执行原理。下面以两表追加为例说明。

　　如图 3-3 所示的（a）图是包含 3 列的川能动力财务指标数据表，（b）图是包含 4 列的江苏新能财务指标数据表；其中，两表有两个相同的列名：股票简称和报告日期。（c）图是将江苏新能的数据行追加到川能动力表中的结果。

　　从（c）图可以看出，追加后的数据表包括两表中所有不重复的列：股票简称、报告日期、2021/12/31、2020/12/31、2019/12/31。若原表中没有某个列，则追加后数据表的对应位置为 null（空值）；如前 5 行数据来自川能动力表，由于该表没有列 2020/12/31 和列 2019/12/31，因此，对应的列值处为 null；后 5 行数据来自江苏新能表，由于该表没有列 2021/12/31，因此，对应的列值处为 null。

	ABC 股票简称	ABC 报告日期	1.2 2021/12/31
1	川能动力	基本每股收益/元	0.23
2	川能动力	主营业务收入/万元	440801
3	川能动力	主营业务利润/万元	145512
4	川能动力	营业利润/万元	88771
5	川能动力	投资收益/万元	2381

（a）有 3 列的川能动力财务指标数据表

	ABC 股票简称	ABC 报告日期	1.2 2020/12/31	1.2 2019/12/31
1	江苏新能	基本每股收益/元	0.25	0.41
2	江苏新能	主营业务收入/万元	154672	148440
3	江苏新能	主营业务利润/万元	60243	56114
4	江苏新能	营业利润/万元	22266	33949
5	江苏新能	投资收益/万元	569	793

（b）有 4 列的江苏新能财务指标数据表

86

	ABC 股票简称 ▾	ABC 报告日期 ▾	1.2 2021/12/31 ▾	1.2 2020/12/31 ▾	1.2 2019/12/31 ▾
1	川能动力	基本每股收益/元	0.23	null	null
2	川能动力	主营业务收入/万元	440801	null	null
3	川能动力	主营业务利润/万元	145512	null	null
4	川能动力	营业利润/万元	88771	null	null
5	川能动力	投资收益/万元	2381	null	null
6	江苏新能	基本每股收益/元	null	0.25	0.41
7	江苏新能	主营业务收入/万元	null	154672	148440
8	江苏新能	主营业务利润/万元	null	60243	56114
9	江苏新能	营业利润/万元	null	22266	33949
10	江苏新能	投资收益/万元	null	569	793

（c）将江苏新能的财务指标数据行追加到川能动力财务指标数据表中

图 3-3　不同结构表的追加原理

从此例可以看出，追加数据形成的数据表的列名为原始表中所有不重复的列名；对于重复的列名，则只保留一个。而对于数据行，若原表无该列，则相应的列值为 null。

在 Power Query 的【主页】|【组合】功能区中，单击 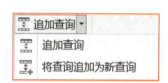 功能右侧的三角形展开追加查询下拉菜单，可以看到 Power Query 提供了两种形式的追加查询，如图 3-4 所示，一种是追加查询，即以当前表为主，将其他表的数据追加到当前表的数据行后面；另一种是将查询追加为新查询，即将多张表的数据行追加到一个新的表中。

图 3-4　Power Query 的追加查询功能

【任务实施】

一、导入素材文件

步骤 1：新建一个 Power BI 文件，在 Power BI Desktop 中，单击【主页】|【查询】功能区中的【转换数据】，进入 Power Query。

步骤 2：在 Power Query 中，单击【主页】|【新建查询】|【新建源】下拉菜单中的 📄 文本/CSV，在打开的选择文件对话框中，选择素材文件"川能动力（000155）年度主要财务指标.csv"，单击【确定】按钮。Power Query 将调出此文件中的所有数据，如图 3-5 所示。

步骤 3：对"川能动力（000155）年度主要财务指标"表进行数据清洗、转换和整理等操作。

步骤 3.1：将第 1 行提升为标题。

步骤 3.2：检查表的尾部是否存在多余的空行、右侧是否存在多余的空列。若存在，一律删除。

步骤 3.3：删除 2012/12/31 及其后的所有列。

图 3-5　川能动力（000155）年度主要财务指标数据

步骤 3.4：由于第 2 行"每股净资产（元）"和第 3 行"每股经营活动产生的现金流量净额（元）"没有数据，因此，可将这两行数据从表中过滤掉。单击列 2021/12/31 右侧的下拉三角按钮，在展开的下拉列表中，取消选中"--"符号前的复选框，单击【确定】按钮，如图 3-6 所示。此步骤操作类似于 Excel 的筛选操作，将所有打钩的值都筛选出来，将所有未打钩的值都筛选出去。注意，筛选操作是针对整行进行的。

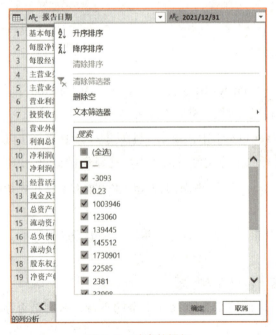

图 3-6　过滤数据行

导入素材文件并做简单清洗

步骤 3.5：修改报告日期列的列名为财务指标。

步骤 3.6：修改各列的数据类型，除财务指标列为文本型外，其余各列均为小数型。

二、定义批量导入数据的函数

步骤 1：新建参数。

步骤 1.1：单击【主页】|【参数】功能区中的【管理参数】下拉菜单，从中选择【新建参数】功能。

步骤 1.2：在打开的【管理参数】对话框中，输入参数名称"股票名"，设置参数类型为"文本"，设置当前值为"川能动力（000155）年度主要财务指标"，单击【确定】按钮，如图 3-7 所示。

图 3-7　新建参数

🔔 **提 示**

由于素材文件名中的圆括号都是英文括号，因此，输入值时要注意值中包含的括号也应该是英文圆括号。以下素材文件名同理。

此处参数的当前值"川能动力（000155）年度主要财务指标"来自素材文件名的主文件名，而定义该参数的目的，就是用来接收不同的素材文件名。参数其实是一种变量，而变量的值是可以变化的，当变量的值变成其他素材文件名时，意味着 Power Query 将针对其他素材文件的数据进行操作。

步骤 2：创建批量导入数据的函数。

步骤 2.1：在 Power Query 的【查询】窗格中，单击"川能动力（000155）年度主要财务指标"表，在该表【查询设置】|【应用的步骤】中，单击"源"步骤右侧的设置按钮（ ），打开"源"步骤的设置界面。

步骤 2.2：在"源"步骤设置界面上，单击【高级】单选按钮，切换到如图 3-8 所示的界面。在【文件路径部分】的第一个文件路径框中，将文件名中的"川能动力（000155）年度主要财务指标.csv"剪切下来，粘贴到【文件路径部分】的第二个文件路径框中。

步骤 2.3：单击【添加部件】按钮添加第三个文件路径框；再将第二个文件路径框中的".csv"剪切下来，粘贴到第三个文件路径框中。

步骤 2.4：单击第二个文件路径框左侧的 ，从展开的下拉菜单中选择"参数"，如图 3-8 的（a）图所示，这将把第二个文件路径框中的路径由原来的文本"川能动力（000155）年度主要财务指标"修改为参数"股票名"，如图 3-8 的（b）图所示。

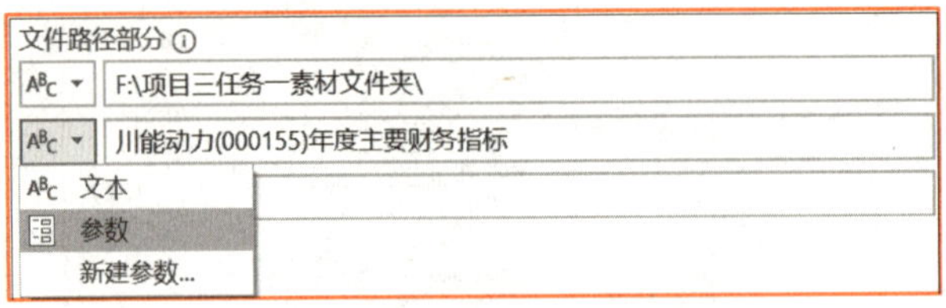

（a）用参数替换文件部分路径

（b）参数化后的文件路径

图 3-8 参数化数据源路径

步骤 2.2 至步骤 2.4 的作用是将"源"对应的文件路径"F:\项目三任务一素材文件夹\川能动力（000155）年度主要财务指标.csv"切分为三部分，同时第二部分的内容将由参数"股票名"提供值。而步骤 1 已经为参数"股票名"提供了默认值：川能动力（000155）年度主要财务指标。步骤 2.2 至步骤 2.4 的这种修改并不影响川能动力数据的导入，但却使得导入数据源的路径变成可由参数控制的形式，而参数控制的恰好是这个数据路径中可变的部分，即原始数据文件的主文件名。参数化数据源路径原理如图 3-9 所示。

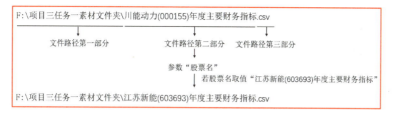

图 3-9　参数化数据源路径原理

步骤 2.5：鼠标右键单击"川能动力（000155）年度主要财务指标"表，在展开的快捷菜单中单击"创建函数"，打开如图 3-10 所示的对话框，在对话框中输入函数名称"获取财务指标"，单击【确定】按钮。

图 3-10　创建函数

此时，Power Query 的【查询】窗格中出现 fx 获取财务指标 函数，此函数的界面如图 3-11 所示。其中，"股票名"是输入参数，函数接收输入的参数并执行对应的函数代码。

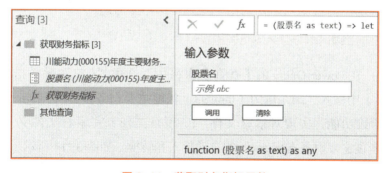

图 3-11　获取财务指标函数

此步骤的功能含义是将 Power Query 对"川能动力（000155）年度主要财务指标"表的数据转换步骤定义为函数"获取财务指标"。查看"川能动力（000155）年度主要财务指标"表的数据转换步骤，可以看到共有 8 个应用步骤，如图 3-12 所示。再查看"获取财务指标"函数对应的 M 函数代码，可以看到这 8 个应用步骤都包含在函数的定义中，如图 3-13 所示。

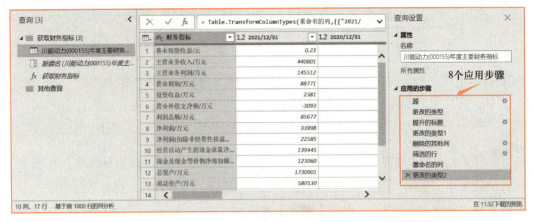

图 3-12 "川能动力（000155）年度主要财务指标"表的数据转换步骤

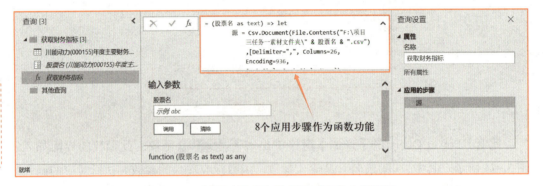

图 3-13 "获取财务指标"函数对应的功能代码

定义批量导入数据的函数

三、调用函数自动导入和转换数据

步骤 1：在 Power Query 的【查询】窗格中，选中"ƒx 获取财务指标"函数，在【股票名】中输入"闽东电力（000993）年度主要财务指标"，单击【调用】按钮调用此函数功能，实现对素材文件"F:\项目三任务一素材文件夹\闽东电力（000993）年度主要财务指标.csv"的自动导入和转换，如图 3-14 所示。

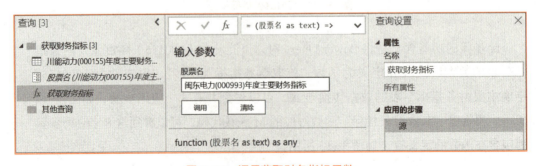

图 3-14 调用获取财务指标函数

步骤2：函数调用后，【查询】窗格将显示自动导入、清洗和转换后的表，默认表名为"调用的函数"，双击表名，修改表名为"闽东电力（000993）年度主要财务指标"。

步骤3：采用同样的方法，将素材文件夹下的"申能股份（600642）年度主要财务指标.csv"文件中的数据导入 Power Query 中，并自动完成与川能动力同样的清洗和转换功能。修改导入的表名为"申能股份（600642）年度主要财务指标"。

 提 示

这里采用函数自动完成了数据导入、清洗和转换等功能，但在实际中应用此方法时要格外注意这些批量导入的文件应放在同一个文件夹下，此例中，所有需导入的文件都保存在"F:\项目三任务一素材文件夹\"下；同时，这些文件还应具有类似的原始形式，以保证函数中的数据清洗和转换功能可以无误地应用在这些文件上。若原始文件差异较大，则在定义函数前，不要对第一个文件做过多的个性化清洗，这样，根据第一个文件上的通用操作创建的函数才能正确地应用到其他文件中。

四、追加数据

步骤1：选中导入的三个表中的任意一个，例如，选中"闽东电力（000993）年度主要财务指标"，单击【主页】|【组合】|【追加查询】下拉菜单中的 将查询追加为新查询，在打开的【追加】对话框中，选中"三个或更多表"单选按钮，将【可用表】中的"川能动力（000155）年度主要财务指标"和"申能股份（600642）年度主要财务指标"添加到【要追加的表】中，单击【确定】按钮，如图3-15所示。

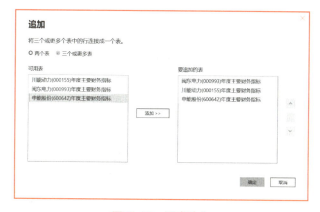

图3-15 三表追加

步骤 2：此时【查询】窗格中将新增一个默认名称为"追加 1"的表，这是将上述三个表的数据行追加到一起的结果，原始三个表中各有 10 列、17 行数据，"追加 1"表中有 10 列、51 行数据。将"追加 1"重命名为"追加表"。

五、利用函数自动更新功能更新数据

函数"f_x 获取财务指标"的功能是依据川能动力（000155）年度主要财务指标表的清洗、转换步骤生成的，因此，此函数的功能将自动随着川能动力（000155）年度主要财务指标表的更新而更新。由于追加表中的 51 行数据并没有标明每行数据是哪个公司的数据，故需要在 Power Query 中进行相关操作以补充此数据。

步骤 1：在【查询】窗格中选中川能动力（000155）年度主要财务指标表，单击【添加列】|【常规】功能组中的【自定义列】，在打开的对话框中输入新列名"股票名称"，输入自定义列公式"= 股票名"（注意，这里的"股票名"就是图 3-7 定义的参数，这表示引用"股票名"参数的值作为新列的值），单击【确定】按钮，如图 3-16 所示。此时川能动力（000155）年度主要财务指标表增加了股票名称列，列值为"川能动力（000155）年度主要财务指标"。

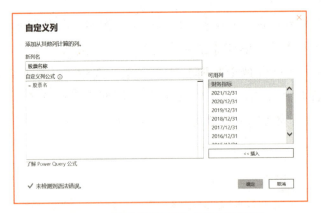

图 3-16　引用"股票名"参数创建新列

步骤 2：选中"股票名称"列，单击【转换】|【文本列】功能组中的【拆分列】，在展开的下拉菜单中选择【按分隔符】，打开【按分隔符拆分列】对话框。Power Query 自动识别到列值中的左括号分隔符，这恰好符合本次拆分列的要求。【拆分位置】不用调整，因为列值中只有一个左括号，默认的"每次出现分隔符时"并不影响拆分结果，单击【确定】按钮完成列值的拆分，如图 3-17所示。

步骤 3：此时，川能动力（000155）年度主要财务指标表增加了两个列，新列

图 3-17　拆分列

名分别是在原列名"股票名称"的基础上添加了数字序号，变为"股票名称.1""股票名称.2"。删除"股票名称.2"这个列，修改"股票名称.1"列的列名为"股票名称"，数据类型为文本型，并将其调整为表的第 1 列。

步骤 4：单击"闽东电力（000993）年度主要财务指标"，可以看到该表的第 1 列也是股票名称，并且其值是闽东电力；同样地，申能股份（600642）年度主要财务指标表也自动新增了股票名称列，并且值是申能股份。而追加表中，同样也自动有了股票名称列，并且各行数据的股票名称也分别对应着川能动力、闽东电力及申能股份。

步骤 5：至此，完成了本任务的数据导入、清洗和转换等操作。单击【主页】|【关闭】|【关闭并应用】功能按钮，关闭 Power Query，返回 Power BI Desktop。

利用函数自动更新功能更新数据

六、数据建模

步骤 1：在 Power BI Desktop 中，切换到模型视图，查看当前数据模型。

Power BI Desktop 是依据不同表格是否存在相同列来判断表间是否应该建立关联的，由于川能动力（000155）年度主要财务指标、申能股份（600642）年度主要财务指标、闽东电力（000993）年度主要财务指标这三张表均与追加表存在相同列，因此，Power BI Desktop 自动将这三张表分别与追加表建立了表间关联，如图 3-18 所示。

步骤 2：使用鼠标右键单击申能股份表和追加表间的关系连线，从展开的快捷菜单中选择【属性】，打开如图 3-19 所示的【编辑关系】对话框。从对话框中可以看到，追加表的"财务指标"列和申能股份的"财务指标"列呈现为选中状态，这表明追加表和申能股份表建立了关联，即两张表的数据行有了联系。

图 3-18 表间关联

图 3-19 查看表间关系

　　这种表关联的意义是什么呢？举例来说，对于追加表的"基本每股收益（元）"这行数据（图 3-19 中第一个加框线的行），Power BI Desktop 将从关联表申能股份（600642）年度主要财务指标中进行逐行扫描，凡是财务指标也为"基本每股收益（元）"的行，一律可以和追加表的第一行横向拼接成包含两表所有列的一行新数据，从图 3-19 可知，申能股份（600642）年度主要财务指标表的第一行数据符合此要求（图 3-19 中第二个加框线的行）。因此，基于 Power BI Desktop 自动建立的这种关联关系，这两个加框线的行便可以形成一个新行，如图 3-20 所示（为方便解释，这里仅从追加表和申能股份（600642）年度主要财务指标表中各展示四个列）。但是仔细观察这行新数据，会发现这其实是一行没有意义的错误数据。同样都是财务指标数据，来自追加表的数据是闽东电力的数据，而来自申能股份表的是申能股份的数据。这说明 Power BI Desktop 自动建立的表间关联其实是错误的。

股票名称	财务指标	2021/12/31	2020/12/31	股票名称	财务指标	2021/12/31	2020/12/31
闽东电力	基本每股收益/元	0.26	-0.18	申能股份	基本每股收益/元	0.33	0.49

图 3-20 基于表间关系生成的数据行

基于上面的分析，应当在可视化呈现数据之前，将 Power BI Desktop 自动建立的错误表间关联删除掉。

? 思考

想一想，其他几个表间关联是否正确？

步骤 3：使用鼠标右键单击申能股份（600642）年度主要财务指标表和追加表间的关系连线，从展开的快捷菜单中选择【删除】。同样地，删除追加表和闽东电力、追加表和川能动力间的表间关联。

数据建模

七、数据可视化

步骤 1：在 Power BI Desktop 中，切换到报表视图。在【视图】|【主题】菜单功能中，选择当前报表主题为"创新"。

步骤 2：在【报表视图】界面的【字段】窗格，右键单击川能动力（000155）年度主要财务指标表，从展开的快捷菜单中选择【重命名】，将该表重命名为"川能动力"；同样地，将闽东电力（000993）年度主要财务指标表重命名为"闽东电力"；将申能股份（600642）年度主要财务指标表重命名为"申能股份"。

步骤 3：可视化追加表的数据。

步骤 3.1：在【报表视图】界面|【可视化】窗格的【生成视觉对象】面板中选择"表"视觉对象。调整表视觉对象大小，以方便编辑此对象。

步骤 3.2：将【字段】窗格中"追加表"的所有字段拖放至表视觉对象的【列】中，注意【列】中字段的顺序，这将影响表视觉对象中各字段的左右顺序，建议将"股票名称"字段放在第一位，"财务指标"放在第二位，其余各字段按日期从大到小的顺序排列。除"股票名称"字段和"财务指标"字段外，其他各个字段的数据类型都是小数，Power BI Desktop 会自动设置数值型字段的汇总方式为求和。以"2021/12/31"字段为例，该字段的值是当期不同股票名称的不同财务指标数据，将这些指标数据加起来不仅没有意义，而且是错误的计算。因此，这里需要调整这些数值型字段的汇总方式为"不汇总"。

同样以"2021/12/31"字段为例，在【可视化】|【生成视觉对象】的【列】面板中，单击"2021/12/31"字段右侧的下拉箭头，在展开的菜单中单击"不汇总"。其他数值型字段的设置同此方法。

步骤 3.3：在表视觉对象的【可视化】|【设置视觉对象格式】的【常规】格式设置界面，设置【效果】中【视觉对象边框】状态为开；设置【效果】中【阴影】状态为开。

步骤 3.4：在表视觉对象的【可视化】|【设置视觉对象格式】的【视觉对象】面板中，在【值】选项下，设置值字体大小为 12；在【列标题】选项下，设置列标题文本大小为 12、加粗、居中对齐。

步骤 4：添加股票名称和财务指标切片器。

步骤 4.1：在报表中添加【切片器】视觉对象，将【字段】窗格中"追加表"的"股票名称"字段拖放至切片器对象的【字段】中。

步骤 4.2：在切片器对象右上角的【选择切片器类型】下拉菜单中，设置切片器对象为"下拉"类型。

步骤 4.3：在【可视化】|【设置视觉对象格式】|【常规】面板中，设置【效果】面板下的背景透明度为 100%。

步骤 4.4：在【可视化】|【设置视觉对象格式】|【视觉对象】面板的【切片器设置】中，设置【选择】下【单项选择】为打开状态，表示在股票名称切片器中每次只能选择一只股票；在【切片器标头】中，设置文本的字体颜色为白色；在【值】面板中，设置值的字体颜色为白色。

步骤 4.5：复制股票名称切片器，并对粘贴后的副本进行下面的修改：① 修改切片器对象的【字段】为"追加表"的"财务指标"字段；② 在【可视化】|【设置视觉对象格式】|【视觉对象】面板的【切片器设置】中，关闭【单项选项】的开关，打开【显示"全选"选项】开关；③ 在【切片器标头】中，设置标题文本为财务指标。

步骤 5：设置报表标题。

步骤 5.1：单击【主页】|【插入】功能组中的【文本框】按钮，在报表页面中插入一个文本框。单击文本框工具条上的【值】按钮（＋值），展开值编辑界面。在【如何计算此值】文本框中，输入"＝股票名称"，此时系统会自动从数据模型的四个表中显示出与此输入匹配的若干项，如图 3–21 的（a）图所示。这里要选择

"＝追加表　股票名称"，表示报表标题文本将与追加表的"股票名称"字段的当前值保持一致，如图 3-21 的（b）图所示，单击【保存】按钮。

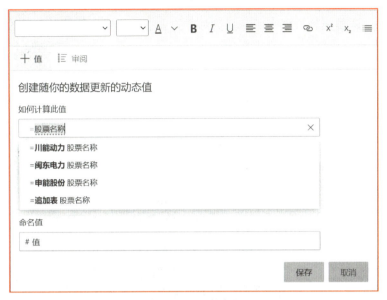

（a）选择需要的字段

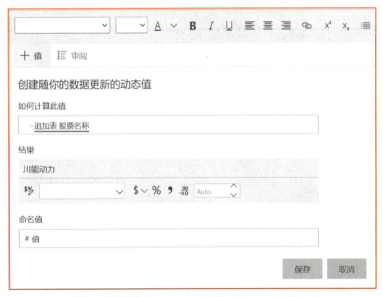

（b）以追加表的"股票名称"字段值作为动态标题内容

图 3-21　创建动态标题内容

步骤 5.2：继续在报表标题文本中输入文本"主要财务指标数据"；设置所有标题文本字体大小为 24，颜色为白色，字体加粗，居中显示。

步骤 5.3：在文本框的【格式】|【常规】面板中，设置【效果】面板下的背景

透明度为 100%。

步骤 5.4：调整文本框大小，并将此文本框拖放到报表上方居中位置，作为整个报表的标题。

步骤 6：调整报表页面中所有视觉对象的大小和位置，使其呈现如图 3-22 所示的效果。

申能股份主要财务指标数据

股票名称：申能股份　　财务指标：所有

股票名称	财务指标	2021/12/31	2020/12/31	2019/12/31	2018/12/31	2017/12/31	2016/12/31	2015/12/31	2014/12/31	2013/12
申能股份	基本每股收益(元)	0.33	0.49	0.48	0.40	0.38	0.54	0.47	0.45	(
申能股份	净资产收益率加权(%)	5.28	7.91	8.22	7.08	6.82	10.09	9.10	9.55	1:
申能股份	营业外收支净额(万元)	9,564.00	3,085.00	3,989.00	6,915.00	3,758.00	16,568.00	7,338.00	8,211.00	5,45
申能股份	净利润(扣除非经常性损益后)(万元)	22,839.00	239,392.00	192,341.00	148,467.00	124,348.00	199,997.00	188,876.00	187,181.00	241,86
申能股份	现金及现金等价物净增加额(万元)	55,231.00	-138,397.00	276,835.00	68,237.00	-102,124.00	85,389.00	21,502.00	-1,182.00	46,03
申能股份	投资收益(万元)	154,011.00	142,530.00	110,082.00	113,744.00	145,731.00	185,297.00	175,087.00	143,851.00	151,71
申能股份	净利润(万元)	164,214.00	239,256.00	228,650.00	182,593.00	173,764.00	246,091.00	213,148.00	206,135.00	244,89
申能股份	营业利润(万元)	241,360.00	345,714.00	324,852.00	271,926.00	276,541.00	360,990.00	317,177.00	318,551.00	379,25
申能股份	利润总额(万元)	250,924.00	348,800.00	328,841.00	278,841.00	280,299.00	377,558.00	324,516.00	326,762.00	384,70
申能股份	主营业务利润(万元)	272,145.00	371,055.00	309,152.00	265,519.00	226,787.00	284,654.00	260,637.00	262,443.00	346,94
申能股份	经营活动产生的现金流量净额(万元)	319,970.00	484,535.00	505,054.00	276,798.00	243,481.00	355,683.00	362,460.00	436,691.00	335,52
申能股份	流动资产(万元)	2,375,105.00	1,648,443.00	1,625,979.00	1,413,752.00	1,190,646.00	1,169,804.00	1,086,995.00	875,541.00	1,078,36
申能股份	流动负债(万元)	2,377,251.00	1,648,773.00	1,655,069.00	1,278,627.00	1,223,272.00	1,210,652.00	1,397,820.00	862,136.00	1,012,13
申能股份	主营业务收入(万元)	2,531,277.00	1,970,886.00	3,884,130.00	3,622,125.00	3,240,402.00	2,775,885.00	2,864,893.00	2,540,741.00	2,574,54
申能股份	股东权益不含少数股东权益(万元)	3,084,193.00	3,084,852.00	2,960,358.00	2,595,317.00	2,545,997.00	2,531,700.00	2,387,632.00	2,321,605.00	2,114,31
申能股份	总负债(万元)	5,110,264.00	3,736,333.00	3,007,952.00	2,538,231.00	2,061,143.00	2,081,700.00	2,068,458.00	1,257,491.00	1,385,64
申能股份	总资产(万元)	8,963,656.00	7,629,844.00	6,794,407.00	5,966,231.00	5,404,718.00	5,367,510.00	5,156,263.00	4,247,942.00	4,140,77

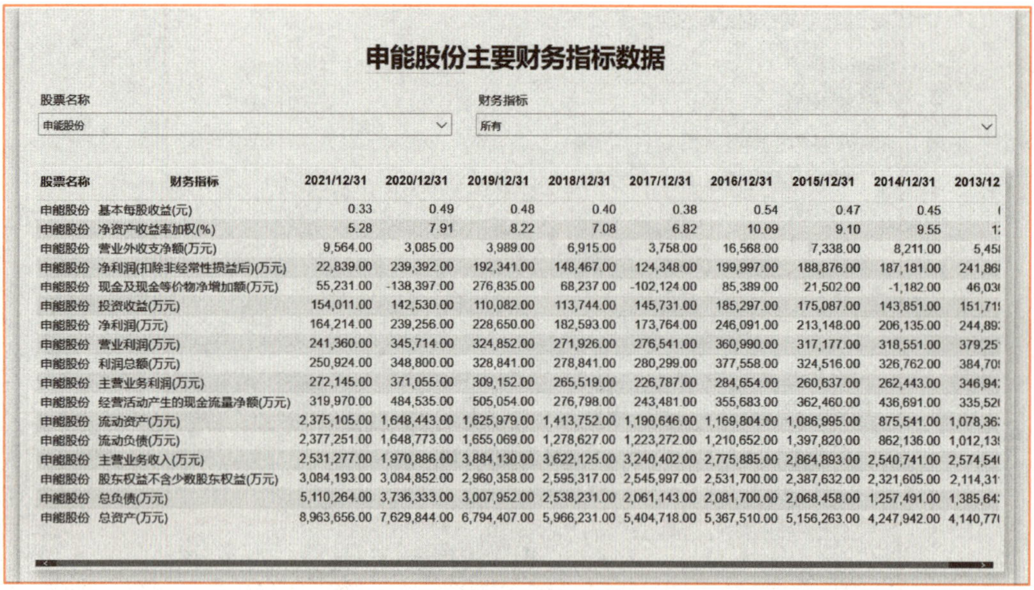

图 3-22　上市公司主要财务指标可视化展示

步骤 7：保存当前 Power BI Desktop 文件为“主要财务指标数据对比.pbix”，保存位置自行设定。

至此，我们完成了三家绿色电力上市公司主要财务指标数据对比的可视化展示任务。

图表释义

图 3-22 是一张可交互式的报表，其中的表视觉对象完整展示了追加表中的所有字段，而表视觉对象的数据行则随着两个切片器的选择而自动更新显示。

股票名称切片器是一个单选型切片器，其中的选项值来自追加表的“股票名称”字段中所有不重复的值：川能动力、闽东电力、申能股份，当报表使用者从股票名称单选切片器中选择某选项时，财务指标多选切片器、表视觉对象、报表标题都会自动更新为对应选项的数据。

同理，财务指标切片器是一个多选型切片器，其中的选项值来自追加表的财务指标字段中所有不重复的值：基本每股收益（元）、主营业务收入（万元）、主营业

上市公司主要财务指标可视化

务利润（万元）等17项，当报表使用者从财务指标多选切片器中选择某个、某些或所有选项时，报表页上的其他视觉对象也会自动更新为对应选项的数据。

【动手实践】

根据素材文件"江苏新能（603693）年度主要财务指标.csv""九洲集团（300040）年度主要财务指标.csv"和"长江电力（600900）年度主要财务指标.csv"，按照本任务所讲的内容，参考图3-23，制作这三家公司主要财务指标数据的可视化展示图，并将文件保存为"三公司主要财务指标数据展示.pbix"。

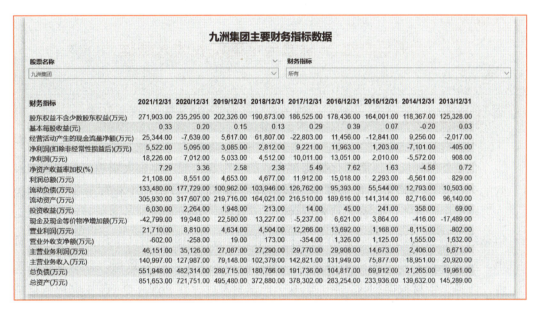

图3-23　三公司主要财务指标数据展示

【任务评价】

在"学习评价表"上记录一下你学会了多少。

学习评价表

学习内容	完成度评价
批量数据处理认知	是□　否□
追加查询功能认知	是□　否□
导入素材文件	是□　否□

续表

学习内容	完成度评价
定义批量导入数据的函数	是□　否□
调用函数自动导入和转换数据	是□　否□
追加数据	是□　否□
利用函数自动更新功能更新数据	是□　否□
主要财务指标数据可视化	是□　否□

任务二　合并国内生产总值与全国税收收入数据

【任务说明】

企业外部环境的任何变化都将对企业的生存和发展产生重大影响。影响企业经营的外部环境有经济和技术环境、政治和法律环境、社会和文化环境等方面的因素。在实际工作中，财务人员在进行财务分析时，常需要结合企业外部环境的各种信息进行综合对比分析。东方财富网汇聚了全方位的综合财经资讯和金融市场资讯，现有从该网站下载的国内生产总值数据和全国税收收入数据，存放于素材文件"任务二素材数据.xlsx"中，请基于此素材文件，在 Power Query 中完成数据清理与合并，在 Power BI Desktop 中完成可视化展示，供管理者进行相应的财务对比分析。

【相关知识】

合并查询认知

合并查询功能是将两个表的数据行横向合并到一起，即实现两表数据行的横向拼接。实际中同一实体对象的数据经常分散在不同的表中，例如客户基本信息数据和客户交易数据，前者是客户基本信息，而后者则是公司重要的业务数据，通常这两种数据会分别保存在不同的表中。而实际数据分析和可视化呈现时，却需要将不同来源的数据合并在一起，这就需要用到合并查询功能。

对两表进行合并的前提是这两表的数据是有联系的，而表间数据是否有联系通常以两表是否具有能互相匹配的列进行判断。如图 3-24 的（a）图和（b）图所示，这两个表具有一个共同的列——利润表摘要，这个共同的列并不是以列名相同来判断，而是以这两列的取值含义和取值特征是否一致进行判断。（a）图所示的表包含的是 2022/3/31 的利润表摘要，（b）图所示的表包含的是 2022/6/30 的利润表摘要，（a）图和（b）图的利润表摘要列取值均具有唯一特征，且取值范围也相同，都是营业收入 / 万元、营业成本 / 万元、营业利润 / 万元、利润总额 / 万元、所得税费用 / 万元、净利润 / 万元及基本每股收益。

以利润表摘要为匹配列对两表进行合并，可以得到如图 3-24（c）图所示的结果，即将两表的行按照利润表摘要列的值进行等值匹配连接，形成一条包括两表所有列在内的新数据表。其中，来自（a）图表的列出现在左边，来自（b）图表的列出现在右边，因此可称（a）图的表为左表，（b）图的表为右表。

A^B_C 利润表摘要	1.2 2022/3/31
营业收入/万元	763386
营业成本/万元	670530
营业利润/万元	32325
利润总额/万元	31848
所得税费用/万元	3706
净利润/万元	28142
基本每股收益	0.04

（a）利润表摘要（2022/3/31）

A^B_C 利润表摘要	1.2 2022/6/30
营业收入/万元	1276528
营业成本/万元	1089224
营业利润/万元	99286
利润总额/万元	100142
所得税费用/万元	7575
净利润/万元	92567
基本每股收益	0.17

（b）利润表摘要（2022/6/30）

	A^B_C 利润表摘要	1.2 2022/3/31	A^B_C 第二季度利润表摘要.利润表摘要	1.2 第二季度利润表摘要.2022/6/30
1	营业收入/万元	763386	营业收入/万元	1276528
2	营业成本/万元	670530	营业成本/万元	1089224
3	营业利润/万元	32325	营业利润/万元	99286
4	利润总额/万元	31848	利润总额/万元	100142
5	所得税费用/万元	3706	所得税费用/万元	7575
6	净利润/万元	28142	净利润/万元	92567
7	基本每股收益	0.04	基本每股收益	0.17

（c）合并后的利润表

图 3-24　合并表示例

上文以示例形式简述了两表合并的基本原理，但实际上，合并查询功能并不只是上述示例那么简单，下面以 Power Query 的合并查询功能举例，说明不同情况下的不同合并方式及结果。

Power Query 提供了如图 3-25 所示的多种合并方式，当参与合并的两表数据行有差异时，不同的合并方式会形成不同的合并结果。

合并前的数据表如图 3-26 的（a）图和（b）图所示，则左外部合并结果如图 3-26 的（c）图

左外部(第一个中的所有行，第二个中的匹配行)
右外部(第二个中的所有行，第一个中的匹配行)
完全外部(两者中的所有行)
内部(仅限匹配行)
左反(仅限第一个中的行)
右反(仅限第二个中的行)

图 3-25　Power Query 的
数据表合并方式

所示，右外部合并结果如图 3-26 的（d）图所示，完全外部合并结果如图 3-26 的（e）图所示，内部合并结果如图 3-26 的（f）图所示，左反合并结果如图 3-26 的（g）图所示，右反合并结果如图 3-26 的（h）图所示。

	ABC 利润表摘要	1.2 2022/3/31
1	营业收入/万元	763386
2	营业成本/万元	670530
3	营业利润/万元	32325
4	利润总额/万元	31848
5	所得税费用/万元	3706
6	基本每股收益	0.04

(a) 左表

	ABC 利润表摘要	1²₃ 2022/6/30
1	营业收入/万元	1276528
2	营业成本/万元	1089224
3	营业利润/万元	99286
4	利润总额/万元	100142
5	所得税费用/万元	7575
6	净利润/万元	92567

(b) 右表

	ABC 利润表摘要	1.2 2022/3/31	ABC Sheet2.利润表摘要	1²₃ Sheet2.2022/6/30
1	营业收入/万元	763386	营业收入/万元	1276528
2	营业成本/万元	670530	营业成本/万元	1089224
3	营业利润/万元	32325	营业利润/万元	99286
4	利润总额/万元	31848	利润总额/万元	100142
5	所得税费用/万元	3706	所得税费用/万元	7575
6	基本每股收益	0.04	null	null

(c) 左外部合并

	ABC 利润表摘要	1.2 2022/3/31	ABC Sheet2.利润表摘要	1²₃ Sheet2.2022/6/30
1	营业收入/万元	763386	营业收入/万元	1276528
2	营业成本/万元	670530	营业成本/万元	1089224
3	营业利润/万元	32325	营业利润/万元	99286
4	利润总额/万元	31848	利润总额/万元	100142
5	所得税费用/万元	3706	所得税费用/万元	7575
6	null	null	净利润/万元	92567

(d) 右外部合并

	ABC 利润表摘要	1.2 2022/3/31	ABC Sheet2.利润表摘要	1²₃ Sheet2.2022/6/30
1	营业收入/万元	763386	营业收入/万元	1276528
2	营业成本/万元	670530	营业成本/万元	1089224
3	营业利润/万元	32325	营业利润/万元	99286
4	利润总额/万元	31848	利润总额/万元	100142
5	所得税费用/万元	3706	所得税费用/万元	7575
6	null	null	净利润/万元	92567
7	基本每股收益	0.04	null	null

(e) 完全外部合并

（f）内部合并

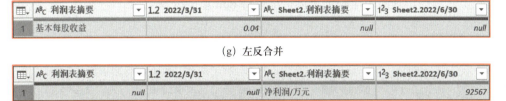

（g）左反合并

⊞▾	^{ABC} 利润表摘要 ▾	1.2 2022/3/31 ▾	^{ABC} Sheet2.利润表摘要 ▾	1^2_3 Sheet2.2022/6/30 ▾
1	null	null	净利润/万元	92567

（h）右反合并

图 3-26 Power Query 数据表不同合并方式示例

【任务实施】

一、导入素材文件

步骤 1：新建一个 Power BI 文件，在 Power BI Desktop 中，单击【主页】|【查询】功能区中的【转换数据】，进入 Power Query。

步骤 2：在 Power Query 中，单击【主页】|【新建查询】|【新建源】下拉菜单中的 Excel 工作簿，在打开的选择文件对话框中，选择素材文件"任务二素材数据.xlsx"。Power Query 将调出此文件中的所有数据，选中该文件的两张工作表"国内生产总值数据"和"全国税收收入数据"，单击【确定】按钮，如图 3-27 所示。

图 3-27 导入 Excel 文件

二、清理国内生产总值数据

由于原始的国内生产总值数据表里有合并单元格（见图 3-28），导入 Power Query 后，合并单元格自动被拆分成普通单元格，原来合并单元格的值被保留在拆分后的所有单元格的左上角单元格中，其余的单元格被填充 null 值，如图 3-29 所示。实际数据清理时，应根据具体情况进行 null 值的处理。

Excel数据源—表头部分

季度	国内生产总值		第一产业		第二产业		第三产业	
	绝对值/亿元	同比增长	绝对值/亿元	同比增长	绝对值/亿元	同比增长	绝对值/亿元	同比增长
2022年第1—2季度	562642	2.50%	29137	5.00%	228636	3.20%	304868	1.80%
2022年第1季度	270177.8	4.80%	10953.8	6.00%	106186.6	5.80%	153037.4	4.00%
2021年第1—4季度	1143669.7	8.10%	83085.5	7.10%	450904.5	8.20%	609679.7	8.20%
2021年第1—3季度	819432.3	9.80%	51613.3	7.40%	320254.7	10.60%	447564.3	9.50%
2021年第1—2季度	529513	12.70%	28512.8	7.80%	206732.7	14.80%	294267.4	11.80%
2021年第1季度	247985	18.30%	11373.8	8.10%	92432.2	24.40%	144179	15.60%

图 3-28　原始 Excel 数据

步骤 1：由图 3-29 可以看出，国内生产总值数据导入后，Power Query 自动完成了四个步骤：源、导航、提升的标题、更改的类型。由于原始表的表头有两行，现需将这两行合起来作为列名。在【应用的步骤】面板中，单击"更改的类型"步骤左侧的 ✕ 按钮，删除此步骤；用同样的方法，删除"提升的标题"步骤。

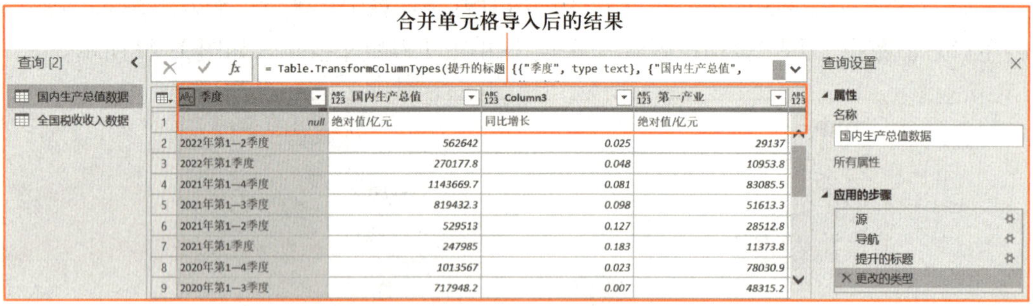

合并单元格导入后的结果

图 3-29　导入后的 Excel 数据

🔔 提示

由于各应用步骤是一个连续的操作，若要删除某个中间步骤，Power Query 将给出删除确认信息，提示此步骤的删除可能会造成后续步骤的错误。只有在确认删除此步骤对后续步骤没有错误影响时，才可以确认删除，否则，可能会造成麻烦。

也可以在应用步骤中插入新步骤，需要注意的是，Power Query 是在当前选中步骤的下方插入新步骤的。

步骤 2：选中【应用的步骤】中的"导航"步骤，接着单击【转换】|【表格】功能组中的【转置】，将表的行作为列，列作为行。行列转置后的结果如图 3-30 所示。

	Column1	Column2	Column3	Column4	
	= Table.Transpose(国内生产总值数据_Sheet)				
1	季度	null	2022年第1—2季度	2022年第1季度	2
2	国内生产总值	绝对值/亿元	562642	270177.8	
3	null	同比增长	0.025	0.048	
4	第一产业	绝对值/亿元	29137	10953.8	
5	null	同比增长	0.05	0.06	
6	第二产业	绝对值/亿元	228636	106186.6	
7	null	同比增长	0.032	0.058	
8	第三产业	绝对值/亿元	304868	153037.4	
9	null	同比增长	0.018	0.04	

查询设置
属性 名称 国内生产总值数据 所有属性
应用的步骤 源 导航 × 转置表

图 3-30 行列转置后的结果

步骤 3：选中 Column1 列，单击【转换】|【任意列】功能组中的【填充】，从展开的下拉列表中选择【向下】，实现 Column1 列中 null 值的填充任务，如图 3-31 所示。

技能提升 3.1

	Column1	Column2	Column3	Column4	
	= Table.FillDown(转置表,{"Column1"})				
1	季度	null	2022年第1—2季度	2022年第1季度	2
2	国内生产总值	绝对值/亿元	562642	270177.8	
3	国内生产总值	同比增长	0.025	0.048	
4	第一产业	绝对值/亿元	29137	10953.8	
5	第一产业	同比增长	0.05	0.06	
6	第二产业	绝对值/亿元	228636	106186.6	
7	第二产业	同比增长	0.032	0.058	
8	第三产业	绝对值/亿元	304868	153037.4	
9	第三产业	同比增长	0.018	0.04	

查询设置
属性 名称 国内生产总值数据 所有属性
应用的步骤 源 导航 转置表 × 向下填充

图 3-31 向下填充

步骤 4：在图 3-31 中，同时选中 Column1 列和 Column2 列，单击【转换】|【文本】功能组中的【合并列】，在打开的对话框中，可以设置两列值合并时使用的分隔符和新列名，这里均保持默认，直接单击【确定】按钮即可。两列合并后的新列是名为"已合并"的列，如图 3-32 所示。

技能提升 3.2

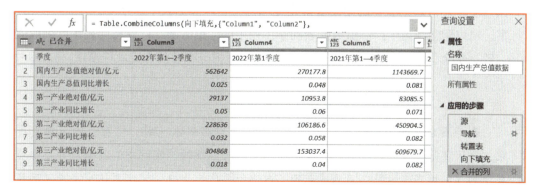

	已合并	Column3	Column4	Column5	
	= Table.CombineColumns(向下填充,{"Column1", "Column2"},				
1	季度	2022年第1—2季度	2022年第1季度	2021年第1—4季度	2
2	国内生产总值绝对值/亿元	562642	270177.8	1143669.7	
3	国内生产总值同比增长	0.025	0.048	0.081	
4	第一产业绝对值/亿元	29137	10953.8	83085.5	
5	第一产业同比增长	0.05	0.06	0.071	
6	第二产业绝对值/亿元	228636	106186.6	450904.5	
7	第二产业同比增长	0.032	0.058	0.082	
8	第三产业绝对值/亿元	304868	153037.4	609679.7	
9	第三产业同比增长	0.018	0.04	0.082	

图 3-32 合并列

技能提升
3.3

步骤 5：再次单击【转换】|【表格】功能组中的【转置】，将表的行作为列，列作为行。接着单击【转换】|【表格】功能组中【将第一行用作标题】右下角的下拉三角，从展开的菜单中选择【将第一行用作标题】，结果如图 3-33 所示。

季度	1.2 国内生产总值绝对...	1.2 国内生产总值同比...	1.2 第一产业绝对值(亿...
1	2022年第1—2季度	562642	0.025	2913
2	2022年第1季度	270177.8	0.048	10953.
3	2021年第1—4季度	1143669.7	0.081	83085.
4	2021年第1—3季度	819432.3	0.098	51613.
5	2021年第1—2季度	529513	0.127	28512.
6	2021年第1季度	247985	0.183	11373.
7	2020年第1—4季度	1013590	0.023	78030.
8	2020年第1—3季度	717948.2	0.007	48315.
9	2020年第1—2季度	453592.5	-0.016	26157.
10	2020年第1季度	205244.8	-0.068	10222.
11	2019年第1—4季度	986515.2	0.061	70473.
12	2019年第1—3季度	709717.2	0.062	43009.
13	2019年第1—2季度	458670.9	0.063	23208.

查询设置

▲ 属性
名称
国内生产总值数据
所有属性

▲ 应用的步骤
源
导航
转置表
向下填充
合并的列
转置表1
提升的标题
× 更改的类型

图 3-33　处理标题行

🔔 **提示**

提升标题后，Power Query 通常会自动对各列进行数据类型调整，因此，在【应用的步骤】面板中，会发现增加了两个应用步骤："提升的标题"和"更改的类型"。

步骤 6：为两表合并做准备。

合并国内生产总值数据表和全国税收收入数据表前，应先明确两表合并的前提和匹配依据。国内生产总值数据表的每行数据都是某个季度末各项生产总值数据的值，同样，全国税收收入数据表的每行数据都是某个季度末各项税收收入数据的值。对两表进行横向合并时，需要两表具有取值特征相同的列（匹配列）作为数据行横向拼接依据。但观察两表会发现，虽然两个表都有季度列，但取值并不一致，国内生产总值数据表中的季度值都比全国税收收入数据表中的季度值多了个"第"字。可以删除国内生产总值数据表的季度列中的"第"字，以保持两表季度列取值一致。删除"第"字的方法不止一种，下面通过拆分合并的方式进行操作。

🔔 **提示**

表与表合并时，对合并匹配列的列名并不严格要求一致，但对列的取值有要求，原因就是表合并是按照列的取值在表间进行匹配的。实际中的数据源并不像理想中的那样整齐、规范、正确、一致，在进行具体操作时，一定要认真查看、理解原始数据，仔细设计 Power Query 的数据清理步骤，只有这样，才能为后期的数据可视化提供正确、可靠的数据。

步骤6.1：在【查询】窗格中选中国内生产总值数据表，单击季度列名选中季度列，再单击【转换】|【文本列】|【拆分列】下拉菜单中的【按位置】，在打开的"按位置拆分列"对话框中，输入拆分位置为"0，5，6"，单击【确定】按钮，如图 3-34 所示。

按位置拆分列

指定要拆分文本列的位置。

位置

0, 5, 6

▷ 高级选项

　　　　　　　　　　　　　　　　　　　　　确定　　取消

图 3-34　按位置拆分列

🔔 **提　示**

这里输入的"0，5，6"间的逗号是英文逗号；同时要注意的是，拆分位置是从 0 开始计数的，"0，5，6"表示：从 0 位置开始（包括 0）到 5 位置前结束的字符串拆分到第一个新列中，从 5 位置开始（包括 5）到 6 位置前结束的字符串拆分到第二个新列中，从 6 位置开始（包括 6）到字符串最后一个位置的字符拆分到第三个新列中。拆分后的结果如图 3-35 所示，限于篇幅，这里仅截取部分数据行。

拆分列会产生新列，而新列的产生会引起 Power Query 自动调整列的数据类型的操作，因此，本步骤完成后，在【应用的步骤】框中会增加两个新步骤："按位置拆分列"和"更改的类型"。

ᴬᴮꟲ 季度.1	ᴬᴮꟲ 季度.2	ᴬᴮꟲ 季度.3
2022年	第	1—2季度
2022年	第	1季度
2021年	第	1—4季度
2021年	第	1—3季度
2021年	第	1—2季度
2021年	第	1季度
2020年	第	1—4季度

图 3-35　拆分后的列

技能提升
3.4

步骤 6.2：删除列"季度.2"。

步骤 6.3：同时选中"季度.1"列和"季度.3"列，单击【转换】|【文本列】|【合并列】，在打开的"合并列"对话框中，输入新列名为"季度"，单击【确定】按钮，如图 3-36 所示。

图 3-36　合并列

至此，国内生产总值数据表清理完毕。

全国税收收入数据表不需要清理，导入该表后 Power Query 自动完成的四个步骤：源、导航、提升的标题、更改的类型已将该表整理成符合要求的形式。

🔔 **提 示**

事实上，数据处理的方式并没有一个定式，只要明确需求，采用不同的方式也可以达到同样的目的。

三、合并国内生产总值数据表和全国税收收入数据表

步骤 1：选中国内生产总值数据表，单击【主页】|【组合】|【合并查询】下拉菜单中的【将查询合并为新查询】（🖳 将查询合并为新查询），在打开的【合并】对话框中，选择左表为"国内生产总值数据"，匹配列为"季度"；选择右表为"全国税收收入数据"，匹配列为"季度"；在联接种类框中，保持默认的左外部联接，单击【确定】按钮，如图 3-37 所示。

🔔 **提 示**

对于国内生产总值数据表和全国税收收入数据表来说，无论是选择左外部联接、右外部联接、完全外部联接，还是内部联接，其合并结果都是一样的。实际业务中，一定要谨慎分析数据，选择合理的联接方式，以保证得到正确的合并结果。

步骤 2：修改合并后的新表名为"合并表"。

步骤 3：选中合并表，查看其中的数据，限于篇幅，仅截取部分数据行，如

图 3-38 所示。

图 3-37　合并表

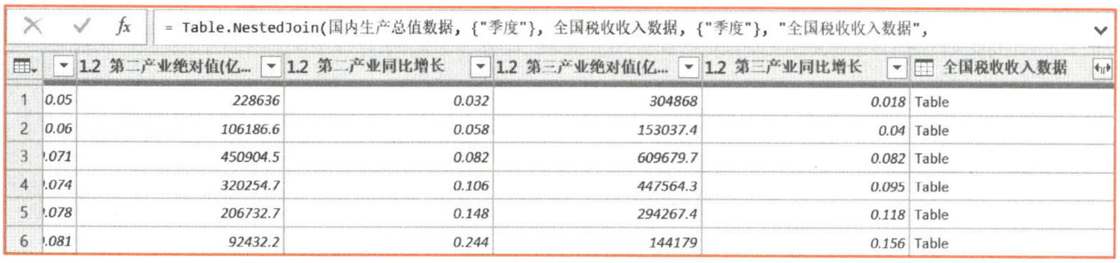

图 3-38　查看合并表数据

步骤 4：单击"全国税收收入数据"列右侧的【展开】按钮（），在展开的界面中直接单击【确定】按钮，将全国税收收入数据表的所有列都显示在合并后的表中，如图 3-39 所示。

技能提升
3.6

图 3-39　展开表

111

展开后的合并表共有 13 列、20 行数据，限于篇幅，此处不做展示，请参考配套教学资源进行查看。合并表的 13 个列包含来自左表——国内生产总值数据表的 9 个列和来自右表——全国税收收入数据表的 4 个列。20 行数据均由上述两表的数据行按照匹配列的值合并得到。

　　步骤 5：修改合并表中的相关列名，将列名中以"（亿元）"表示的金额单位修改为规范的金额表示单位"/ 亿元"。例如，双击列名"国内生产总值绝对值（亿元）"，将输入光标定位在列名中，修改列名"国内生产总值绝对值（亿元）"修改为"国内生产总值绝对值 / 亿元"。

　　步骤 6：单击【主页】|【关闭】|【关闭并应用】，关闭 Power Query，返回 Power BI Desktop。

四、数据建模

合并和数据
建模

　　步骤 1：在 Power BI Desktop 中，切换到模型视图，查看当前数据模型。

　　步骤 2：分析数据模型中由 Power BI Desktop 自动创建的表间关系，会发现国内生产总值数据和全国税收收入数据的表间关系正确且有意义（这两表关联的结果与合并表中的数据相同，具体原因说明见项目四）；而国内生产总值数据与合并表间的关系、全国税收收入数据与合并表间的关系均无意义。因此，本步骤应保留国内生产总值数据和全国税收收入数据的表间关系，删除国内生产总值数据与合并表间的关系及全国税收收入数据与合并表间的关系。

五、在数据视图中处理数据

　　步骤 1：在 Power BI Desktop 中，切换到数据视图。

　　步骤 2：选中合并表的季度列，单击该列名右侧的下拉三角按钮，从展开的菜单中选择 ✓ **以升序排序**，表示将合并表的数据行按照季度列的值升序排序。

🔔 **提　示**

　　本步骤的操作及界面与 Excel 中的对应功能相同。

　　步骤 3：查看排序后的结果，如图 3-40 所示（限于篇幅，仅截取部分数据），发现季度列的升序排序并没有和实际的升序一致。例如，2018 年 1—2 季度、2018 年 1—3 季度、2018 年 1—4 季度均排在 2018 年 1 季度的前面，而实际的升序应该是 2018 年 1 季度、2018 年 1—2 季度、2018 年 1—3 季度、2018 年 1—4 季度；其他各年的季度也是同理。

季度	国内生产总值绝对值/亿元	国内生产总值同比增长
2017年1—3季度	596607.3	0.069
2017年1—4季度	832035.9	0.069
2018年1—2季度	425997.9	0.068
2018年1—3季度	660472.2	0.067
2018年1—4季度	919281.1	0.066
2018年1季度	202035.7	0.068
2019年1—2季度	458670.9	0.063
2019年1—3季度	709717.2	0.062
2019年1—4季度	986515.2	0.061
2019年1季度	217168.3	0.064

图 3-40　查看排序后的结果

思 考

为什么计算机对季度列的升序排序和实际中的排序不一致？

技能提升
3.7

步骤 4：在【数据】视图中，选中合并表的季度列，单击其右侧的下拉箭头，从展开的菜单中选择【清除排序】。为了实现季度列的正确排序，下面的步骤将在合并表中添加一个索引列。

步骤 4.1：进入 Power Query 编辑器，选中合并表，单击【添加列】|【常规】功能组中【索引列】右侧的下拉箭头，在展开的菜单中选择【从 1】，这将在合并表中添加一个新列，此列的值是从 1 开始、以 1 为增量、逐行递增的序号型列，也称索引列，列的数据类型是整数。

步骤 4.2：将新增的索引列名修改为"序号"。

步骤 4.3：单击【主页】|【关闭】|【关闭关应用】按钮，返回 Power BI Desktop。

步骤 5：验证季度列排序是否正确。在【数据】视图中，选中合并表的序号列，单击该列名右侧的下拉三角按钮，从展开的菜单中选择【以降序排序】，表示将合并表的数据行按照序号列的值降序排序。此时，可以看到季度列排序正确了。接着，取消序号列的降序排序。

步骤 6：选中"全国税收收入数据.季度"列，在右键快捷菜单中选择"在报表视图中隐藏"。

步骤 7：选中"全国税收收入数据.税收收入合计/亿元"列，在【列工具】|【结构】功能组中，修改列名称为"税收收入合计/亿元"。

知识扩展

在数据视图中修改列名称，也可以采用双击列名的方法。【列工具】功能选项卡提供了关于列的各种参数设置，可以利用此组功能修改列的结构、格式、属性、排序方式等，也可以在表中新建列。

六、数据可视化

步骤 1：在 Power BI Desktop 中，切换到报表视图。在【视图】|【主题】菜单功能中，选择当前报表主题为"太阳光"。

步骤 2：制作折线与簇状柱形图，展示国内生产总值和全国税收收入数据。

步骤 2.1：在"第 1 页"报表中，添加"折线与簇状柱形图"视觉对象，调整对象的大小和位置，以方便后续编辑。

步骤 2.2：将"合并表"的"季度"字段拖放到【X 轴】，"国内生产总值绝对值（亿元）"字段拖放到列【Y 轴】，"全国税收收入数据.季度环比（%）"字段拖放到行 Y 轴。

步骤 2.3：在【可视化】|【设置视觉对象格式】的【常规】格式设置界面，完成以下设置：① 设置【效果】中【视觉对象边框】状态为开；② 设置【效果】中【阴影】状态为开；③ 在【标题】面板下，设置字体大小为 18，加粗，水平居中对齐。

步骤 2.4：在【可视化】|【设置视觉对象格式】的【视觉对象】面板中，完成以下设置：① 在【X 轴】的【值】选项下，设置值字体大小为 11；② 在【Y 轴】|【值】选项下，设置值字体大小为 11；③ 打开【辅助 Y 轴】，在【辅助 Y 轴】|【值】选项下，设置值字体大小为 11；④ 打开【数据标签】。

步骤 2.5：设置按序号列对季度列的值进行排序。选中当前视觉对象，单击【字段】面板中合并表的季度列，接着单击【列工具】|【排序】功能组中【按列排序】的下拉按钮，在展开的列表中单击"序号"。

步骤 2.6：单击当前视觉对象右上角的【更多选项】按钮（•••），在展开的菜单中设置【排列轴】的方式为季度（以升序排序）。

🔔 提 示

步骤 2.5 利用前步添加的序号列对季度列的值进行正确排序，季度列的值是当前视觉对象 X 轴的标签，此操作将使得 X 轴的标签以正确的时间顺序显示数据。若要继续调整 X 轴标签的升降序，还可以按照步骤 2.6 的操作，在当前视觉对象右上角的【更多选项】菜单中设置【排列轴】的方式。

步骤 2.7：调整报表页面中视觉对象的大小和位置，使其呈现如图 3-41 所示的效果。

图 3-41　国内生产总值绝对值和全国税收收入季度环比（按季度）可视化

制作折线与
簇状柱形图

步骤 3：制作"表"，展示国内生产总值和全国税收收入增长率。

步骤 3.1：添加一页新报表，新报表默认名为"第 2 页"，可双击报表名进行修改。

步骤 3.2：在"第 2 页"报表中，添加"表"视觉对象，调整对象的大小和位置，以方便后续编辑。

步骤 3.3：依次将合并表的"季度""国内生产总值同比增长""全国税收收入数据.季度环比（％）""全国税收收入数据.较上年同期（％）"等字段拖放到【列】中。

步骤 3.4：在【可视化】|【设置视觉对象格式】的【常规】格式设置界面，完成以下设置：① 设置【效果】中【视觉对象边框】状态为开；② 设置【效果】中【阴影】状态为开；③ 打开【标题】选项，输入标题文件"国内生产总值和全国税收收入增长率"，设置标题字体大小为20，加粗，水平居中对齐。

步骤 3.5：在【可视化】|【设置视觉对象格式】的【视觉对象】面板中，完成以下设置：① 在【值】选项下，设置值字体大小为18；② 在【列标题】选项下，设置文本字体大小为18。

步骤 3.6：设置各列的条件格式。切换到【可视化】|【生成视觉对象】界面，在【列】面板中，完成以下设置：① 单击"国内生产总值同比增长"右侧的下拉箭头，在展开的菜单中，选择【条件格式】下的【数据条】，在打开的数据条设置界面，保持所有默认设置，直接单击【确定】按钮；② 单击"全国税收收入数据.季

度环比（%）"右侧的下拉箭头，在展开的菜单中，选择【条件格式】下的【图标】，在打开的图标设置界面，保持所有默认设置，直接单击【确定】按钮；③ 单击"全国税收收入数据. 较上年同期（%）"右侧的下拉箭头，在展开的菜单中，选择【条件格式】下的【字体颜色】，在打开的字体颜色设置界面，保持所有默认设置，直接单击【确定】按钮。

步骤 3.7：调整报表页面中视觉对象的大小和位置，使其呈现如图 3-42 所示的效果。

国内生产总值和全国税收收入增长率			
季度	**国内生产总值同比增长**	**全国税收收入数据.季度环比/%**	**全国税收收入数据.较上年同期/%**
2022年1—2季度	0.03 ◆	-0.37	-0.15
2022年1季度	0.05 ⬤	0.64	0.08
2021年1—4季度	0.08 ◆	-0.20	0.12
2021年1—3季度	0.10 ◆	-0.22	0.18
2021年1—2季度	0.13 ▲	0.06	0.23
2021年1季度	0.18 ⬤	0.38	0.25
2020年1—4季度	0.02 ◆	-0.04	-0.02
2020年1—3季度	0.01 ◆	-0.14	0.06
2020年1—2季度	-0.02 ▲	0.10	-0.11
2020年1季度	-0.07 ▲	0.26	
2019年1—4季度	0.06 ◆	-0.10	0.01
2019年1—3季度	0.06 ◆	-0.24	0.00
2019年1—2季度	0.06 ▲	-0.02	0.01
2019年1季度	0.06 ⬤	0.62	0.05
2018年1—4季度	0.07 ◆	-0.19	0.08
2018年1—3季度	0.07 ◆	-0.24	0.13
2018年1—2季度	0.07 ▲	0.07	0.14
总计			

图 3-42　国内生产总值和全国税收收入增长率可视化

制作表

步骤 4：保存当前 Power BI Desktop 文件为"国内生产总值和全国税收收入增长率可视化.pbix"，保存位置自行设定。

【动手实践】

根据素材文件"宏观经济数据.xlsx"，按照本任务所讲的内容，参考图 3-43 和图 3-44，制作相关指标的可视化展示图，并将文件保存为"企业商品价格指数与消费者信心指数.pbix"。

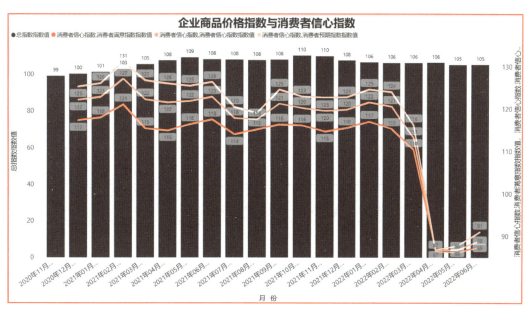

图 3-43　企业商品价格指数与消费者信心指数展示

月　份	总指数同比增长	煤油电同比增长	矿产品同比增长	农产品同比增长
2022年06月份	-0.03	0.05	-0.19	0.07
2022年05月份	-0.04	0.04	-0.17	0.00
2022年04月份	-0.01	0.10	-0.10	-0.02
2022年03月份	0.01	0.16	-0.10	-0.07
2022年02月份	0.03	0.22	-0.09	-0.10
2022年01月份	0.05	0.26	-0.07	-0.09
2021年12月份	0.07	0.28	-0.04	-0.04
2021年11月份	0.11	0.37	0.01	-0.02
2021年10月份	0.12	0.37	0.06	-0.10
2021年09月份	0.09	0.29	0.10	-0.15
2021年08月份	0.09	0.26	0.12	-0.14
2021年07月份	0.10	0.28	0.19	-0.14
2021年06月份	0.11	0.31	0.19	-0.12
2021年05月份	0.13	0.36	0.19	-0.08
2021年04月份	0.11	0.28	0.15	-0.11
2021年03月份	0.07	0.13	0.11	-0.11
2021年02月份	0.03	0.09	0.08	-0.13
总计				

图 3-44　企业商品价格指数可视化展示

【任务评价】

在"学习评价表"中记录一下你学会了多少。

117

学习评价表

学习内容	完成度评价
合并查询认知	是□　否□
清理国内生产总值数据	是□　否□
合并国内生产总值数据表和全国税收收入数据表	是□　否□
在数据视图中处理数据	是□　否□
国内生产总值绝对值和全国税收收入季度环比可视化	是□　否□
国内生产总值和全国税收收入增长率可视化	是□　否□

任务三　主营业务收入可视化分析

【任务说明】

主营业务收入是指企业从事本行业生产经营活动所取得的营业收入。现有 8 家上市公司连续多年的主营业务收入数据，请基于这些数据，在 Power Query 中完成数据清洗，在 Power BI Desktop 中完成可视化展示，以辅助管理者进行相关的投资决策。

【相关知识】

透视列和逆透视列认知

透视列和逆透视列是 Power Query 中非常重要的数据转换功能之一，彻底理解这两个功能是正确进行数据清洗和可视化分析的前提。

透视列和逆透视列是一对互逆的概念，透视列可按数据表的不同列值分组并汇总到新表，而逆透视列则可将数据表的列转换为新表行的属性值对。

如图 3-45（a）所示的 A 数据表由四列组成，第一列（指标列）是文本型数据，其余三列是数值型数据，每行数据代表某指标三个季度的金额。

如图 3-45（b）所示的 B 数据表由三列组成，第一列（指标列）和第二列（属性列）均是文本型数据，第三列（值列）是数值型数据，每行数据代表某指标、某季度的金额值。

118

ABC 指标 ▼	1.2 第一季度 ▼	1.2 第二季度 ▼	1.2 第三季度 ▼
营业收入	481338641	837759673.1	844106920.8
归属于上市公司股东的净利…	23959362.16	199425243.6	184610964.3
归属于上市公司股东的扣除…	21418580.39	193058756.8	179171186.3
经营活动产生的现金流量净…	30198904.2	242828438.2	500292500.1

(a) A 数据表

ABC 指标 ▼	ABC 属性 ▼	1.2 值 ▼
营业收入	第一季度	481338641
营业收入	第二季度	837759673.1
营业收入	第三季度	844106920.8
归属于上市公司股东的净利…	第一季度	23959362.16
归属于上市公司股东的净利…	第二季度	199425243.6
归属于上市公司股东的净利…	第三季度	184610964.3
归属于上市公司股东的扣除…	第一季度	21418580.39
归属于上市公司股东的扣除…	第二季度	193058756.8
归属于上市公司股东的扣除…	第三季度	179171186.3
经营活动产生的现金流量净…	第一季度	30198904.2
经营活动产生的现金流量净…	第二季度	242828438.2
经营活动产生的现金流量净…	第三季度	500292500.1

(b) B 数据表

图 3-45　A 数据表和 B 数据表对比

　　利用透视列和逆透视列的功能，可以按需在 A 数据表形式和 B 数据表形式间相互转换。A 数据表转换为 B 数据表，是对 A 数据表的三个数值列进行逆透视得到的，逆透视功能可将 A 数据表的列转换为 B 数据表各行的属性值对。B 数据表转换为 A 数据表，是对 B 数据表的属性列进行透视得到的，透视功能将 B 数据表的属性列按该列的不同取值分组汇总，形成 A 数据表的新列及相应取值。透视列和逆透视列的对比如图 3-46 所示。

　　Power Query 的【转换】|【任意列】功能区提供了【透视列】功能和【逆透视列】功能，对于图 3-45（a）所示的 A 数据表来说，同时选中第一季度、第二季度、第三季度三列，单击【转换】|【任意列】|【逆透视列】右侧的下拉三角按钮，从展开的列表中选择【逆透视列】，即可得到图 3-45（b）所示的 B 数据表；相反地，对于图 3-45（b）所示的 B 数据表来说，选中属性列，单击【转换】|【任意列】|【透视列】功能，在打开的如图 3-47 所示的【透视列】界面中，在【值列】中选择 B 数据表中的"值"列，这意味着此操作将使用列"属性"中的名称创建新列，以列"值"的数据作为新列的单元格值的来源，单击【确定】后，图 3-45（b）所示的 B 数据表便转换为图 3-45（a）所示的 A 数据表。

图 3-46 透视列和逆透视列的对比

图 3-47 透视列对话框

【任务实施】

一、导入素材文件

步骤 1：新建一个 Power BI 文件，并打开 Power Query。在 Power Query 中，单击【主页】|【新建查询】|【新建源】的下拉三角按钮，在展开的下拉菜单中单击【Excel 工作簿】，选择素材文件"主营业务收入产品结构表.xlsx"作为数据源，将该文件中的 Sheet1 工作表导入。系统自动提升第一行为标题行，并自动修正列的数据类型。

步骤 2：检查 Sheet1 表的数据，该表共有 4 列 40 行，每行数据是某公司某报告期的主营业务收入及按产品列示的收入占比，如图 3-48 所示。其中，"按产品"列中包含该公司多种产品的收入占比，不同产品的收入占比之间用两个逗号分隔。由于篇幅有限，本任务中的所有数据截图都仅是部分截图。

	ABC 证券简称	▼	1²₃ 报告期	▼	1.2 主营业务收入	▼	ABC 按产品	▼
1	中通客车		20161231		9257190233		客车:98.34%,,其他:1.66%	
2	中南建设		20161231		34439585805		房屋销售:78.35%,,建筑施工:27.67%,,物业管理及其他:7.02%,,抵销...	
3	宗申动力		20161231		4560670257		发动机产品:60.23%,,通机产品:23.16%,,产品零部件类:7.99%,,零售...	
4	中远海科		20161231		652527379.3		智能交通系统集成:77.59%,,交通航运信息化及技术服务:17.67%,,...	
5	珠江啤酒		20161231		3492341326		啤酒销售:98.06%,,租赁餐饮销售:1.25%,,酵母饲料销售:0.62%,,包...	
6	祖名股份		20161231		848780153.3		生鲜类豆制品:62.33%,,大豆植物蛋白饮料:27.2%,,休闲类豆制品:1...	
7	左江科技		20161231		68408268.51		信息安全产品:92.83%,,受托研发:7.17%	
8	紫晶存储		20161231		149384300		光存储产品设备:76.29%,,解决方案:23.71%	

图 3-48　主营业务收入产品结构表

二、清洗主营业务收入产品数据

步骤1：对"按产品"列进行数据拆分。选中"按产品"列，单击【转换】|【文本列】|【拆分列】下拉菜单列表中【按分隔符】，在打开的【按分隔符拆分列】对话框中，输入自定义分隔符，拆分位置为"每次出现分隔符时"，单击【确定】按钮，如图 3-49 所示。

图 3-49　按分隔符拆分列

🔔 **提　示**

输入的分隔符必须是要拆分的文本串中包含的分隔符，为防止输入出错导致拆分不成功，这里建议直接从文本串中复制对应的拆分字符。另外要注意的是，拆分列也会自动引发 Power Query 对列数据类型的调整。

步骤2：查看拆分结果。如图 3-50 所示，可以看到每种产品及其占比都被拆分到一个列中，各列以"按产品.1""按产品.2""按产品.3"……的形式命名。

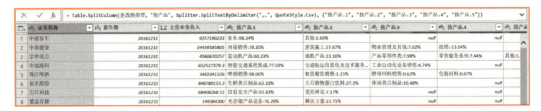

图 3-50 拆分结果

步骤 3：同时选中证券简称、报告期和主营业务收入列，单击【转换】|【任意列】|【逆透视列】下拉菜单列表中的【逆透视其他列】，将 "按产品.1" "按产品.2" "按产品.3" 等列名作为 "属性" 列的数据，将 "按产品.1" "按产品.2" "按产品.3" 等列的值作为与 "属性" 列对应的 "值" 列的数据，如图 3-51 所示。

	证券简称	报告期	主营业务收入	属性	值
	= Table.UnpivotOtherColumns(更改的类型1, {"证券简称", "报告期", "主营业务收入"}, "属性", "值")				
1	中通客车	20161231	9257190233	按产品.1	客车:98.34%
2	中通客车	20161231	9257190233	按产品.2	其他:1.66%
3	中南建设	20161231	34439585805	按产品.1	房屋销售:78.35%
4	中南建设	20161231	34439585805	按产品.2	建筑施工:27.67%
5	中南建设	20161231	34439585805	按产品.3	物业管理及其他:7.02%
6	中南建设	20161231	34439585805	按产品.4	抵销:-13.04%
7	宗申动力	20161231	4560670257	按产品.1	发动机产品:60.23%
8	宗申动力	20161231	4560670257	按产品.2	通机产品:23.16%

图 3-51 逆透视列

步骤 4：检查图 3-51 中 "值" 列的数据，其特征是产品名和占比之间以冒号为分隔符，选中此列，继续以分隔符冒号对该列的数据进行拆分，拆分结果如图 3-52 所示。由图 3-52 可以看出，表的每行数据都包含了某公司（证券简称）某报告期（报告期）某产品名（值.1）及其占比（值.2）。

	证券简称	报告期	主营业务收入	属性	值.1	值.2
	= Table.SplitColumn(逆透视的其他列, "值", Splitter.SplitTextByDelimiter(":", QuoteStyle.Csv), {"值.1", "值.2"})					
1	中通客车	20161231	9257190233	按产品.1	客车	98.34%
2	中通客车	20161231	9257190233	按产品.2	其他	1.66%
3	中南建设	20161231	34439585805	按产品.1	房屋销售	78.35%
4	中南建设	20161231	34439585805	按产品.2	建筑施工	27.67%
5	中南建设	20161231	34439585805	按产品.3	物业管理及其他	7.02%
6	中南建设	20161231	34439585805	按产品.4	抵销	-13.04%
7	宗申动力	20161231	4560670257	按产品.1	发动机产品	60.23%

图 3-52 拆分 "值" 列

步骤 5：在 Sheet1 表中添加自定义列，以完成各产品的收入金额计算。单击【添加列】|【常规】中的【自定义列】，在打开的【自定义列】对话框中，输入新列名为 "金额"，列公式为 "主营业务收入" 列与 "值.2" 列（占比）的乘积，如图 3-53 所示。新增列后的 Sheet1 表如图 3-54 所示。

图 3-53　添加自定义列

图 3-54　新增列后的 Sheet1 表

🔔 **提 示**

自定义公式可以使用 Power Query 自带的函数，还可以直接从【可用列】框中选择所需的当前表的列。另外，添加新列也会自动引发 Power Query 对列数据类型的调整。

步骤 6：将"值.1"重命名为"产品名称"，将"值.2"重命名为"占比"。

步骤 7：删除"属性"列和"主营业务收入"列。

步骤 8：从报告期列中将年份提取出来。选中报告期列，单击【转换】|【文本列】|【拆分列】下拉菜单列表中的【按位置拆分列】，在打开的对话框中，输入【位置】为"0，4"（0 和 4 之间是英文逗号），如图 3-55 所示。拆分后的结果如图 3-56 所示。

图 3-55　按位置拆分列

图 3-56 拆分后的结果

🔔 提 示

【拆分列】功能是针对文本型的列进行的，若被拆分的列不是文本型，Power Query 可能会自动对拆分列进行数据类型转换。本步骤中，拆分前的"报告期"列是整数型，直接对整数型列进行拆分，将引发 Power Query 对"报告期"列的自动数据类型转换，故而，拆分生成的两个新列"报告期.1"和"报告期.2"都成了文本型。不过，由于产生了新列，Power Query 也会自动对新列的数据类型进一步调整，即自动增加一个更改列数据类型的应用步骤。

步骤 9：删除"报告期.2"列，将"报告期.1"列重命名为"报告期"。

步骤 10：检查和调整各列数据类型，最终清洗完的数据表（Sheet1）如图 3-57 所示。

	ABC 证券简称	1²₃ 报告期	ABC 产品名称	% 占比	1.2 金额
1	中通客车	2016	客车	98.34%	9103520875
2	中通客车	2016	其他	1.66%	153669357.9
3	中南建设	2016	房屋销售	78.35%	26983415478
4	中南建设	2016	建筑施工	27.67%	9529433392
5	中南建设	2016	物业管理及其他	7.02%	2417658924
6	中南建设	2016	抵销	-13.04%	-4490921989
7	宗申动力	2016	发动机产品	60.23%	2746891696
8	宗申动力	2016	通机产品	23.16%	1056251232

图 3-57 清理后的最终数据表（Sheet1）

步骤 11：关闭并应用 Power Query 的数据清理结果，返回 Power BI Desktop。

❓ 思 考

试着理解上述各步骤对应的 Power Query 表达式的含义是什么。

三、数据建模

在 Power BI Desktop 中，切换到模型视图，查看当前数据模型。当前模型中只有一张数据表，因而不需处理多表间的关联关系。

数据获取、清洗和建模

四、数据可视化

步骤 1：在 Power BI Desktop 中，切换到报表视图。

步骤 2：制作"证券简称切片器"，用以对报表中的其他视觉对象进行筛选控制。

步骤 2.1：在第 1 页报表中添加"切片器"视觉对象，调整对象的大小和位置，以方便后续编辑。

步骤 2.2：将 Sheet1 表的"证券简称"字段拖放到切片器的字段框中，选择切片器类型为列表型，设置切片器中的选项呈水平方向，选择选项的方式为单选。

步骤 2.3：设置切片器标头文本大小为 15，设置切片器中显示的值的大小为 15。

步骤 2.4：给切片器对象添加视觉对象边框和阴影。

步骤 2.5：调整切片器大小，使其单行显示所有证券简称；移动切片器到报表的合适位置。

步骤 3：制作堆积柱形图，用以展示各公司主营业务收入的产品结构。

步骤 3.1：在第 1 页报表中添加"堆积柱形图"对象，将 Sheet1 表的"报告期"字段拖放到 X 轴，"金额"字段拖放到列 Y 轴，"产品名称"字段拖放到图例。

步骤 3.2：给堆积柱形图添加视觉对象边框和阴影。

步骤 3.3：设置堆积柱形图的标题为主营业务收入产品结构变化，标题字体大小为 21，加粗，水平居中对齐。

步骤 3.4：调整报表页面中视觉对象的大小和位置，使其呈现如图 3-58 所示的效果。

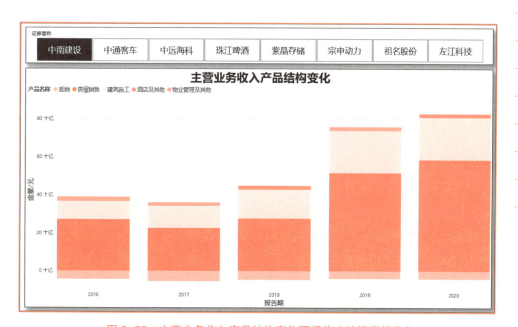

图 3-58 主营业务收入产品结构变化可视化（按证券简称）

制作第1页报表

图表释义

图 3-58 以证券简称单选切片器作为公司筛选器，以堆积柱形图作为对应公司不同报告期所有产品营业收入的展示对象，即前者决定了后者展示的是哪个公司的主营业务收入数据。当在单选切片器选中"中南建设"时，堆积柱形图相应地展示中南建设公司各报告期下所有产品的营业收入金额。当在单选切片器中选中"中通客车"时，堆积柱形图也将相应地切换为中通客车公司各报告期下所有产品的营业收入金额。

步骤 4：添加新报表页，新报表页默认命名为第 2 页。

步骤 5：在第 2 页报表中，添加"证券简称切片器"和"报告期切片器"。

步骤 5.1：复制第 1 页报表中的证券简称切片器，粘贴到第 2 页报表中，此时系统将弹出如图 3-59 所示的对话框，询问是否保持复制的切片器对象与原切片器对象同步，这里选择【同步】。

图 3-59 复制切片器视觉对象

提示

在不同报表页中同步切片器还有其他操作方法，相关内容将在项目六中讲述。

步骤 5.2：再粘贴一个"证券简称切片器"，选择【不同步】；修改此切片器的字段为 Sheet1 表的"报告期"字段。

步骤 6：添加一个"树状图"视觉对象，展示各公司不同时期的主营业务收入产品结构。

步骤 6.1：在第 2 页报表中添加一个"树状图"视觉对象，将 Sheet1 表的"报

126

告期"字段拖放到此对象的【类别】框中，将"产品名称"字段拖放到此对象的【详细信息】框中，将"金额"字段拖放到此对象的【值】框中。

步骤 6.2：设置树状图视觉对象的标题为主营业务收入产品结构变化，标题字体大小为 21，加粗，水平居中对齐。

步骤 6.3：给树状图添加视觉对象边框和阴影。

步骤 6.4：打开树状图的数据标签。

步骤 6.5：调整报表页面中视觉对象的大小和位置，使其呈现如图 3-60 所示的效果。

图 3-60　主营业务收入产品结构变化可视化（按证券简称和报告期）

图表释义

图 3-60 同时以"证券简称单选切片器"和"报告期单选切片器"作为当前报表页中各视觉对象的筛选器，以树状图作为对应公司对应报告期下所有产品营业收入的展示对象，即两个单选切片器决定了树状图展示的是哪个公司、哪个时期的主营业务收入组成。当在单选切片器选中"中南建设"和"2016"时，树状图相应地展示中南建设公司 2016 年的所有主营产品的营业收入金额。当在单选切片器中选中"宗申动力"和"2018"时，树状图也将相应地切换为宗申动力公司 2018 年的所有主营产品的营业收入金额。

步骤 7：保存当前 Power BI Desktop 文件为"主营业务收入产品结构可视化.pbix"，保存位置自行设定。

制作第2页报表

？ 思 考

　　根据数据含义和特征想一想，为什么"证券简称切片器"和"报告期切片器"都设置为单选，而不是多选？

【动手实践】

　　根据素材文件"主要财务指标.xlsx"，按照本任务所讲的内容，参考图 3-61，制作相关指标的可视化展示图，并将文件保存为"不同公司各年主要财务指标对比.pbix"。

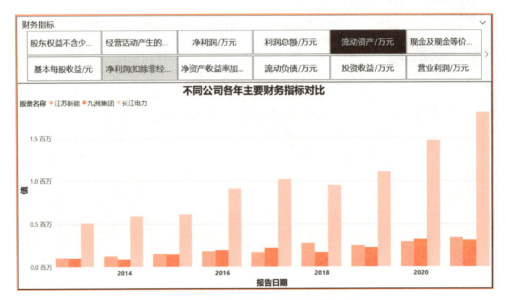

图 3-61　不同公司各年主要财务指标对比

【任务评价】

　　在"学习评价表"中记录一下你学会了多少。

学习评价表

学习内容	完成度评价
透视列和逆透视列认知	是□　否□
清洗主营业务收入产品数据	是□　否□
主营业务收入产品结构变化可视化	是□　否□

128

项目四

Power BI 数据建模

4

学习目标 >>>

知识目标

了解一对一数据关系
了解一对多（或多对一）数据关系
了解多对多数据关系
了解模拟参数
了解度量值

技能目标

能够根据数据特征辨识数据关系
能够在 Power BI Desktop 中管理表间关系
能够在 Power BI Desktop 中创建模拟参数
能够在 Power BI Desktop 中新建度量值
能够利用模拟参数设计动态报表

素养目标

培养学生的多维数据理解能力，提升对事物和数据多维感知
及发现的能力
培养学生主动挑战新事物的态度和激情，提升灵活应用动态
报表挖掘有价值财务信息方面的大数据素养

项目说明 >>>

　　基于整理好的数据进行多维数据计算与分析是财务大数据分析的必要环节，熟悉财务大数据分析中常见的数据关联操作、参数和度量值建立，并能综合应用这些方法实现动态报表制作是财会类专业学生必备的重要技能之一。本项目将带领同学们从两个数据建模任务入手，经过动手实操，帮助同学们认知和理解 Power BI Desktop 强大的表间关系模型和基于度量值的计算模型，完成基于多表关联模型的部门费用可视化分析和基于度量值模型的 ABC 公司盈亏平衡分析等任务。

项目分解 ▶▶▶

革故鼎新 ▶▶▶

正确看待技术发展，成为向技术要效益的新时代财务工作者

实际中的数据千变万化，数据与数据间的关系千丝万缕，数据建模正是针对数据及数据间的关系进行管理，为数据挖掘、价值发现提供依据。数据模型包括表间关系模型及基于表间关系模型建立起来的计算模型，而这种模型在过去的几十年都是由专业人士完成的。随着新一代信息技术的快速普及，由财务人员在财务大数据分析中应用数据模型解决企业预测和决策方面的问题，已是大势所趋。

然而，透彻理解数据模型、灵活运用数据模型却非易事。BI工具虽然能将复杂的原理以简单的交互式界面呈现出来，但却依然需要BI工具使用者能正确理解数据模型所蕴含的原理。树立正确地看待新技术的观念，不轻信、不盲从，敢挑战、爱思考，才能在技术快速迭代更新的时代保持清醒的头脑，真正成为掌控新技术的新时代财务人才。

启示：新一代信息技术正如千里马般以一日千里的速度加速更迭，新技术在企业财务中的应用场景越来越丰富。技术使用者应以清醒的头脑看待技术更迭，以正确的观念看待技术冲击，牢记技术服务企业业财融合管理、财务分析和战略决策的本质。

任务一／基于多表关联模型的部门费用可视化分析

【任务说明】

期间费用是企业日常活动中所发生的经济利益的流出，是不能计入特定核算对象成本而应计入发生当期损益的费用，包括销售费用、管理费用和财务费用。XYZ 公司采用会计科目加部门辅助核算的方法对公司各部门的期间费用进行核算。现有该公司 2016 年至 2020 年的部门费用核算数据文件，请基于这些素材文件，在 Power BI Desktop 中完成各部门期间费用的可视化呈现，帮助管理者轻松获得财务信息，快速制订决策。

【相关知识】

一、表间关系认知

实际中，同一业务不同表的数据间多存在各种各样的联系，而正因为这些联系，数据分析才有了意义。在 Power BI Desktop 中，表间关系是数据分析与报表可视化的基础。两表间若存在关系，则可依据此关系将一个表的一列关联到另一个表的一列，实现两表数据的联动筛选。

Power BI Desktop 的模型视图提供了查看和管理当前文件中各数据表之间关系的功能。表间关系有一对多（1：*）、多对一（*：1）、一对一（1：1）、多对多（*：*）四种，这些关系名称反映了相关列在表中取值是否唯一的情况，"一"端表示表中的相关列具有取值唯一的特征，"多"端表示表中的相关列具有取值重复的特征。

二、一对多 / 多对一关系认知

一对多和多对一关系是最常见的关系类型，而且这两种关系也基本相同。如图 4-1（a）所示是部门表，（b）是部门辅助核算表（限于篇幅，仅截取部分数据），部门表的"部门 ID"列和部门辅助核算表的"部门辅助核算［部门 ID］"列是具有相同取值含义的相关列。在部门表中，"部门 ID"列的取值具有唯一性；在部门辅助核算中，"部门辅助核算［部门 ID］"列的取值不具有唯一性。

（1）若基于此相关列在部门辅助核算表和部门表间建立单向筛选表间关系，则可形成如图 4-1（c）所示的关系模型，此种关系连线显示为实线，筛选方向是从部门表（一端）到部门辅助核算表（多端）的单向筛选箭头。

（2）若基于此相关列在部门辅助核算表和部门表间建立双向筛选表间关系，则可形成如图 4-1（d）所示的关系模型，此种关系连线显示为实线，筛选方向是从部门表（一端）到部门辅助核算表（多端）或从部门辅助核算表（多端）到部门表（一端）的双向筛选箭头。

	ABC 部门ID		ABC 部门名称	
1	D01		总经办	
2	D02		综合部	
3	D03		市场一部	
4	D04		市场二部	
5	D05		市场三部	
6	D06		市场四部	
7	D07		财务部	
8	D08		人力资源部	
9	D09		研发采购部	
10	D99		其他	

(a) 部门表

	日期	ABC 科目名称	123 科目编码	ABC 部门辅助核算[部门ID]	1.2 金额
1	2016/9/1 0:00:00	财务费用/利息收入	660301	D99	65.658
2	2016/9/1 0:00:00	财务费用/手续费	660303	D99	393.948
3	2016/9/1 0:00:00	管理费用/办公费	660204	D01	86.67109253
4	2016/9/1 0:00:00	管理费用/办公费	660204	D02	199.866528
5	2016/9/1 0:00:00	管理费用/办公费	660204	D07	38.85255872
6	2016/9/1 0:00:00	管理费用/办公费	660204	D08	26.59905943
7	2016/9/1 0:00:00	管理费用/办公费	660204	D09	51.10605801
8	2016/9/1 0:00:00	管理费用/差旅费	660205	D01	344.403532
9	2016/9/1 0:00:00	管理费用/差旅费	660205	D02	40.85984761
10	2016/9/1 0:00:00	管理费用/差旅费	660205	D07	12.65155832

(b) 部门辅助核算表

(c) 1对多／多对1单向筛选关系模型

(d) 1对多／多对1双向筛选关系模型

图 4-1　一对多／多对一关系原理

133

知识扩展

一对多 / 多对一的单向筛选是 Power BI Desktop 的默认设置，单向筛选连线的箭头由部门表指向部门辅助核算表。这个关系表明，可基于部门表的部门 ID 列对部门辅助核算表进行筛选过滤，形成符合要求的筛选结果集（也称切片）。

一对多 / 多对一的双向筛选过滤要尽量少用，在复杂的数据模型中，此种双向筛选可能会造成某些关系处于不活跃状态（关系连线变为虚线）；同时，从多端表对一端表进行筛选过滤也会造成性能消耗，这也正是在制作切片器时，常使用"一端表"中的相关字段，而不用"多端表"中的相关字段的原因。

三、一对一关系认知

如果两个表都包含某个相关列，并且这个相关列在两个表中的取值都具有唯一特征，则可在这两表间创建一对一表间关系。如图 4-2（a）所示的 A 表和（b）所示的 B 表都包含"利润表摘要"列，并且这两列的取值都具有唯一值特征，因此可基于"利润表摘要"列在两表间创建一对一表间关系，如图 4-2（c）所示。

ᴬᴮᴄ 利润表摘要	1.2 2022/3/31
营业收入/万元	763386
营业成本/万元	670530
营业利润/万元	32325
利润总额/万元	31848
所得税费用/万元	3706
净利润/万元	28142
基本每股收益	0.04

ᴬᴮᴄ 利润表摘要	1.2 2022/6/30
营业收入/万元	1276528
营业成本/万元	1089224
营业利润/万元	99286
利润总额/万元	100142
所得税费用/万元	7575
净利润/万元	92567
基本每股收益	0.17

(a) A 表   (b) B 表

(c) 一对一表间关系

图 4-2 一对一关系认知

四、多对多关系认知

多对多关系意味着两个表的相关列都具有重复值特征。通常情况下，多对多关系用得并不多，只有在设计复杂的数据模型时，才可能会使用。感兴趣的读者可以查阅相关文献，这里不再赘述。

【任务实施】

一、导入素材文件

步骤1：新建一个 Power BI 文件，在 Power BI Desktop 中，将素材文件"部门费用核算数据.xlsx"中的 3 张工作表：日期表、部门表和部门辅助核算表全部导入。

步骤2：在 Power Query 中，检查导入的 3 张表是否需要清洗和整理。经过检查，会发现部门表需要提升标题。将部门表标题提升后，关闭并应用 Power Query 的数据转换结果，返回 Power BI Desktop。

二、数据建模

步骤1：在 Power BI Desktop 中，切换到模型视图，查看当前数据模型。

由于 Power BI Desktop 是依据不同表中是否存在相同的关联列来判断表间是否应该建立关联，而部门表、部门辅助核算表和日期表并不存在明显的关联列，因此，Power BI Desktop 无法自动创建关系，需要手动进行管理。

步骤2：单击【主页】|【关系】功能区中的【管理关系】，在打开的【管理关系】对话框中单击【新建】按钮，打开【创建关系】对话框。

步骤3：在【创建关系】对话框中，选择相互关联的表和列，如图 4-3 所示，单击【确定】按钮，返回【管理关系】对话框，在此对话框中单击【关闭】按钮。

此步骤将基于部门表的"部门 ID"列和部门辅助核算表的"部门辅助核算［部门 ID］"列创建单一筛选方向的一对多关系。

步骤4：建立表间关系还可以直接采用拖动鼠标的快速方式。在模型视图中，直接用鼠标将部门辅助核算表的"日期"列拖动至日期表的"Date"列，便可创建表间关系。此步骤将基于日期表的"Date"列和部门辅助核算表的"日期"列创建单一筛选方向的一对多关系。

表间关系模型如图 4-4 所示。

 提 示

关系的基数类型由 Power BI Desktop 自动根据列取值的唯一性进行判断。

图 4-3　创建表间关系

图 4-4　表间关系模型

🔧 知识扩展

　　部门表和日期表都是一对多关系中的"一"端，部门辅助核算表是两个一对多关系中的"多"端，这是一种典型的星形模型。处于"多"端的表是星形的中心，称为事实表，常用于存储观察结果或发生的事件，其包含的数据行数会很多，并且数据量还会随着时间的推移不断增长；处于"一"端的表是星形的角，称为维度表，常用于描述业务或日期，其包含的数据量较少，增长量也较慢。

三、数据可视化

步骤 1：在 Power BI Desktop 中，切换到报表视图。

步骤 2：在报表界面添加"矩阵"视觉对象。调整此视觉对象大小，以方便编辑此对象。

步骤 3：将部门表的部门名称字段、部门辅助核算表的科目名称字段依次拖放至矩阵的【行】中；将日期表的年字段、月字段依次拖放至矩阵的【列】中；将部门辅助核算表的金额字段拖放至矩阵的【值】中。

步骤 4：设置矩阵的【视觉对象边框】状态为开，设置【阴影】状态为开。

步骤 5：在矩阵视觉对象的【可视化】|【设置视觉对象格式】的【视觉对象】面板中，完成以下设置：① 设置【样式预设】为"差异最小"；② 设置【值】字体大小为 16；③ 设置【列标题】文本大小为 16；④ 设置【行标题】文本大小为 16。

至此，我们完成了 2016 年至 2020 年各部门实际费用可视化展示任务，最终效果如图 4-5 所示。

年	2016					2017		
部门名称	9	10	11	12	**总计**	1	2	3
⊞ **财务部**	40,771.82	46,219.81	43,118.53	45,364.84	**175,475.01**	46,029.84	52,898.38	
⊞ **其他**	-114,255.07	-95,622.32	-109,054.28	-100,946.76	**-419,878.43**	-440.53	-21,330.86	
⊟ **人力资源部**	34,922.74	42,236.48	39,027.49	34,027.42	**150,214.14**	34,585.51	39,321.94	
管理费用/办公费	26.60	94.91	127.95	101.01	**350.47**	352.28	714.19	
管理费用/差旅费	16.68	59.14	79.97	95.48	**251.27**	407.24	843.07	
管理费用/车辆使用费	8.54	29.20	34.12	27.71	**99.57**	111.25	193.62	
管理费用/会议费	13.33	34.30	60.44	59.41	**167.49**	254.77	541.65	
管理费用/交通费	41.93	205.03	257.18	264.57	**768.71**	825.62	1,178.48	
管理费用/劳务外包费	373.24	1,187.47	1,252.91	1,369.03	**4,182.65**	4,605.13	7,905.46	
管理费用/其他	9.09	33.83	46.19	51.85	**140.95**	149.15	301.56	
管理费用/通讯费	19.19	79.55	71.44	57.43	**227.62**	218.47	458.68	
管理费用/业务招待费	4.60	16.37	19.93	17.23	**58.14**	51.49	71.60	
管理费用/折旧摊销/摊销费	40.64	112.58	115.36	69.77	**338.35**	172.36	338.29	
总计	425,856.83	569,700.49	568,080.97	577,143.94	**2,140,782.24**	1,065,183.13	1,328,021.96	1,5...

图 4-5　各部门实际费用可视化展示

☰ 图表释义

图 4-5 是基于 3 张相互关联的表数据创建的矩阵图，图中使用了 5 个字段，来自部门表的部门名称和来自部门辅助核算表的科目名称组成上下两级行标签，来自日期表的年和月组成上下两级列标签，来自部门辅助核算表的金额作为行列交叉处的数据。

Power BI 的矩阵类似 Excel 中的数据透视表，不过它比 Excel 的数据透视表功能更强大。此矩阵基于事先定义好的数据模型，以强大的关联查询能力从部门辅助核算表筛选过滤出符合要求的金额，进而实现对金额的聚合分析。

可以在矩阵中单击行标签名前面的加号或减号，展开或折叠行字段，以查看不同行标签级别的金额汇总；或者利用矩阵对象的 钻取 列✔ ↑ ↓ ↓↓ ⌐ 等功能，实现更细致、更多维的金额聚合分析。

部门费用可视化分析

【动手实践】

根据素材文件"销售数据分析.xlsx"的所有数据，按照本任务所讲的内容，参考图 4-6，制作不同产品类别、产品名称所对应的不同地区和性别的销售数量分布可视化展示图，并将文件保存为"销售数据多维分析.pbix"。

| 区域 | 北区 | | | 东区 | | | 南区 | | | 西区 | | | 总计 |
产品类别	男	女	总计	男	女	总计	男	女	总计	男	女	总计	
⊞ 服装类	814	794	1608	1339	1475	2814	1172	1296	2468	335	442	777	7667
⊞ 其他	436	392	828	726	666	1392	552	719	1271	181	196	377	3868
⊞ 饰品类	616	699	1315	1193	1109	2302	1042	1092	2134	270	340	610	6361
⊞ 箱包类	25921	26526	52447	44085	45874	89959	39533	40794	80327	12477	13112	25589	248322
⊟ 鞋类	12094	12302	24396	21225	21340	42565	19041	19450	38491	5791	5970	11761	117213
高跟鞋	1688	1547	3235	2660	2741	5401	2311	2417	4728	698	765	1463	14827
居家鞋	1435	1491	2926	2749	2594	5343	2471	2424	4895	715	654	1369	14533
凉鞋	1490	1578	3068	2692	2790	5482	2250	2400	4650	758	659	1417	14617
平底鞋	1547	1510	3057	2514	2733	5247	2366	2437	4803	743	724	1467	14574
系带鞋	1509	1506	3015	2669	2592	5261	2383	2347	4730	711	827	1538	14544
靴子	1449	1544	2993	2575	2606	5181	2332	2537	4869	822	699	1521	14564
雨鞋	1461	1518	2979	2649	2692	5341	2419	2400	4819	608	826	1434	14573
运动鞋	1515	1608	3123	2717	2592	5309	2509	2488	4997	736	816	1552	14981
总计	39881	40713	80594	68568	70464	139032	61340	63351	124691	19054	20060	39114	383431

图 4-6 销售数据多维分析

【任务评价】

在"学习评价表"上记录一下你学会了多少。

学习评价表

学习内容	完成度评价
表间关系认知	是□ 否□
一对多/多对一关系认知	是□ 否□

138

续表

学习内容	完成度评价
一对一关系认知	是□　否□
多对多关系认知	是□　否□
表间关联模型设计	是□　否□
基于多表关联的部门费用可视化分析	是□　否□

任务二　基于度量值模型的 ABC 公司盈亏平衡分析

【任务说明】

盈亏平衡分析法（又称保本点分析法或本量利分析法）是一种定量分析方法，它通过分析成本、业务量、利润三者之间的依存关系，为企业进行预测、决策、计划和控制等经营活动提供必要的财务信息。现有 ABC 零售业店铺（简称 ABC 公司），计划基于销售金额、销售扣点、进货折扣、销售折扣、员工数量、员工提成系数、水电费、店铺月租金、人均固定工资、其他固定费用等因素，在 Power BI Desktop 中对公司盈亏平衡点进行可视化分析，以供管理者进行相应的决策。

【相关知识】

一、度量值认知

在已经熟悉和掌握获取数据、数据清理、表间关系模型及报表基本操作的基础上，进一步深入学习 Power BI Desktop 中的度量值，可以大幅提高利用 Power BI Desktop 创建灵活性和交互性更强的可视化报表的能力。

度量值是 Power BI Desktop 中最重要的概念，在 Power BI Desktop 的报表交互式操作过程中，度量值的使用能极大地提高报表的动态计算能力。

（一）自动度量值认知

如图 4-7（a）图所示是某公司部分销售信息截图，在报表视图的"字段"窗格中展开此表，选中"产品销售数量"字段，Power BI Desktop 将以默认视觉对象形式显示出该字段的自动聚合结果（默认聚合方式是求和），即"产品销售数量"列中所有值的总和（共14行数据），如图4-7（b）图所示。若选中"销售渠道"字段，Power BI Desktop 将以默认视觉对象形式显示出该字段的非重复值，如图4-7（c）图所示。

销售渠道	产品名称	产品销售数量	产品单价	产品单件成本
线下直营店	A	14	603	361.8
线上购物平台	A	14	783.9	321.399
线下经销商	B	24	2691.9	2284.735
线上购物平台	B	20	2753.7	2285.571
线下直营店	C	20	5667.7	2640.62

（a）某公司部分销售信息截图

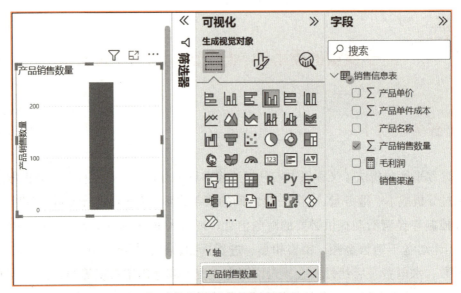

（b）产品销售数量指标可视化

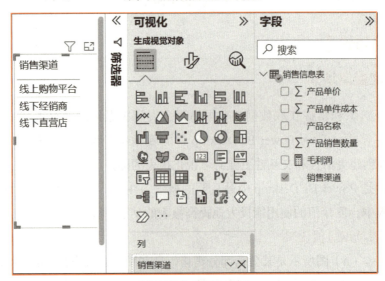

（c）销售渠道指标可视化

图 4-7 某公司销售信息及指标可视化

由此可知，在可视化报表时，Power BI Desktop 能自动对表的字段创建度量值。对于数据型字段，Power BI Desktop 不会显示原列的全部值，而是自动创建和计算度量值来聚合该列数据；对于非数值型字段，Power BI Desktop 可自动显示该列所有非重复值。

理解 Power BI Desktop 的自动度量值计算是理解基于度量值计算模型的动态交互式表的基础，在前面所有项目和任务的报表视觉对象展示中，Power BI Desktop 的自动度量值计算功能都有体现。

🔔 提 示

不同数据类型的字段，其对应的默认视觉对象也不同。

（二）自定义度量值认知

虽然 Power BI Desktop 可以在报表中根据所选字段和聚合的类型自动计算和返回结果，但若要进行更加个性化、更有价值的动态报表展示，还需要自定义度量值以执行更复杂的计算。

在 Power BI Desktop 中自定义度量值需要基于 DAX（Data Analysis eXpressions，数据分析表达式）函数式语言，Power BI Desktop 提供了 200 多种 DAX 函数，支持编写各种能实现用户意图的度量值公式。

还是以图 4-7 所示的销售信息表为例，若要计算销售毛利润，可创建如下度量值：

毛利润 = SUMX('销售信息表',([产品单价] - [产品单件成本]) * [产品销售数量])

此式中，"毛利润"是度量值名；" = "称为赋值号，其作用是将右边表达式的计算结果赋值给左边的度量值。

在赋值号右边，使用 DAX 的 SUMX( ) 函数返回一个求和的结果值。SUMX( ) 函数的功能是基于表中每一行数据计算的结果进行汇总求和。此例中，SUMX( ) 函数首先针对 "'销售信息表'" 的各行数据计算 "([产品单价] - [产品单件成本]) * [产品销售数量]"，然后再将各行的计算结果进行求和，最后返回求和结果。

🔔 提 示

在 DAX 表达式中引用表时，使用一对英文单引号作为表名定界符；引用列时，使用一对英文方括号作为列名定界符。

在报表视图中制作如图 4-8 所示的表视觉对象，此视觉对象中包含销售渠道和产品销售数量两个字段、一个毛利润度量值。销售渠道由 Power BI Desktop 自动进行唯一值提取，产品销售数量由 Power BI Desktop 的自动度量值进行汇总，毛利润由自定义度量值进行计算汇总。

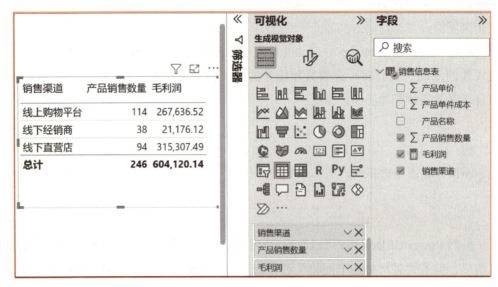

图 4-8　表视觉对象 1

若在报表视图中制作如图 4-9 所示的表视觉对象，此视觉对象中包含产品名称和产品销售数量两个字段、一个毛利润度量值。产品名称由 Power BI Desktop 自动进行唯一值提取，产品销售数量由 Power BI Desktop 的自动度量值进行汇总，毛利润由自定义度量值进行计算汇总。

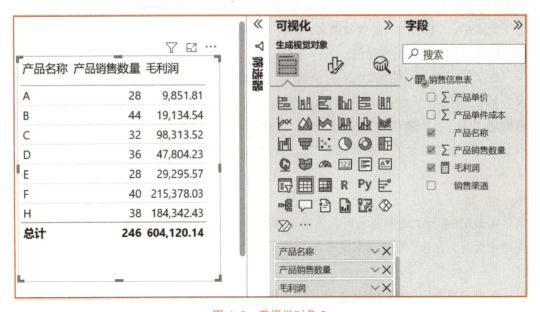

图 4-9　表视觉对象 2

二、模拟参数认知

在实际报表分析时，可能需要调整某些计算指标，以观察指标的增减变化对预测或分析结果的影响。Power BI Desktop 提供了模拟参数功能，支持为报表添加模拟变量，并将模拟变量以切片器的形式添加到报表中，以切片器形式实现模拟变量与度量值的交互，进而达到动态报表分析的效果。

在报表视图下的【建模】|【参数】功能组中可以找到【新建参数】功能，【新建参数】功能体现了 Power BI 可视化报表的动态变化特征：当参数取不同值时，报表中相关视觉对象会自动跟着参数值的变化而变化。例如，单击【新建参数】下的【数值范围】，在打开的【参数】对话框中，输入参数名称"进货折扣"，数据类型为十进制数字，最小值为 0.1，最大值为 0.6，增量为 0.01，默认值为 0.1，就可定义一个从 0.1 到 0.6、以 0.01 为增量的进货折扣值序列，如图 4-10 所示。

若保持图 4-10 中"将切片器添加到此页"为选中状态，则此参数将以切片器形式添加到报表中，如图 4-11 所示，滑动切片器上的滑块就可以调整参数的取值。

图 4-10　创建模拟参数

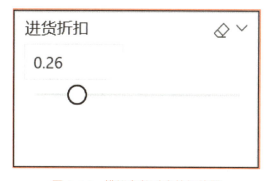

图 4-11　模拟参数对应的切片器

143

在数据视图下可以看到进货折扣参数（ >▦ 进货折扣 ），其下包括"进货折扣"列（ ▦ 进货折扣 ）和"进货折扣 值"度量值（ ▦ 进货折扣 值 ）。"进货折扣"列中的值由 DAX 函数 GENERATESERIES(0.1, 0.6, 0.01) 生成；"进货折扣 值"度量值由 DAX 函数 SELECTEDVALUE（'进货折扣'[进货折扣], 0.1）进行计算，此度量值用来返回当前"'进货折扣'表"的［进货折扣］列被选中的参数值，切片器滑块滑到哪个数值，此度量值就返回什么数值。也就是说，模拟参数值的变化由报表中的切片器进行控制，而切片器的当前值由此度量值返回；进一步利用此度量值进行其他计算和可视化分析，便可实现交互式动态效果报表呈现。

三、ABC 公司盈亏平衡分析

根据 ABC 公司的实际情况，确定其盈亏平衡分析步骤如下。

（一）计算变动成本

变动成本是指总额随销量的增减而呈正比例关系变化的成本。影响 ABC 公司变动成本的因素如表 4-1 所示。

表 4-1　影响 ABC 公司变动成本的因素

因素	含义
商业折扣	企业为了促销而给予客户一定的折扣优惠。当有商业折扣时，原销售额和折扣后销售额之间的计算关系为：原销售额＝销售额÷（1－商业折扣）。例如，若销售额为 80 元，商业折扣为 20%，则原销售额＝80÷（1－0.2）＝100（元）
进货折扣	企业从供应商进货时，供应商按商品价格的一定比率给予的减让幅度。当有进货折扣时，实际进货成本和原销售额之间的计算关系为：进货成本＝原销售额×（1－进货折扣）。例如，企业按照原销售额的 40% 折扣进货时，实际进货成本＝100×（1－0.4）＝60（元）
销售扣点	从销售金额中扣除的平台佣金或手续费等。当有销售扣点时，会增加销售成本，增加的这部分销售成本和销售额之间的计算关系为：增加的销售成本＝销售额×销售扣点。例如，当销售额为 80 元时，若按照 2% 扣除平台佣金/手续费，则增加的销售成本＝80×0.2＝16（元）
员工提成系数	企业给业务人员的销售提成。当有销售提成时，会增加销售成本，增加的这部分销售成本和销售额之间的计算关系为：增加的销售成本＝销售额×员工提成系数。例如，实际销售额为 80 元，员工提成系数为 3%，则增加的销售成本＝80×0.3＝24（元）

（二）计算固定成本

固定成本是指总额在一定期间和一定业务量范围内不随销量的增减而变动的成本。影响 ABC 公司固定成本的因素如表 4-2 所示。

表 4-2　影响 ABC 公司固定成本的因素

因素	含义
人均固定工资	固定工资总计除以员工人数
水电费	每月消耗的水费和电费总计
月租金	每月支付的房租费用
其他固定费用	物业费、电话费等其他固定费用

（三）设计盈亏平衡分析度量值

基于 ABC 公司业务背景，设计盈亏平衡分析度量值如表 4-3 所示。

表 4-3　盈亏平衡分析度量值

度量值名称	计算公式
固定成本	人均固定工资 × 员工数量 + 水电费 + 月租金 + 其他固定费用
变动成本	［销售金额 /（1 - 商业折扣）］×（1 - 进货折扣）+ 销售金额 × 员工提成系数 + 销售金额 × 销售扣点
总成本	固定成本 + 变动成本
利润	销售金额 - 总成本
利润率	利润 / 销售金额
盈亏平衡销售额	固定成本 /［1 -（1 - 进货折扣）/（1 - 商业折扣）- 员工提成系数 - 销售扣点）］

🔧 知识拓展

在盈亏平衡（即销售额 = 总成本）状态下，计算盈亏平衡销售额有两种方式。

1. 第一种计算公式

（1）销售额 = 变动成本 + 固定成本。

（2）销售额 = 进货成本 + 员工提成 + 销售扣点 + 固定成本。

（3）销售额 =［销售额 /（1 - 商业折扣）］×（1 - 进货折扣）+ 销售额 × 员工提成系数 + 销售额 × 销售扣点 + 固定成本。

（4）盈亏平衡销售额 = 固定成本 /［1 -（1 - 进货折扣）/（1 - 商业折扣）- 员工提成系数 - 销售扣点）］。

2. 第二种计算公式

（1）边际贡献率 = 1 - 变动成本率。

（2）变动成本率 = 变动成本 / 销售额。

（3）盈亏平衡销售额 = 固定成本 / 边际贡献率 = 固定成本 /（1- 变动成本 / 销售额）。

【任务实施】

一、创建模拟参数

根据前述分析，下面为基于度量值模型的 ABC 公司盈亏平衡分析创建相关模拟参数。

步骤1：新建一个 Power BI 文件。按照表 4-4 所示的内容，利用 Power BI Desktop 报表视图下【建模】|【参数】中的【新建参数】|【数值范围】功能完成全部参数的创建，并将这些参数对应的切片器添加到报表页中。

表 4-4　ABC 公司盈亏平衡分析模拟参数设计

参数名称	类型	最小值	最大值	增量	默认值
销售金额	整数型	10 000	5 000 000	10 000	10 000
进货折扣	十进制数字	0	0.6	0.01	0.1
销售扣点	十进制数字	0	0.4	0.01	0
商业折扣	十进制数字	0	0.5	0.01	0
员工数量	整数型	5	20	1	5
员工提成系数	十进制数字	0.01	0.05	0. 01	0.01
水电费	整数型	500	5 000	100	500
月租金	整数型	0	200 000	1 000	0
人均固定工资	整数型	5000	10 000	1 000	5 000
其他固定费用	整数型	0	10 000	100	0

创建模拟参数

步骤2：切换到数据视图，查看各模拟参数的相关信息和数据，弄清各参数包括的内容及含义。以进货折扣为例，在【字段】窗格中选中"进货折扣"，展开其下的内容，可以看到有一个"进货折扣"列和一个"进货折扣值"度量值。"进货折扣"列的取值由 GENERATESERIES(0, 0.6, 0.01) 生成，"进货折扣 值"度量值的表达式为 SELECTEDVALUE（'进货折扣'[进货折扣], 0.1）。

二、新建度量值

步骤1：为方便管理模型中的所有度量值，可单独创建一个表，将所有度量值

放置在此表中。单击【主页】|【数据】功能区中的【输入数据】功能，在打开的
【创建表】对话框中，输入表名称为"度量值表"，单击【加载】按钮，如图 4-12
所示。此步骤将创建一个名为度量值表且仅包含一个空列的空表。

图 4-12　创建度量值表

步骤 2：选中度量值表，利用【表工具】|【计算】功能区中的【新建度量值】
功能，依序创建下列度量值。

固定成本 = [人均固定工资值] × [员工数量系数值] + [水电费值] + [月租金值] + [其
他固定费用值]

变动成本 = DIVIDE([销售金额值], 1 − [商业折扣值]) × (1 − [进货折扣值]) + [销
售金额值] × [员工提成系数值] + [销售金额值] × [销售扣点值]

总成本 = [固定成本] + [变动成本]

利润 = [销售金额值] − [总成本]

利润率 = DIVIDE([利润], [销售金额值])

盈亏平衡销售额 = DIVIDE([固定成本], 1 − [销售扣点值] − [员工提成系数值] −
DIVIDE(1 − [进货折扣值], 1 − [商业折扣值]))

上述度量值定义中，"="左侧是度量值名称，右侧是相应的计算表达式；表
达式中以方框"[ ]"框起此次计算引用的各个度量值名称，这些引用的度量值就是
前面所建的各个模拟参数生成的度量值。

🔔 提 示

当选中某张表时，Power BI Desktop 菜单栏会出现【表工具】动态菜单，但此
动态菜单只有在报表视图和数据视图下才会显示，在模型视图下不会显示。

利润率度量值和盈亏平衡销售额度量值中出现的 DIVIDE( ) 函数是 DAX 中的
数学函数，其功能是返回分子和分母相除的结果。该函数的第一个参数是分子，第

新建度量值

二个参数是分母。能够实现除法运算的还有常见的除法运算符（/），但除法运算符与 DIVIDE( ) 函数相比，后者可以自动处理除数为 0 的情况，即，使用 DIVIDE( ) 函数进行除法运算能够避免除数为 0 的错误。

三、数据建模

步骤 1：在 Power BI Desktop 中，切换到模型视图，查看当前数据模型。

步骤 2：当前模型中共有 11 个对象，其中 10 个是模拟参数，1 个是度量值表，如图 4-13 所示。

图 4-13　模型视图中的表

四、数据可视化

步骤 1：在 Power BI Desktop 中，切换到报表视图。

步骤 2：添加 6 个卡片图视觉对象，分别将度量值表下的变动成本度量值、固定成本度量值、总成本度量值、利润度量值、利润率度量值、盈亏平衡销售额度量值拖放到各个卡片图的字段中，并参照图 4-14 设置这些卡片图的相关属性。

步骤 3：插入一个文本框作为报表页的标题，设置标题文本为"ABC 公司盈亏平衡分析可视化"，字体大小为 32、加粗，文本在文本框内居中对齐。

步骤 4：调整报表布局。为报表页中各视觉对象添加边框、背景色，并调整各视觉对象的位置和大小，使其呈现如图 4-14 所示的效果。

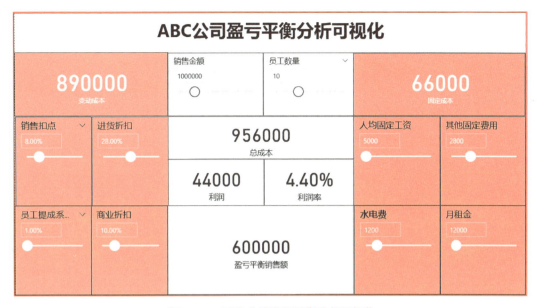

图 4-14　ABC 公司盈亏平衡分析可视化

🔔 **提 示**

若要调整度量值在报表页上显示的小数位数，可先选中度量值，然后在【度量工具】动态功能选项卡的【格式化】功能区中进行调整。同时，也可在此功能选项卡中对所选度量值进行其他设置和操作。

步骤 5：保存当前 Power BI Desktop 文件为"ABC 公司盈亏平衡分析.pbix"，保存位置自行设定。

图表释义

如图 4-14 所示的 ABC 公司盈亏平衡分析可视化报表由多个模拟参数切片器和多个卡片图组成。模拟参数切片器用来控制固定成本、变动成本、总成本、利润、利润率及盈亏平衡销售额等度量值的计算结果，报表使用者通过操控各个切片器的数值，便可看到不断动态变化的盈亏平衡销售额。例如，当员工人数为 10 人，销售扣点为 8%，进货折扣为 28%，员工提成系数为 1%，商业折扣为 10%，人均固定工资为 5 000 元，其他固定费用为 2 800 元，水电费为 1 200 元，月租金为 12 000 元时，盈亏平衡销售额为 600 000 万元；若公司销售额达到 100 万元时，利润为 44 000 元，利润率为 4.40%。

数据可视化（1）

149

【动手实践】

影响 CC 零售公司的固定成本和变动成本的因素如表 4-5 所示，请按照本任务所讲的内容，参考图 4-15，制作该公司的销售利润及利润率预测分析图，并将文件保存为"CC 公司销售利润预测.pbix"。

表 4-5　影响 CC 零售公司固定成本和变动成本的因素

成本类型	因素	含义
固定成本	人均固定工资	固定工资总计除以员工人数
	水电费	每月消耗的水费和电费总计
	月租金	每月支付的房租费用
	其他固定费用	物业费、电话费等其他固定费用
变动成本	进价折扣	供应商给予的一种价格优惠

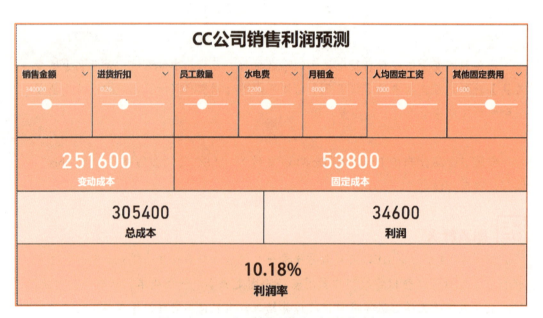

图 4-15　CC 公司销售利润预测可视化分析

【任务评价】

在"学习评价表"上记录一下你学会了多少。

学习评价表

学习内容	完成度评价
度量值认知	是□　否□
模拟参数认知	是□　否□
盈亏平衡分析认知	是□　否□
创建模拟参数	是□　否□
新建度量值	是□　否□
盈亏平衡分析可视化	是□　否□
销售利润预测分析	是□　否□

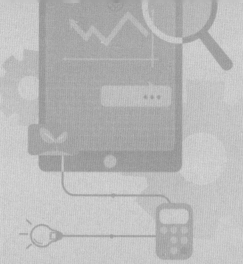

项目五

Power BI 数据分析表达式

5

学习目标 ▶▶▶

知识目标

熟悉 DAX 函数、运算符及运算顺序

了解计值上下文

了解并熟悉筛选器函数

了解并熟悉时间智能函数

技能目标

能够根据计算目的编写 DAX 表达式

能够在不同的计值上下文中运用度量值

能够应用 CALCULATE( )、ALL( )、ALLSELECTED( )、FILTER( ) 等函数

能够应用常见的时间智能函数

素养目标

培养数据分析设计能力、抽象计算理解能力，提升解决财务大数据分析问题的综合能力

培养主动学习态度和学习热情，促进终身学习习惯的养成，具备主动探索未知问题的好奇心

项目说明 ▶▶▶

　　针对分析目标建立数据计算模型，为可视化展示提供精心设计好的数据是财务大数据分析非常重要的环节。熟悉 DAX 中的常用函数，基于 DAX 表达式创建度量值模型，并能综合应用这些度量值实现动态报表展示是财会类专业学生必备的重要技能之一。本项目将带领同学们从三个数据计算模型任务入手，经过动手实操，帮助同学们认知和理解 Power BI Desktop 强大的 DAX 函数及基于 DAX 创建度量值计算模型的思路和方法，完成基于 DAX 的销售毛利可视化分析、基于 RFM 模型的会员销售收入可视化分析及科思科技资产负债表可视化分析任务。

项目分解 >>>

	任务一　基于DAX的销售毛利可视化分析
项目五　Power BI数据分析表达式	任务二　基于RFM模型的会员销售收入可视化分析
	任务三　科思科技资产负债表可视化分析

革故鼎新 >>>

勇于打破原有认知，以积极心态拥抱数智时代新技能

DAX 是 Microsoft Power BI 中使用的函数式编程语言，使用 DAX 编制的数据分析表达式具有跨多产品、容易理解的特征。DAX 与 Excel 公式相似，但也有重要的区别。例如，Excel 通过单元格坐标引用实现基于单元格的计算，而 DAX 通过表和列引用实现数据分析计算；人们通常习惯在 Excel 中一步一步地执行计算，而DAX 更多地是使用迭代器完成计算，两种方式的主要区别是 Excel 比 DAX 更易理解，但 Excel 比 DAX 性能要差。

相比而言，DAX 更能胜任大数据时代的企业财务大数据分析任务。但是，学习DAX 需要掌握必需的理论知识，而这些理论知识具有不易理解的特征。例如：计值上下文工作原理、时间智能工作原理、表间数据引用原理等，这些理论虽然生涩难懂，但却是引导人们完成正确计算的基石。一旦掌握了 DAX 的计算原理，便迈进了智能数据分析的大门。

启示：DAX 对于同学们来说，是一个全新的、有难度的学习领域。老子曰："合抱之木，生于毫末；九层之台，起于累土；千里之行，始于足下。"这段话非常适用于学习本项目。从零开始学习 DAX，一步步思考、分析、可视化计算过程和结果，反复咀嚼，层层推导，多练多思，终能熟练掌握数据分析的相关知识。

任务一
基于 DAX 的销售毛利可视化分析

【任务说明】

销售利润是企业在其全部销售业务中实现的利润，是商业经济活动中的行为目标，没有足够的利润，企业就无法继续生存和扩大发展。请基于素材文件"CD 化妆品公司销售数据.xlsx"，在 Power BI Desktop 中完成 CD 化妆品公司全年销售毛利的可视化展示与分析，帮助管理者轻松获得财务信息，快速制订决策。

【相关知识】

一、DAX 函数认知

在 Power BI Desktop 中进行数据分析，必然离不开 DAX 函数。基于 DAX 函数构建的数据分析表达式是 Power BI Desktop 最重要且最难理解的内容。

Power BI Desktop 提供了 250 多个函数供用户调用，利用这些函数能实现简单或复杂的数据分析。DAX 函数的常见类型如表 5-1 所示，更多具体的函数使用说明请参见 Power BI 官网。

表 5-1　DAX 函数的常见类型

类别名称	功能释义
聚合函数	完成计数、求和、平均值、最小值或最大值等计算，如 SUM( ) 函数，是对某个列的所有数值求和
日期和时间函数	完成日期和时间方面的计算，如 NOW( ) 函数，是以日期 / 时间格式返回当前日期和时间
筛选器函数	基于表及表间关系完成特定的数据筛选，如 FILTER( ) 函数，返回一个表，用于表示另一个表或表达式的子集
财务函数	完成净现值、回报率等财务计算，如 DB( ) 函数，是使用固定余额递减法返回指定期间资产的折旧
信息函数	返回一些状态信息，如 ISEMPTY( ) 函数是检查表是否为空
逻辑函数	执行逻辑运算的函数，如 IF( ) 函数，根据表达式的判断结果执行对应的计算
数学和三角函数	完成数学运算的函数，如 ROUND( ) 函数，是将数值舍入到指定的位数
关系函数	管理和利用表间关系，如 RELATED( ) 函数，是从其他表返回相关值
统计函数	完成与统计分布和概率相关的值的计算，如 SAMPLE( ) 函数，是返回指定表中 N 行的样本
表操作函数	返回一个表或操作现有表的函数，如 DISTINCT（列）返回由一列组成的表，其中包含与指定列不同的值
文本函数	对字符串执行操作的函数，如 LEN( ) 函数，返回文本字符串中的字符数
时间智能函数	基于日历和日期进行运算的函数，如 SAMEPERIODLASTYEAR( ) 函数，返回一个表，其中包含指定日期列中的日期在当前上下文环境中前一年的日期列

二、DAX 运算符认知

DAX 语言使用运算符来创建比较值、执行算术计算或处理字符串的表达式。根据功能特点可将 DAX 的所有运算符分为四种类型：算术运算符、比较运算符、字符串连接运算符和逻辑运算符。DAX 中的常用运算符如表 5-2 所示。

表 5-2　常用 DAX 运算符

运算符类型	用途	符号	含义	示例
算术运算符	执行基本的数学运算	+	加法	3＋3
		−	减法或负号	3−1−1
		*	乘法	3*3
		/	除法	3/3
		^	求幂	2^3
比较运算符	对两个值进行比较，结果为真或假	=	等于	[客户姓名]=" 王小 "
		>	大于	[订单日期]>"2021/1/31"
		<	小于	[日期]<"2021/1/31"
		>=	大于或等于	[销售数量]>＝8
		<=	小于或等于	[销售数量]<＝8
		<>	不等于	[客户性别]<>" 男 "
字符串连接运算符	连接字符串	&	将多个字符串连接成一个更长的字符串	[商品类别]&", "&[商品名称]
逻辑运算符	连接多个条件，形成更复杂的条件	&&	&& 连接的多个条件必须都为真，结果才为真；否则结果为假	(([城市 ID]＝"210200")&& [销售渠道]＝" 线上代理 "))
		‖	‖连接的多个条件只要有一个为真，结果就为真；否则结果为假	(([城市 ID]＝"210200")‖ [销售渠道]＝" 线上代理 "))

三、运算顺序与优先级认知

由 DAX 函数、运算符及各种数据组成的 DAX 表达式遵循从左到右的运算顺序，但当多个运算符同时出现在一个 DAX 表达式中时，这些运算符也要遵循相应的运算优先级，优先级高的先计算，优先级低的后计算。表 5-3 列出了常用运算符的优先级顺序，从上往下，优先级越来越低。

表 5-3　常用运算符优先级

运算符	说明
^	求幂
–	负号
* 和 /	乘法和除法
+ 和 –	加法和减法
&	连接两个文本字符串
=, <, >, <=, >=, <>	比较
&&	与运算符
‖	或运算符

若要改变 DAX 表达式中运算符的优先级顺序，可以使用圆括号来进行控制。这其实类似于在数学中改变运算符优先级的做法，只不过 DAX 表达式只能使用圆括号改变优先级，而不能像在数学中那样使用中括号和大括号改变优先级。当然，若遇到复杂的运算情况，可以使用多层嵌套圆括号进行运算顺序控制。

【任务实施】

一、导入素材文件

步骤 1： 新建一个 Power BI 文件。将素材文件"CD 化妆品公司销售数据.xlsx"中的商品信息表、客户信息表和销售订单表三张工作表加载到文件中。

步骤 2： 修改商品信息表的商品 ID 列的数据类型为文本型；客户信息表的客户 ID 列的数据类型为文本型；销售订单表的城市 ID、订单编号、客户 ID 和商品 ID 等列的数据类型为文本型，订单日期列的数据类型为日期型。

二、数据建模

步骤 1： 在 Power BI Desktop 中，切换到模型视图，查看当前数据模型。可以看到系统自动建立了"销售订单表"和"客户信息表"间的单一筛选方向多对一关系、"销售订单表"和"商品信息表"间的单一筛选方向多对一关系，如图 5-1 所示。

图 5-1 表间关系模型

步骤 2：分析各表数据特点，可以判断出销售订单表是事实表，其中每行数据代表一笔订单信息，随着时间的推移，该表数据会不断增长；客户信息表和商品信息表是维度表，客户信息表中的每行数据描述一个客户信息，商品信息表中的每行数据描述一个商品信息，这两张表的数据量都较少，增长量也较慢。

步骤 3：继续理解数据模型。客户信息表和商品信息表都处于各自关系的"一"端，说明这两表中的客户 ID 列和商品 ID 列的取值都具有唯一性；销售订单表在两个关系中均处于"多"端，说明该表中的客户 ID 列和商品 ID 列的取值都不具有唯一性。

导入数据与
数据建模

三、添加新列

步骤 1：选中销售订单表，利用【表工具】|【计算】功能区中的【新建列】功能，依序在该表中添加以下新列。

```
季 = QUARTER('销售订单表'[订单日期])
月 = MONTH('销售订单表'[订单日期])
日 = DAY('销售订单表'[订单日期])
```

QUARTER( )、MONTH( ) 和 DAY( ) 是 Power BI 中的日期函数，分别从指定日期中返回相应的季度、月和日期。此处使用这三个函数从订单日期列中提取季度、月和日期，并将提取结果放到新添加的季列、月列和日列中。新建列的图标显示为 ，以区别于原有的列。

步骤 2：选中客户信息表，利用【表工具】|【计算】功能区中的【新建列】功能，在该表中添加以下新列。

```
年龄段 = IF([客户年龄]<=35,"青年",IF([客户年龄]<=55,"中年","老年"))
```

IF( ) 函数是 Power BI 中的逻辑函数，该函数判断给定的条件（第一个参数），若条件为真，则返回第二个参数的值，否则返回第三个参数的值。此处使用

添加新列
（1）

"IF([客户年龄]<=35, " 青年 ", IF([客户年龄]<=55, " 中年 ", " 老年 "))" 判断客户年龄，若年龄小于等于 35，则返回青年；否则返回 IF([客户年龄]<=55, " 中年 ", " 老年 ") 的结果。而 IF([客户年龄]<=55, " 中年 ", " 老年 ") 会继续判断客户年龄是否小于等于 55，若满足则返回中年，否则返回老年。

🔍 技能扩展

1. 完全限定列名称的应用技巧

在上面新建列公式里，使用 " ' 销售订单表 '[订单日期]" 作为公式中引用的表列。" ' 销售订单表 '[订单日期]" 是指 " 销售订单表 '" 的 "[订单日期]" 列，这种引用表中列的写法称作完全限定列名称，即用表名来限定列所属的表。因为不同的表中可能存在相同的列名，而同一模型中不允许存在相同的表名，完全限定列名称使用表名就可区分公式所引用的列。

如果公式和所引用的列都在同一个表中，则列名前可以不写表名，这样可以使引用多个列的长公式更短、更易阅读。例如，新建 "季" 列的公式可以写成："季 = QUARTER([订单日期])"。

但是，若是创建度量值，建议最好在公式中使用完全限定列名称引用列，因为度量值经常作为其他度量值的参数，而这些度量值公式和其引用的列未必都在同一个表中。

2. 错误计算结果的避免技巧

造成计算结果错误的常见原因有两类，一类是 DAX 表达式语法错误，另一类是 DAX 函数选用错误。DAX 表达式的语法正确性非常重要，大多数情况下，如果语法不正确，Power BI 将返回语法错误提示。但也可能语法正确，返回的计算结果却不符合预期。选用正确的 DAX 函数是保证结果正确的手段之一，在输入某个 DAX 函数时，Power BI 会给出函数提示和建议，以辅助人们选择正确的函数来创建语法正确的公式。

四、创建度量值模型

步骤 1：利用【主页】|【数据】功能区中的【输入数据】功能新建 "度量值表"，用来管理模型中的所有度量值。

步骤 2：选中度量值表，利用【表工具】|【计算】功能区中的【新建度量值】功能，依序创建下列度量值。

销售收入 = SUMX(' 销售订单表 ',' 销售订单表 '[销售单价]*' 销售订单表 '[销售数量])

销售成本 = SUMX(' 销售订单表 ',' 销售订单表 '[单位成本]*' 销售订单表 '[销售数量])

毛利润 =[销售收入]–[销售成本]

毛利率 = DIVIDE([毛利润],[销售收入])

最大毛利率 = MAXX(' 销售订单表 ',' 度量值表 '[毛利率])

最小毛利率 = MINX(' 销售订单表 ',' 度量值表 '[毛利率])

销售总量 = SUM(' 销售订单表 '[销售数量])

最大销量 = MAXX(' 销售订单表 ',' 度量值表 '[销售总量])

最小销量 = MINX(' 销售订单表 ',' 度量值表 '[销售总量])

平均销量 = AVERAGEX(' 销售订单表 ',' 度量值表 '[销售总量])

详单数量 = DISTINCTCOUNT(' 销售订单表 '[订单编号])

 公式解析

度量值公式的设计离不开表模型及表间关系模型，厘清各表数据及各表数据间的关系是设计合理的度量值公式的前提。针对本任务，首先要查看和分析销售订单表、商品信息表及客户信息表的数据。

（1）销售订单表中包含销售单价列和销售数量列，每行描述的是某个订单的相关信息。SUMX( ) 函数可以基于此表的每行数据，计算各个订单的销售收入（或销售成本），并对各行计算结果进行汇总求和。销售收入减去销售成本得到毛利润。DIVIDE( ) 函数用毛利润除以销售收入得到毛利率。MAXX( ) 函数可以计算销售订单表中的最大一笔毛利率，MINX( ) 函数计算销售订单表中的最小一笔毛利率。

进一步地，还可以在销售订单表中使用 SUM( ) 函数计算销售数量的和，使用 MAXX( ) 函数计算最大销量，MINX( ) 函数计算最小销量，AVERAGEX( ) 函数计算平均销量。

（2）商品信息表的每一行分别描述了不同商品的基本信息，按照其与商品订单表的表间关系，此表可为销售订单表提供商品名称和商品类别信息。

（3）客户信息表的每一行分别描述了不同客户的基本信息，按照其与商品订单表的表间关系，此表可为销售订单表提供客户姓名、客户性别及客户年龄等信息。

通常，理解基于表间关系的运算时，可以简单地将这三张有关系的表视为一张包含所有列的大表，三张表中的所有列都可以放在同一个度量值中参与运算。

创建度量值模型

五、数据可视化

步骤 1：切换到 Power BI Desktop 的报表视图，在【可视化】|【设置页面格式】

中，展开【画布设置】，从其中的【类型】下拉列表中选择【自定义】，设置当前报表页的画布高度为 1 020 像素，宽度为 1 280 像素。

步骤 2：制作各年龄段毛利贡献。

步骤 2.1：在报表中添加表视觉对象，依次将商品信息表的商品名称列和度量值表的销售收入、销售成本、毛利润、毛利率、订单数量、销售总量、最大销量、最小销量及平均销量等度量值拖放到表视觉对象的【列】中。

步骤 2.2：在【可视化】|【设置视觉对象格式】|【常规】中完成以下设置：① 设置值和列标题的字体大小均为 20；设置列标题文本加粗；调整各列的列宽度为合适的列宽。② 给视觉对象加上边框。③ 单击表视觉对象中的"销售收入"列，将表中数据依据销售收入的降序进行排序。

步骤 3：制作 4 个环形图，分别展示不同年龄段的客户贡献的毛利、不同性别的客户贡献的毛利、不同销售渠道贡献的毛利、会员与非会员贡献的毛利。

步骤 3.1：在报表中添加 1 个环形图视觉对象，将度量值表的毛利润度量值添加到环形图的【值】中，将客户信息表的年龄段列添加到环形图的【图例】中。

步骤 3.2：选中此环形图对象，在【可视化】|【设置视觉对象格式】中，完成以下设置：① 在【常规】面板中，设置标题文本为客户年龄毛利，字体大小为 20，加粗，水平居中；给视觉对象加边框。② 在【视觉对象】面板中，取消图例显示；设置详细信息标签的标签内容为"类别，总百分比"，值的字体大小为 12。

步骤 3.3：用同样的方法，参考表 5-4 的内容，制作客户性别毛利环形图、销售渠道毛利环形图及是否会员毛利环形图。

表 5-4 环形图参数

视觉对象名	图例	值	图表标题
客户性别毛利	客户信息表的客户性别列	度量值表的毛利润	客户性别毛利
销售渠道毛利	商品订单表的销售渠道列	度量值表的毛利润	销售渠道毛利
是否会员毛利	客户信息表的是否会员列	度量值表的毛利润	是否会员毛利

步骤 4：制作折线和簇状柱形图展示各月毛利润贡献。

步骤 4.1：在报表中添加 1 个折线和簇状柱形图视觉对象，依次将销售订单表的季、月、日三个列添加到折线图的【X 轴】中，将度量值表的毛利润度量值添加到【列 y 轴】中，将度量值表的毛利率度量值添加到【行 y 轴】中。

步骤 4.2：选中此视觉对象，在【可视化】|【设置视觉对象格式】中，完成以下设置：① 在【常规】面板中，设置标题文本为各月毛利润贡献，字体大小为 20，加粗，水平居中；给视觉对象加边框。② 在【视觉对象】面板中，设置 X 轴的值

字体大小为 12；标题字体大小为 12，字体加粗。③ 设置 Y 轴上值的字体大小为 12；标题字体大小为 12，字体加粗。④ 打开【数据标签】开关。

　　步骤 5：在报表页中插入一个文本框，输入文本"CD 化妆品公司全年销售毛利分析"作为报表标题，设置标题文本字体大小为 32，居中。

　　步骤 6：调整报表页中各视觉对象的位置和大小，使其呈现如图 5-2 所示的效果。

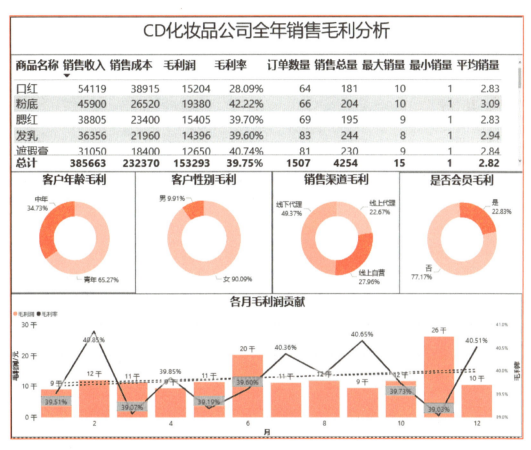

图 5-2　CD 化妆品公司全年销售毛利分析

图表释义

　　图 5-2 利用多个图表从不同维度展示了影响毛利大小的因素。在表对象中，商品名称作为维度，订单数量度量值、毛利润度量值、毛利率度量值及销售总量度量值等分别在不同商品名称对应的筛选数据集上进行相应的计算，这体现了度量值基于筛选上下文进行动态计算的重要特点。

　　四个环形图分别以年龄段、性别、销售渠道、是否会员作为维度，对各维度的不同取值进行毛利润占比计算和展示。

　　在"各月毛利润贡献"图表中，季、月、日三个维度作为 X 轴标签，形成一组

数据可视化（2）

163

日期层次，进而使此图支持灵活的上下层钻取。

提 示

可以利用【视图】|【调整大小】|【页面视图】下拉菜单中的【调整到页面大小】、【适应宽度】、【实际大小】等功能，调整报表的显示大小。

步骤 7：保存当前 Power BI Desktop 文件为 "CD 化妆品公司全年销售毛利分析.pbix"，保存位置自行设定。

🔍 知识扩展

DAX 是一门强大的数据分析语言，它具有以下两大特点。

（1）高效计算能力。计算过程中，模型中的所有数据都驻留在计算机的内存中。并且，数据以列形式存储（可简单理解为一个表是由若干列组成的），因此，DAX 特别适合做大量数据的复杂多维分析与决策。

（2）动态计算能力。DAX 可以根据计值环境（如筛选上下文）的变化，自动重新计算结果。这使得业务人员可以将注意力集中在复杂的业务特点上，只要将业务逻辑抽象成一个个 DAX 公式，任何计算环境的变化都可以瞬间刷新计算结果。

【动手实践】

厦门博美卫浴有限公司（简称"博美卫浴"）是一家主要生产卫生陶瓷的公司，该公司在进行采购决策时，除了会考虑原材料采购价格，还会综合考虑不同供应商所提供的产品品质和到货及时率。现有该公司 2021 年主要材料采购订单文件"厦门博美卫浴采购信息表.xlsx"，请根据此文件，按照本任务所讲的内容，参考图 5-3，在 Power BI Desktop 中制作博美卫浴采购可视化分析图，并将文件保存为"博美卫浴采购可视化分析.pbix"。

提 示

（1）原材料合格率和到货及时率计算公式如下：

① 原材料合格率：合格率 = 合理数量 / 采购数量；

② 到货及时率：到货及时率 = 及时到货数量 / 采购数量。

（2）报表中的视觉对象用到的数据参数如表 5-5 所示。

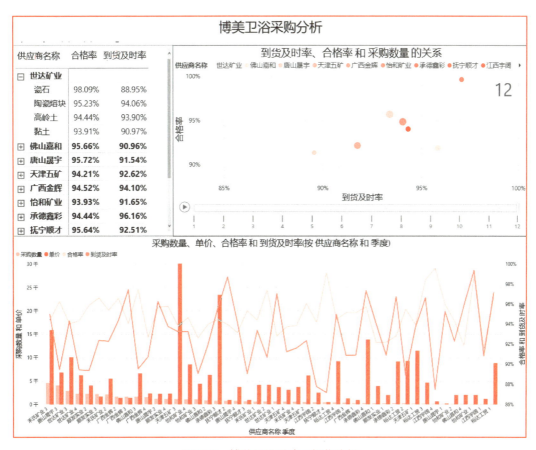

图 5-3 博美卫浴采购可视化分析

表 5-5 各视觉对象数据参数

视觉对象类型	数据参数
矩阵	行：供应商名称、货品名称
	值：合格率、到货及时率
散点图	值：货品名称
	X 轴：到货及时率
	Y 轴：合格率
	图例：供应商名称
	大小：采购数量
	播放轴：月
折线和簇状柱形图	X 轴：供应商名称、季度、月、日
	列 y 轴：采购数量、单价
	行 y 轴：合格率、到货及时率

【任务评价】

在"学习评价表"上记录一下你学会了多少。

学习评价表

学习内容	完成度评价
DAX 函数认知	是□　否□
DAX 运算符认知	是□　否□
运算顺序与优先级认知	是□　否□
基于 DAX 的度量值计算特点认知	是□　否□
基于 DAX 的销售毛利可视化分析	是□　否□
基于 DAX 的采购可视化分析	是□　否□

任务二　基于 RFM 模型的会员销售收入可视化分析

【任务说明】

RFM 模型是衡量客户价值和客户创造利益能力的重要工具和手段，此模型通过分析某客户的近期购买行为（Recency，简写为"R"）、购买频次（Frequency，简写为"F"）及购买金额（Monetary，简写为"M"）三项指标来描述该客户的价值贡献。现有 CD 化妆品公司 2021 年全年销售数据，请在 Power BI Desktop 中对该公司会员销售收入基于 RFM 模型进行可视化分析，以供管理者制订相应的决策。

【相关知识】

一、计值上下文认知

DAX 表达式在 Power BI Desktop 中扮演着极其重要的角色，它不仅拥有丰富的函数库，同时还具有自动随着计算环境动态执行计算的优势。DAX 表达式可用于构建度量值、新建列、新建表等多种情形。学习 DAX 表达式，不仅需要熟悉 DAX 函数库，而且需要掌握表间关系模型，更需要深入理解其动态计算特点。

基于 DAX 表达式构建的度量值、新列或新表都具有动态计算的特点，动态计算可以简单理解为公式不变，但计算结果会随着计算环境的变化而自动变化。这里所说的计算环境在 Power BI 中称为计值上下文。计值上下文有两种类型：筛选上下文和行上下文。

初学者不必深入理解这两种上下文的特殊用途及功能，不过应该时刻清楚正在计算的 DAX 表达式所处的计算环境及其应该得到的正确结果。一般 DAX 表达式可能作为度量值的公式、新建列的公式，或者作为新建表的公式。创建的度量值并不在表里显示其计算结果；新建列会在表中增加一个新列，且该列也保存在表里；新建表则是用 DAX 表达式来生成一个新表。

需要着重区分度量值和新建列。度量值不同于新建列，度量值是一个动态计算的值，需要在报表中才能展现其计算结果。当在报表中使用度量值时，切片器、筛选器等外在筛选条件都会对度量值的计算产生影响，这些影响也就是度量值的计算范围，即计值上下文。

可以进一步区分是筛选上下文还是行上下文对 DAX 表达式产生影响。筛选上下文可以简单理解为根据筛选条件形成的一个数据子集，DAX 表达式在此数据子集上进行计算。行上下文可以简单理解为在表的行上进行计算。

例如，对于图 5-4（a）所示的表，若新建一个名为"采购合格率"的新列，其计算公式为：采购合格率 = ROUND(DIVIDE([合格数量], [采购数量]), 2)，此列将出现在表中，如图 5-4（b）所示。新列针对表的每行进行计算，即新列的 DAX 表达式针对表的每一行，取每一行的"[合格数量]"列和"[采购数量]"列的值，代入公式计算出相应的采购合格率，并将计算结果保存到该行的新列中。这是一种典型的针对表的每一行进行 DAX 表达式计算的情形，称为 DAX 的行上下文计算环境。

订单号	货品编号	供应商编号	采购时间	采购数量	合格数量
2020F001	HW0007	GYS0012	2021年1月1日	140	126.97
2020F008	HW0001	GYS0011	2021年1月9日	30	29.08
2020F002	HW0006	GYS0011	2021年1月1日	20	19.57
2020F013	HW0006	GYS0011	2021年2月17日	40	36.31
2020F004	HW0004	GYS0009	2021年1月2日	120	115.12
2020F012	HW0004	GYS0004	2021年2月2日	140	127.3

（a）采购订单表

订单号 ▼	货品编号 ▼	供应商编号 ▼	采购时间 ▼	采购数量 ▼	合格数量 ▼	采购合格率 ▼
2020F001	HW0007	GYS0012	2021年1月1日	140	126.97	0.91
2020F008	HW0001	GYS0011	2021年1月9日	30	29.08	0.97
2020F002	HW0006	GYS0011	2021年1月1日	20	19.57	0.98
2020F013	HW0006	GYS0011	2021年2月17日	40	36.31	0.91
2020F004	HW0004	GYS0009	2021年1月2日	120	115.12	0.96
2020F012	HW0004	GYS0004	2021年2月2日	140	127.3	0.91

（b）计算采购合格率

图 5-4　行上下文计算环境

　　再如，对于图 5-5（a）所示的表，若新建一个名为"采购金额"的度量值，其计算公式为：采购金额 = SUMX(' 采购金额表 ',' 采购金额表 '[采购数量]*' 采购金额表 '[单价])，此度量值的计算结果不会出现在表中，而当在报表中制作如图 5-5（b）所示的视觉对象时，可以看到此度量值针对不同计算环境的计算结果。采购金额度量值同时出现在两个表视觉对象和一个卡片图对象中，同一个度量值能在不同的上下文环境中使用同样的公式进行计算。当采购金额与供应商编号匹配时，以每个供应商的采购订单筛选子集作为计算环境；当采购金额与货品编号匹配时，以每个货品的采购订单筛选子集作为计算环境；对于卡片图，采购金额度量值则以整个采购订单表作为计算环境。采购时间切片器是报表中的重要筛选器，当采购时间段变化时，相应的表视觉对象和卡片图对象的计算结果都将在指定采购时间段的采购订单筛选子集上进行计算，如图 5-5（c）图所示。这是一种典型的在筛选子集上进行 DAX 表达式计算的情形，称为 DAX 的筛选上下文计算环境。

　　但是若再进一步解读"采购金额"度量值公式中的"SUMX(' 采购金额表 ',' 采购金额表 '[采购数量]*' 采购金额表 '[单价])"，就会发现 SUMX( ) 函数本身又是对" 采购金额表 '"进行逐行"[采购数量]*[单价]"的计算后再汇总求和，不过，此计算是在上述各类筛选器的筛选结果子集中进行的。

订单号 ▼	货品编号 ▼	供应商编号 ▼	采购时间 ▼	采购数量 ▼	单价 ▼
2020F001	HW0007	GYS0012	2021年1月1日	140	1980
2020F008	HW0001	GYS0011	2021年1月9日	30	800
2020F002	HW0006	GYS0011	2021年1月1日	20	4420
2020F013	HW0006	GYS0011	2021年2月17日	40	4470
2020F004	HW0004	GYS0009	2021年1月2日	120	970
2020F012	HW0004	GYS0004	2021年2月2日	140	970

（a）采购订单表

（b）度量值随筛选上下文变化（1）　　　　　（c）度量值随筛选上下文变化（2）

图 5-5　筛选上下文计算环境

　　行上下文和筛选上下文可能会同时出现在一个 DAX 表达式的计算中，实际应用中，不必刻意区别和辨别，但要谨记一点——理清所编写的每个 DAX 表达式在实际计算时的计值上下文，因为这将对计算结果产生直接影响。

二、变量认知

　　在 DAX 公式中使用变量有助于编写更加复杂且高效的数据分析表达式。变量可以提高 DAX 的计算性能、可靠性及可读性，同时降低公式复杂性。

　　在 DAX 表达式中使用变量时，可以采用下面的语法进行变量定义：

VAR＜变量名＞＝＜表达式＞

　　此语法使用 VAR 声明变量的同时，将赋值号"＝"右侧表达式的计算结果赋给左侧的变量。其中，变量名可由大小写字母和数字组成，但数字不能放在变量名的开头；同时，注意不能使用 Power BI Desktop 中的保留关键字作为变量名（如不能使用系统函数名作为变量名），也不能使用现有表的名称作为变量名。

　　需要注意的是，当 DAX 表达式中包含变量时，需要使用 RETURN 命令返回整个 DAX 表达式的计算结果。即，有 VAR 出现就应该有 RETURN，但这二者并不是一一对应的关系，多个 VAR 只需一个 RETURN 便可返回整个 DAX 表达式的计算结果。

　　仍然以图 5-4（a）所示的数据为例，若要判断供应商供货合格率是否达标（即合格率是否超过 95%），不采用变量的计算方法如下：

采购合格率 = DIVIDE(SUM(' 采购合格率表 VAR'[合格数量]),SUM(' 采购合格率表 VAR'[采购数量]))
合格率是否超过 0.95 = IF([采购合格率]>0.95, " 符合 ", " 不符合 ")

　　此方法定义了两个度量值："采购合格率"度量值和"合格率是否超过 0.95"度量值。若将这两个度量值展示在如图 5-6 所示的视觉对象中，则"采购合格率"度量值将以供应商编号为筛选上下文，计算各个供应商的采购合格率；"合格率是否超过 0.95"度量值将以供应商编号为筛选上下文，计算各个供应商的采购合格率是否符合大于 95% 的标准。

供应商编号	采购合格率	合格率是否超过0.95
GYS0001	0.96	符合
GYS0002	0.94	不符合
GYS0003	0.94	不符合
GYS0004	0.96	符合
GYS0005	0.94	不符合
GYS0006	0.95	符合
GYS0007	0.95	不符合
GYS0008	0.96	符合
GYS0009	0.95	不符合
GYS0010	0.96	符合
GYS0011	0.94	不符合
GYS0012	0.96	符合

图 5-6　不使用变量计算供应商供货合格率

　　但同样要判断供应商供货合格率是否达标（合格率超过 95%）时，采用变量的计算方法如下：

采购合格率是否超过 0.95VAR =
VAR yield = DIVIDE(SUM(' 采购合格率表 VAR'[合格数量]),SUM(' 采购合格率表 VAR'[采购数量]))
VAR yield95 = IF(yield>0.95, " 符合要求 ", " 不符合要求 ")
RETURN yield95

　　此方法定义了一个"采购合格率是否超过 0.95VAR"度量值，度量值中定义了两个变量："yield"和"yield95"。"yield"计算合格率，"yield95"判断合格率是否超过 95%，RETURN 返回判断结果。从度量值的计算中可以看出，两个变量分别保存了不同的中间计算结果，为 RETURN 将结果返回给度量值奠定了基础。

　　若将此度量值展示在如图 5-7 所示的视觉对象中，则度量值将以供应商编号为筛选上下文，计算各个供应商的采购合格率是否超过 95%，并给出是否符合采购要求的结果。

供应商编号	采购合格率是否超过0.95VAR
GYS0001	符合要求
GYS0002	不符合要求
GYS0003	不符合要求
GYS0004	符合要求
GYS0005	不符合要求
GYS0006	符合要求
GYS0007	不符合要求
GYS0008	符合要求
GYS0009	不符合要求
GYS0010	符合要求
GYS0011	不符合要求
GYS0012	符合要求

图 5-7 使用变量计算供应商供货合格率

🔔 **提 示**

DAX 表达式不区分大小写，将系统关键词（如 VAR、SUM）写为大写，能使代码的可读性更强。

VAR 变量经常用于多步骤计算，在这种多步骤计算中，有一些计算中间值需要临时保存，此时便可以利用 VAR 声明变量并临时存储这些中间计算结果，以便为后续的计算提供值。

【任务实施】

一、导入素材文件

步骤 1：新建一个 Power BI 文件。将素材文件"CD 化妆品公司销售数据.xlsx"中的城市信息表、客户信息表、商品信息表和销售订单表四张工作表加载到文件中。

步骤 2：修改城市信息表的城市 ID 列的数据类型为文本型；客户信息表的客户 ID 列的数据类型为文本型；商品信息表的商品 ID 列的数据类型为文本型；销售订单表的订单编号、客户 ID、商品 ID 和城市 ID 等列的数据类型为文本型，订单日期列的数据类型为日期型。

二、数据建模

步骤 1：在 Power BI Desktop 中，切换到模型视图，查看当前数据模型。可以看到系统分别建立了销售订单表和商品信息表、客户信息表、城市信息表间的单一筛选方向多对一关系，如图 5-8 所示。

图 5-8　表间关系模型

步骤 2：辨析表间关系模型。在图 5-8 所示的表间关系模型中，销售订单表是事实表，处于三条关系连线的"多"端，表中每行数据代表一笔订单信息。城市信息表、客户信息表和商品信息表是维度表，分别处于关系连线的"一"端。城市信息表的每行数据描述一个城市信息，城市 ID 列的取值在表中具有唯一性；客户信息表的每行数据描述一个客户信息，客户 ID 列的取值在表中具有唯一性；商品信息表的每行数据描述一个商品信息，商品 ID 列的取值在表中具有唯一性。

三、设计度量值模型

基于图 5-8 所示的数据模型，设计 RFM 客户管理的度量值模型。客户 RFM 模型中的度量值设计如表 5-6 所示。

表 5-6　客户 RFM 模型中的度量值设计

度量值名称	计算公式
销售收入	依据是否为会员购买，在销售订单表中逐行判断、汇总、计算销售收入总金额。对于会员，销售金额打 95 折，对于非会员，销售金额不打折
F	计算每个客户的购买频次，即从销售订单表中统计各客户的订单数量。F 值越大客户越重要
M	计算每个客户的购买金额，即从销售订单表中统计各客户贡献的销售收入。M 值越大客户越重要
R	计算每个客户最近一次购买的日期距当前日期的间隔天数，即从销售订单表中筛选出各客户的最近一次购买日期，并计算此日期与当前日期的差。R 值越小客户越重要

续表

设计度量值
模型

度量值名称	计算公式
RFM 值	根据客户的 *R*、*F*、*M* 计算 *RFM* 值，*RFM* 值由三种状态组成，这三种状态分别用来评估当前客户的 *R*、*F*、*M* 值是否大于或小于客户信息表中所有客户的平均 *R*、*F*、*M* 值，并用状态值 1 表示满足，状态值 0 表示不满足；最后返回这三种状态值的拼接（可能的结果有 000、001、010、011、100、101、110、111）
RFM 类型	根据 *RFM* 值判断客户类型，对客户重要程度进行标记： *RFM* 值为 111，标记为重要价值客户；*RFM* 值为 101，标记为重要发展客户； *RFM* 值为 011，标记为重要保持客户；*RFM* 值为 001，标记为重要挽留客户； *RFM* 值为 110，标记为一般价值客户；*RFM* 值为 100，标记为一般发展客户； *RFM* 值为 010，标记为一般保持客户；*RFM* 值为 000，标记为一般挽留客户

四、创建度量值

步骤 1：利用【主页】|【数据】功能区中的【输入数据】功能新建"度量值表"，用来管理模型中的所有度量值。

步骤 2：选中度量值表，利用【表工具】|【计算】功能区中的【新建度量值】功能，依序创建下列度量值。

```
销售收入 =
SUMX(' 销售订单表 ',
IF(
    RELATED(' 客户信息表 '[ 是否会员 ]) = " 是 ",
    ' 销售订单表 '[ 销售单价 ]*[ 销售数量 ]*0.95, [ 销售数量 ]*[ 销售单价 ])
    )// 会员打 0.95 折 , 非会员不打折
F = DISTINCTCOUNT(' 销售订单表 '[ 订单编号 ])
M = [ 销售收入 ]
R =
//VAR LatestDate = TODAY( )     // 系统当前日期
VAR LatestDate = MAXX(ALL(' 销售订单表 '),' 销售订单表 '[ 订单日期 ])  // 最新
销售日期
VAR LastDayBuy = MAX(' 销售订单表 '[ 订单日期 ])
RETURN DATEDIFF(LastDayBuy, LatestDate, DAY)
RFM 值 =
VAR ValueR = IF([R] < AVERAGEX(ALL(' 客户信息表 '), [R]), 1, 0)
VAR ValueF = IF([F] > AVERAGEX(ALL(' 客户信息表 '), [F]), 1, 0)
```

```
VAR ValueM = IF([M]> AVERAGEX(ALL(' 客户信息表 '), [M]), 1, 0)
RETURN ValueR & ValueF & ValueM
RFM 类型 =
SWITCH(
    TRUE( ),
    [RFM 值 ] = "111", " 重要价值客户 ",
    [RFM 值 ] = "101", " 重要发展客户 ",
    [RFM 值 ] = "011", " 重要保持客户 ",
    [RFM 值 ] = "001", " 重要挽留客户 ",
    [RFM 值 ] = "110", " 一般价值客户 ",
    [RFM 值 ] = "100", " 一般发展客户 ",
    [RFM 值 ] = "010", " 一般保持客户 ",
    [RFM 值 ] = "000", " 一般挽留客户 ",
    BLANK( )
)
```

🔔 **提 示**

在 DAX 表达式编辑框中输入多行公式时，按键盘上的"Shift + Enter"可以实现公式换行。

公式解析

1. 销售收入公式解析

SUMX( ) 函数在"销售订单表"中计算各行订单的销售收入并对各行计算结果进行汇总求和。注意"销售订单表"并不包含会员信息，若要判断某条订单是否会员购买，需要针对每条订单中的"客户 ID"在相关表"客户信息表"中进行查询，实现这个要求可借助"RELATED ('客户信息表 '[是否会员]) = " 是 ""进行判断。嵌套在 SUMX( ) 函数中的 IF( ) 函数完成了根据是否会员、计算是否打折的销售收入金额。需要注意的是，SUMX( ) 的求和计算是逐行迭代式，故而，嵌套在其中的 IF( ) 函数是针对"销售订单表"的各行数据逐行进行会员判断并计算销售收入。

另外，DAX 表达式中的"//"是注释标记，其后的所有内容系统都将视为注释。

2. F 值公式解析

DISTINCTCOUNT( ) 函数对"销售订单表"的"订单编号"列中所有不重复的

174

订单号进行计数。当 *F* 的计值上下文是某个客户时，*F* 将返回该客户的订单数量。

3. *M* 值公式解析

M 值等于销售收入度量值。当 *M* 的计值上下文是某个客户时，*M* 将返回该客户贡献的销售收入金额。

4. *R* 值公式解析

LatestDate 变量保存销售订单表中的最新销售日期，LastDayBuy 变量保存"销售订单表"的最大"订单日期"，RETURN 命令使用 DATEDIFF（LastDayBuy，LatestDate，DAY）函数返回 LastDayBuy 和 LatestDate 两个日期变量间的间隔天数（DAY）。当 *R* 的计值上下文是某个客户时，*R* 将返回该客户最后一次订购日期距最新销售日期的天数间隔。

注意 LatestDate 变量与 LastDayBuy 变量的区别。LatestDate 变量使用"MAXX（ALL(' 销售订单表 '), ' 销售订单表 '[订单日期])"计算最新销售日期，MAXX( ) 函数同 SUMX( ) 类似，都是先对表进行逐行迭代计算，然后再汇总统计计算结果；此处，MAXX( ) 在"ALL(' 销售订单表 ')"中进行逐行迭代，"ALL(' 销售订单表 ')"使得 MAXX( ) 不受外部计值上下文的影响，不论外部上下文如何变化，MAXX( ) 永远返回整个销售订单表中的最新订单日期。而 LastDayBuy 变量使用"MAX(' 销售订单表 '[订单日期])"计算最新订单日期，此处的 MAX( ) 受计值上下文的影响，当 *R* 的计值上下文是某个客户时，MAX( ) 将返回该客户的最新订购日期。

实际中，常计算客户最后购买日期与当前日期间的间隔。此时，可利用"VAR LatestDate = TODAY( )"计算系统当前日期，其中，TODAY( ) 函数用于返回当前系统日期。

另外要注意的是，在计算机中，离当前日期越近的日期越大，离当前日期越远的日期越小。同时，DATEDIFF（< 开始日期 >，< 结束日期 >，< 时间间隔 >）函数除可以返回两个日期之间的间隔天数外，还可以返回两个日期之间的间隔年（YAER）、间隔季度（QUARTER）、间隔月（MONTH）、间隔周（WEEK）等。

5. *RFM* 值公式解析

ValueR 变量保存 IF( ) 函数判断的结果，如果度量值 *R* 小于全体客户的平均 *R* 值，则 ValueR 为 1，否则为 0。注意全体客户平均 *R* 的计算写法"AVERAGEX (ALL(' 客户信息表 '), [R])"，AVERAGEX( ) 在由 ALL( ) 函数限定的整个客户信息表中进行逐行迭代计算，即 AVERAGEX( ) 先对整个客户信息表逐行计算度量值 *R*，然后对各行计算结果求平均。这里，ALL( ) 函数强制 AVERAGEX( ) 运算范围是整个客户信息表，其他所有外部筛选器都不会对此平均值的计算产生影响。

同理，ValueF 保存 IF( ) 函数判断的结果，如果度量值 *F* 大于全体客户的平均 *F*

值，则 ValueR 为 1，否则为 0。ValueM 保存 IF( ) 函数判断的结果，如果度量值 M 大于全体客户的平均 M 值，则 ValueM 为 1，否则为 0。

最后，RETURN 命令返回 "ValueR & ValueF & ValueM" 的计算结果。当 *RFM* 值的计值上下文是某个客户时，*RFM* 值将计算该客户的 "ValueR & ValueF & ValueM"。

需要注意 "ValueR & ValueF & ValueM" 的计算，此表达式使用 &（字符串连接运算符）连接 ValueR、ValueF 和 ValueM 的值，ValueR、ValueF 和 ValueM 都是整数类型，在实际计算时，这些整数按照 & 运算符对数据类型的要求自动进行了数据类型转换，即在参与 & 运算时，系统自动将 ValueR、ValueF 和 ValueM 由整数转换为字符类型。

6. *RFM* 类型公式解析

此度量值的计算公式由一个 SWITCH( ) 函数组成，SWITCH( ) 函数是多分支函数，基本语法为：

SWITCH(< 表达式 >,< 值 >,< 结果 >,[< 值 >,< 结果 >,…], [< 备选结果 >])

功能是：若 < 表达式 > 的计算结果与某个 < 值 > 匹配，则返回该 < 值 > 对应的 < 结果 >；若 < 表达式 > 的计算结果与任何 < 值 > 都不匹配，则返回 < 备选结果 >。

创建度量值（1）

此处，SWITCH( ) 函数的表达式为 "TRUE( )"，该函数返回逻辑值 True；若后面某个值也为真，则返回该值对应的客户分类字符串。例如，若 "[RFM 值] = "111""为真，则返回其对应的客户分类字符串 ""重要价值客户 ""；若 "[RFM 值] = "000""为真，则返回其对应的客户分类字符串 ""一般挽留客户 ""。若所有值都不为真，则返回 BLANK( ) 函数的值：空值。

五、添加新列

在客户信息表中添加年龄段列，以针对客户年龄层次进行消费能力和客户贡献分析。

步骤 1：选中客户信息表，利用【表工具】|【计算】功能区中的【新建列】功能，在该表中添加以下新列。

添加新列（2）

```
年龄段 = SWITCH(TRUE( ),' 客户信息表 '[ 客户年龄 ]<= 19,"19 岁以下 ",
                      ' 客户信息表 '[ 客户年龄 ]<= 29,"20~29 岁 ",
                      ' 客户信息表 '[ 客户年龄 ]<= 39,"30~39 岁 ",
                      ' 客户信息表 '[ 客户年龄 ]<= 49,"40~49 岁 ",
                      ' 客户信息表 '[ 客户年龄 ]<= 59,"50~59 岁 ", "60 岁以
                      上 ")
```

步骤 2：在数据视图中，查看客户信息表中新增的年龄段列的数据。

六、创建客户维度表

在前面的学习中，我们发现可以直接将表的列作为切片器字段，实现对报表中视觉对象的筛选和控制。但在 Power BI Desktop 中，却不能直接将度量值作为切片器字段，去实现基于度量值的切片器筛选。例如，不能直接将"RFM 类型"度量值作为切片器字段，去实现针对 *RFM* 类型进行客户数据的筛选和分析。若实际中有此需求时，就需要针对实际情况做一些额外的处理。

由于本任务需要实现以 *RFM* 类型度量值的计算结果作为切片器字段，实现针对 RFM 类型进行客户数据的筛选和分析，因此，下面将把 RFM 类型度量值的计算结果放入一个新表中，即将 *RFM* 类型度量值的计算结果作为新表的列，再将此列作为切片器的字段，以实现基于 *RFM* 类型的客户数据分析。

步骤 1：单击【建模】|【计算】功能区中的【新建表】，在公式编辑框中输入下面的 DAX 表达式，在当前模型中完成"客户维度表"的创建。

客户维度表 = ADDCOLUMNS(' 客户信息表 ', "R", [R], "F", [F], "M", [M], "RFM 值 ", [RFM 值], "RFM 类型 ", [RFM 类型])

此表达式使用 ADDCOLUMNS( ) 函数，以客户信息表中的所有列为基础，以列名为""R""且值为度量值"[R]"、列名为""F""且值为度量值"[F]"、列名为""M""且值为度量值"[M]"、列名为""RFM 值 ""且值为度量值"[RFM 值]"、列名为""RFM 类型 ""且值为度量值"[RFM 类型]"为新列，创建客户维度表，即客户维度表包括客户信息表中的所有列和""R"、"F" "M" "RFM 值 " "RFM 类型 ""五个新列。

🔔 **提 示**

新建表也可以采用【表工具】|【计算】|【新建表】功能。

🔧 **知识扩展**

ADDCOLUMNS( ) 函数的语法如下：

ADDCOLUMNS(< 表 >, < 名称 1>, < 表达式 1>, [[< 名称 2>, < 表达式 2>]...])

其中，"表"参数是需要添加新列的表；"名称"参数是要添加的新列的名称，"表达式"参数为新列的取值提供计算公式。

步骤 2：在数据视图中，选中客户维度表，查看该表中的各列数据。

步骤 3：在模型视图中，以客户 ID 作为相关列，在销售订单表和客户维度表间建立单一筛选方向多对一表间关系，如图 5-9 所示。

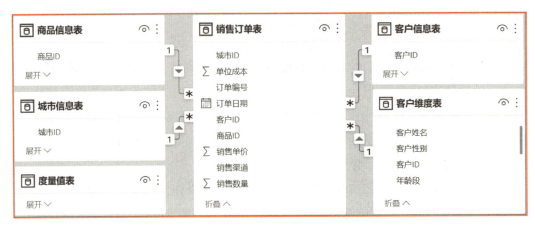

图 5-9　表间关系模型

至此，本任务的数据模型处理完毕。

七、数据可视化

步骤 1： 在报表视图中，设置画布大小为自定义，其中，画布高度为 950 像素，宽度为 1 280 像素。设置画布背景颜色为：白色 20% 较深，透明度为 0。

步骤 2： 在报表视图中，添加 1 个切片器，将客户维度表下的 RFM 类型列添加到切片器的【字段】中，并参照图 5-10 自行设置切片器对象的相关属性。

步骤 3： 添加 1 个簇状柱形图视觉对象，将客户维度表下的年龄段列添加到此图的【X 轴】，度量值表下的销售收入度量值添加到【Y 轴】，并参照图 5-10 自行设置柱形图的相关属性。注意，视觉对象的圆角边框设置是在【设置视觉对象格式】|【常规】|【效果】|【视觉对象边框】面板中，通过设置【圆角（像素）】值来改变边框的圆角角度。

步骤 4： 复制步骤 3 的簇状柱形图视觉对象，修改【X 轴】字段为客户维度表的是否会员列，【Y 轴】数据为度量值表下的销售收入度量值。

步骤 5： 添加 1 个表视觉对象，将客户维度表的客户 ID、客户姓名、R、F、M、RFM 值及 RFM 类型等列添加到表视觉对象的【列】中，并参照图 5-10 自行设置表视觉对象的相关属性。

步骤 6： 再添加 1 个表视觉对象，将商品信息表的商品类别列和度量值表下的销售收入度量值添加到此视觉对象的【列】中，并参照图 5-10 自行设置图表相关属性。

步骤 7： 添加 1 个簇状柱形图视觉对象，将城市信息表的省份名称列和城市名称列添加到此图的【X 轴】，将度量值表下的销售收入度量值添加到【Y 轴】，将客户维度表下的客户性别列添加到【图例】，将城市信息表的区域列添加到【小型序列图】，并参照图 5-10 自行设置此图的相关属性。

178

步骤 8： 添加 1 个卡片图，将度量值表下的销售收入添加到此图的【字段】中，参照图 5-10 自行设置此图的相关属性。

步骤 9： 复制步骤 8 的卡片图，修改此图的【字段】为客户维度表的客户 ID 列，对此字段进行"计数（非重复）"汇总，并将【字段】中的客户 ID 重命名为"客户数量"。

步骤 10： 插入一个文本框作为报表页的标题，设置标题文本为"会员贡献分析"，字体大小为 24、加粗，文字居中对齐，字体颜色自行设置。

步骤 11： 调整报表中各视觉对象的位置和大小，使其呈现如图 5-10 所示的效果。

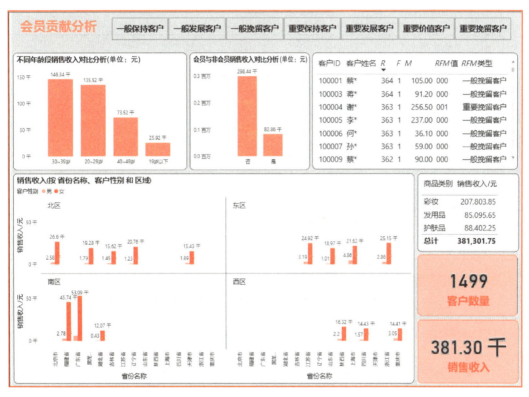

图 5-10　会员贡献可视化分析

步骤 12： 保存当前 Power BI Desktop 文件为"会员贡献可视化分析.pbix"，保存位置自行设定。

📋 图表释义

当在会员贡献可视化分析报表中操控切片器时，报表页中的所有对象都将按照切片器的选择自动执行图表刷新，显示出对应 *RFM* 类型的客户销售收入汇总。同时，报表中其他视觉对象的操作也会相互影响。

数据可视化（3）

【动手实践】

DD 公司是一家生产家庭卫浴的制造企业，由于没有做好应收账款逾期管理，导致该公司出现大量陈账、呆账，继而引起资金周转困难。请在 Power BI 中导入素材文件"DD 公司应收账款数据.xlsx"，根据数据表中的逾期天数列确定逾期类型（计算方法如表 5-7 所示），并参考图 5-11，制作该公司应收账款分析图，最后将文件保存为"DD 公司应收账款可视化分析.pbix"。

表 5-7　逾期类型计算方法

逾期类型	逾期天数
未逾期	逾期天数小于等于 0
3 个月以内	逾期天数大于 0，小于 90 天
3 个月至 1 年	逾期天数大于等于 90 天，小于 360 天
1 年至 2 年	逾期天数大于等于 360 天，小于 720 天
2 年至 3 年	逾期天数大于等于 720 天，小于 1 080 天
3 年以上	逾期天数大于等于 1 080 天

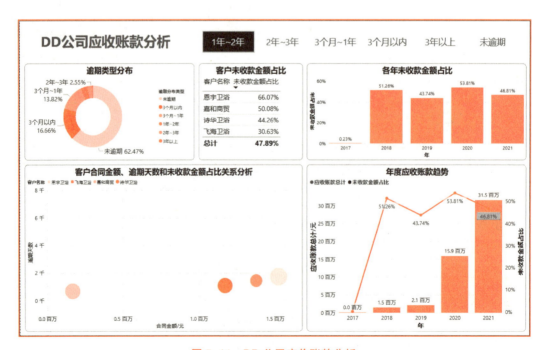

图 5-11　DD 公司应收账款分析

【任务评价】

在"学习评价表"上记录一下你学会了多少。

学习评价表

学习内容	完成度评价
计值上下文认知	是□　否□
变量认知	是□　否□
RFM 模型认知	是□　否□
常见 DAX 函数使用方法认知	是□　否□
基于 *RFM* 模型的会员销售收入分析	是□　否□
应收账款可视化分析	是□　否□

任务三

科思科技资产负债表可视化分析

【任务说明】

深圳市科思科技股份有限公司成立于 2004 年 2 月 27 日，是一家电子信息装备供应商。该公司于 2020 年 10 月 22 日在上海证券交易所科创板 A 股上市（股票简称：科思科技，股票代码：688788）。现有科思科技自 2017 年至 2021 年各年度资产负债表数据，请在 Power BI Desktop 中对该公司 2017 年—2021 年各年度资产负债表进行可视化分析，为资产负债表的阅读者提供必要的信息，辅助管理者制订相应的决策。

【相关知识】

一、筛选器函数认知

DAX 中提供了强大的筛选器和值函数，这些函数基于表和表间关系进行运算，能够创建更加灵活的数据上下文环境，从而实现更复杂、功能更强大的动态计算。

常用 DAX 筛选器函数及功能描述如表 5-8 所示。

表 5-8　常用 DAX 筛选器函数及功能描述

函数名称	功能说明
CALCULATE	在已修改的筛选器上下文中计算表达式
ALL	返回表中的所有行或列中的所有值，同时忽略可能已应用的任何筛选器
ALLSELECTED	删除当前查询的列和行中的上下文筛选器，同时保留所有其他上下文筛选器或显式筛选器
FILTER	返回一个表，用于表示另一个表或表达式的子集

图 5-12 所示的门店财务支出表由 4 列 3 710 行数据组成，每行数据表示某门店的某财务日期对应某科目的支出金额。下面以门店财务支出表为例，说明这些筛选器函数的功能与使用方法。

门店	财务日期	科目	支出
安庆市	2022年12月	资产	30
安庆市	2022年12月	资产	30
包头市	2022年12月	资产	30
包头市	2022年12月	资产	30
北海市	2022年12月	资产	30
北海市	2022年12月	资产	30

图 5-12　门店财务支出表（部分数据截图）

（一）未应用筛选器的度量值计算

若有度量值：

支出合计 = SUM(' 门店财务支出表 '[支出])

分析此度量值的 DAX 表达式："SUM(' 门店财务支出表 '[支出])"，这是使用 SUM( ) 函数对门店财务支出表的支出列求和，当该度量值处于某种计值上下文环境中时，将自动根据当时的数据环境进行动态计算。即，当支出合计度量值与门店维度进行匹配时，针对每个门店计算支出合计，如图 5-13（a）所示；当支出合计度量值与科目维度进行匹配时，针对每个科目计算支出合计，如图 5-13（b）所示。这充分展示了支出合计度量值随着计值上下文动态计算的效果。

门店	支出合计
安庆市	10421
包头市	10042
北海市	9553
北京市	45540
常州市	39308
朝阳市	3665
总计	1056213

(a)

科目	支出合计
材料	104195
管理	78684
人力	236980
水电	237485
营销	200460
资产	15970
总计	1056213

(b)

图 5-13　未应用筛选器函数的度量值计算（部分数据截图）

（二）应用 CALCULATE( ) 筛选器的度量值计算

CALCULATE( ) 函数语法如下：

CALCULATE(< 表达式 >[, < 筛选器 1>[, < 筛选器 2>[, …]]])

CALCULATE( ) 函数计算并返回表达式的结果，筛选器在此函数中是可选项，用逗号分隔的多个筛选器之间是"并且"的关系。当 CALCULATE( ) 函数中应用了筛选器参数时，CALCULATE( ) 函数将在筛选器筛选出的结果集上计算表达式的值。

若有度量值：

支出合计 CALCULATE = CALCULATE(SUM(' 门店财务支出表 '[支出]))

分析此度量值的 DAX 表达式："CALCULATE(SUM(' 门店财务支出表 '[支出]))"，这是使用 CALCULATE( ) 函数计算并返回 SUM( ) 的结果，而 SUM( ) 完成门店财务支出表的支出列求和。此处 CALCULATE( ) 函数没有使用筛选器参数，其功能与直接使用 "SUM(' 门店财务支出表 '[支出])" 相同。

将此度量值与门店维度匹配，则其会针对每个门店计算支出合计，如图 5-14（a）所示；将此度量值与科目维度匹配，则其会针对每个科目计算支出合计，如图 5-14（b）所示。

门店	支出合计	支出合计CALCULATE
安庆市	10421	10421
包头市	10042	10042
北海市	9553	9553
北京市	45540	45540
常州市	39308	39308
朝阳市	3665	3665
总计	1056213	1056213

(a)

科目	支出合计	支出合计CALCULATE
材料	104195	104195
管理	78684	78684
人力	236980	236980
水电	237485	237485
营销	200460	200460
资产	15970	15970
总计	1056213	1056213

(b)

图 5-14　应用 CALCULATE( ) 筛选器的度量值计算（部分数据截图）

CALCULATE( ) 函数经常会使用筛选器参数，以完成筛选结果集上的计算。若有度量值：

包头市门店支出 = CALCULATE(SUM(' 门店财务支出表 '[支出]),' 门店财务支出

表 '[门店] = " 包头市 ")

分析此度量值的 DAX 表达式："CALCULATE(SUM(' 门店财务支出表 '[支出]), ' 门店财务支出表 '[门店] = " 包头市 ")"，这是使用 CALCULATE( ) 函数在对门店财务支出表的门店列（[门店] = " 包头市 "）进行筛选的基础上，计算并返回包头市的支出列的求和结果。

将包头市门店支出度量值以卡片图形式进行可视化，可以得到如图 5-15 的结果。

图 5-15　包头市门店支出可视化

（三）应用 ALL( ) 筛选器的度量值计算

若有度量值：

静态占比 = DIVIDE([支出合计], CALCULATE([支出合计], ALL(' 门店财务支出表 ')))

分析此度量值的 DAX 表达式："DIVIDE([支出合计], CALCULATE([支出合计], ALL(' 门店财务支出表 ')))"，这是使用 DIVIDE( ) 函数计算 "[支出合计]" 与 "CALCULATE([支出合计], ALL(' 门店财务支出表 '))" 相除的结果。其中，分子 "[支出合计]" 度量值利用 SUM( ) 函数对门店财务支出表的支出列求和；而分母 "CALCULATE([支出合计], ALL(' 门店财务支出表 '))" 是在 "ALL(' 门店财务支出表 ')" 创建的全部数据集环境中，计算 "[支出合计]" 度量值。注意，分子和分母都是计算 "[支出合计]" 度量值，但分子计算会受到计值上下文的影响，而分母由于使用了 ALL(' 门店财务支出表 ') 函数作为 CALCULATE( ) 函数计算 "[支出合计]" 度量值的筛选器，因而，分母计算 [支出合计] 度量值是在整个门店财务支出表上进行，即 ALL( ) 使 CALCULATE( ) 函数的计算不受任何其他筛选器的影响，分母的值永远都是整个门店财务支出表的支出总和。

将静态占比度量值分别添加到图 5-13 所示的两个表视觉对象中，可以得到如图 5-16 所示的结果。例如，对于安庆市来说，静态占比度量值的分子计算安庆市的支出合计，分母计算整个门店财务支出表的支出合计，二者相除得到安庆市的支出占比，如图 5-16（a）所示。而对于材料科目来说，静态占比度量值的分子计算材料的支出合计，分母计算整个门店财务支出表的支出合计，二者相除得到材料的支出占比，如图 5-16（b）所示。

门店	支出合计	静态占比
安庆市	10421	0.01
包头市	10042	0.01
北海市	9553	0.01
北京市	45540	0.04
常州市	39308	0.04
朝阳市	3665	0.00
总计	1056213	1.00

(a)

科目	支出合计	静态占比
材料	104195	0.10
管理	78684	0.07
人力	236980	0.22
水电	237485	0.22
营销	200460	0.19
资产	15970	0.02
总计	1056213	1.00

(b)

图 5-16　应用 ALL( ) 筛选器的度量值计算（部分数据截图）

（四）应用 ALLSELECTED( ) 筛选器的度量值计算

若有度量值：

动态占比 = DIVIDE([支出合计], CALCULATE([支出合计], ALLSELECTED(' 门店财务支出表 ')))

分析此度量值的 DAX 表达式："DIVIDE([支出合计], CALCULATE([支出合计], ALLSELECTED(' 门店财务支出表 ')))"，这是使用 DIVIDE( ) 函数计算 "[支出合计]" 与 "CALCULATE([支出合计], ALLSELECTED(' 门店财务支出表 '))" 相除的结果。其中，分子 "[支出合计]" 度量值利用 SUM( ) 函数对门店财务支出表的支出列求和；而分母 "CALCULATE([支出合计], ALLSELECTED(' 门店财务支出表 '))" 是在 "ALLSELECTED(' 门店财务支出表 ')" 删除当前查询的列和行中的上下文筛选器，同时保留所有其他上下文筛选器构成的计算环境中，计算 "[支出合计]" 度量值。

将动态占比度量值添加到图 5-16（a）所示的表视觉对象中，并为此表对象添加 "门店等于安庆市、包头市、北海市、北京市、常州市或朝阳市" 筛选条件，得到如图 5-17（a）所示的结果。着重对比静态占比和动态占比的计算结果，静态占比依然是计算某个门店支出在所有门店支出中的占比，而动态占比是计算某个门店支出在当前表视觉对象所定义的门店筛选范围中的支出占比。例如，对于安庆市来说，静态占比是计算安庆市的支出合计在整个门店财务支出表的支出合计中的占比，而动态占比是计算安庆市的支出合计在安庆市、包头市、北海市、北京市、常州市和朝阳市六个门店支出合计中的占比。

将动态占比度量值添加到图 5-16（b）所示的表视觉对象中，并为此表对象添加 "科目等于材料、管理、人力、营销或资产" 筛选条件，得到如图 5-17（b）所示的结果。对比静态占比和动态占比的计算结果，静态占比依然是计算某个科目支出在所有科目支出中的占比；而动态占比是计算某个科目支出在当前表视觉对象所定义的科目筛选范围中的支出占比。例如，对于材料科目来说，静态占比是计算材料科目的支出合计在整个门店财务支出表的支出合计中的占比，而动态占比是计算材料科目的支出合计在材料、管理、人力、营销和资产五个科目支出合计中的占比。

门店	支出合计	静态占比	动态占比
安庆市	10421	0.01	0.09
包头市	10042	0.01	0.08
北海市	9553	0.01	0.08
北京市	45540	0.04	0.38
常州市	39308	0.04	0.33
朝阳市	3665	0.00	0.03
总计	118529	0.11	1.00

(a)

科目	支出合计	静态占比	动态占比
材料	104195	0.10	0.16
管理	78684	0.07	0.12
人力	236980	0.22	0.37
营销	200460	0.19	0.32
资产	15970	0.02	0.03
总计	636289	0.60	1.00

(b)

图 5-17　应用 ALLSELECTED( ) 筛选器的度量值计算（部分数据截图）

（五）应用 FILTER( ) 筛选器的度量值计算

FILTER( ) 函数的语法是：

FILTER(< 表 >,< 筛选器 >)

其中，"< 表 >"参数是要筛选的表，"< 筛选器 >"参数是对表进行筛选的条件表达式。FILTER( ) 函数的返回值是一个表，此表由满足筛选条件的行组成。

若已有度量值：

支出合计 = SUM(' 门店财务支出表 '[支出])

当单击【建模】|【计算】|【新建表】，并在公式编辑栏输入下面的公式：

支出合计大于 1000_ 基于度量值筛选 = FILTER(' 门店财务支出表 ', [支出合计] > 1000)

则 Power BI 将创建名为"支出合计大于 1000_ 基于度量值筛选"的表，表中的数据是在门店财务支出表中，汇总某门店在某财务日期的某科目的支出合计，若此合计大于 1 000，则将相应的数据行放入"支出合计大于 1000_ 基于度量值筛选"表中。如图 5-18 所示，符合条件的数据行有 17 行。

🔔 提 示

创建"支出合计大于 1000_ 基于度量值筛选"表的公式中，使用了支出合计度量值，即 FILTER( ) 的筛选是在支出合计度量值的计算结果上进行。注意表中嘉兴市的两行数据，这两行数据支出列的值都没有超过 1 000，但却符合"[支出合计]>1000"的筛选条件，其原因是支出合计度量值计算了嘉兴市在 2022/7/1 0：00：00 时点上的水电科目的支出合计，而此合计超过了 1 000。

门店	财务日期	科目	支出
桐乡市	2022/2/1 0:00:00	人力	3600
桐乡市	2022/4/1 0:00:00	人力	3600
桐乡市	2022/6/1 0:00:00	人力	3600
桐乡市	2022/9/1 0:00:00	人力	3600
桐乡市	2022/11/1 0:00:00	人力	3600
桐乡市	2022/1/1 0:00:00	人力	3600
桐乡市	2021/12/1 0:00:00	人力	3600
桐乡市	2022/8/1 0:00:00	人力	3600
桐乡市	2022/3/1 0:00:00	人力	3600
桐乡市	2022/5/1 0:00:00	人力	3600
嘉兴市	2022/7/1 0:00:00	水电	558
嘉兴市	2022/7/1 0:00:00	水电	558
桐乡市	2022/7/1 0:00:00	人力	3600
桐乡市	2022/10/1 0:00:00	人力	3600
诸暨市	2022/10/1 0:00:00	人力	8641
诸暨市	2022/10/1 0:00:00	水电	1810
诸暨市	2022/10/1 0:00:00	营销	1325

图 5-18　支出合计大于 1000_基于度量值筛选

若创建表的公式变为：

支出合计大于 1000_基于列筛选 = FILTER('门店财务支出表','门店财务支出表'[支出]>1000)

则 Power BI 将创建名为"支出合计大于 1000_基于列筛选"的表，表中的数据是在门店财务支出表中，筛选支出列的值超过 1 000 的行，这是一个逐行筛选的过程，即对每一行的支出列进行筛选，并将符合筛选条件的数据行放入"支出合计大于 1000_基于列筛选"表中。如图 5-19 所示，符合条件的数据行只有 15 行。

门店	财务日期	科目	支出
桐乡市	2022/2/1 0:00:00	人力	3600
桐乡市	2022/4/1 0:00:00	人力	3600
桐乡市	2022/6/1 0:00:00	人力	3600
桐乡市	2022/9/1 0:00:00	人力	3600
桐乡市	2022/11/1 0:00:00	人力	3600
桐乡市	2022/1/1 0:00:00	人力	3600
桐乡市	2021/12/1 0:00:00	人力	3600
桐乡市	2022/8/1 0:00:00	人力	3600
桐乡市	2022/3/1 0:00:00	人力	3600
桐乡市	2022/5/1 0:00:00	人力	3600
桐乡市	2022/7/1 0:00:00	人力	3600
桐乡市	2022/10/1 0:00:00	人力	3600
诸暨市	2022/10/1 0:00:00	人力	8641
诸暨市	2022/10/1 0:00:00	水电	1810
诸暨市	2022/10/1 0:00:00	营销	1325

图 5-19　支出合计大于 1 000_基于列筛选

（六）CALCULATE( ) 与 FILTER( ) 组合应用

如前所述，CALCULATE( ) 函数可以包括筛选器参数，在筛选器筛选后的结果集上进行表达式的计算。而 FILTER( ) 函数返回的是一个符合筛选条件的数据集。基于此，通常可将 FILTER( ) 函数作为 CALCULATE( ) 函数的筛选器，以实现更强大的 CALCULATE( ) 计算。

若有度量值：

包头市门店支出 FILTER = CALCULATE(SUM(' 门店财务支出表 '[支出]), FILTER(' 门店财务支出表 ', [门店]=" 包头市 "))

分析此度量值的 DAX 表达式："CALCULATE(SUM(' 门店财务支出表 '[支出]), FILTER(' 门店财务支出表 ', [门店]=" 包头市 "))"，这是使用 CALCULATE( ) 函数在 "FILTER(' 门店财务支出表 ', [门店]=" 包头市 ")" 筛选的基础上，计算并返回 "SUM(' 门店财务支出表 '[支出])" 的结果。

将包头市门店支出度量值以卡片图形式进行可视化，可以得到如图 5-20 的结果。可以看出，此图与图 5-15 的计算结果相同。

图 5-20 包头市门店支出 FILTER 度量值可视化

不过，FILTER( ) 函数的筛选功能很强大，它不仅能针对表的列进行筛选，而且还能在度量值基础上进行筛选。若有度量值：

支出合计 FILTER = CALCULATE([支出合计], FILTER(' 门店财务支出表 ', [支出合计]>1000))

分析此度量值的 DAX 表达式："CALCULATE([支出合计], FILTER(' 门店财务支出表 ', [支出合计]>1000))"，这是使用 CALCULATE( ) 函数在 "FILTER(' 门店财务支出表 ', [支出合计]>1000)" 筛选的基础上，计算并返回 "[支出合计]" 度量值的计算结果（支出合计 = SUM(' 门店财务支出表 '[支出])）。注意，此处 FILTER( ) 函数是对支出合计度量值大于 1 000 进行筛选。

将支出合计 FILTER 度量值以卡片图形式进行可视化，可以得到如图 5-21 的结果。这其实与在图 5-18 中显示的 "支出合计大于 1000_ 基于度量值筛选" 表上进行支出列求和计算结果相同。

图 5-21　支出合计 FILTER 度量值可视化

二、时间智能函数认知

从时间维度观察各种财务指标的变化是财务分析的重要特点之一。目前，Power BI 提供了 35 个时间智能函数来帮助分析者完成各种与时间有关的分析任务。限于篇幅，下面列举几个常用的时间智能函数。

（一）返回值的时间累计型函数

TOTALMTD( )、TOTALQTD( )、TOTALYTD( ) 是一组以值形式返回累计到某指定时间的表达式值的函数，常用于计算月初至今、季初至今、年初至今的累计值，计算特点为：时间累计型，以值形式返回累计到某指定时间的表达式的值。这三个函数的语法及功能释义如表 5-9 所示。

表 5-9　返回值的时间累计型函数

函数名称及语法	功能释义
TOTALMTD(< 表达式 >, < 日期 >[, < 筛选器 >])	计算当前上下文中该月份至今的表达式的值
TOTALQTD(< 表达式 >, < 日期 >[, < 筛选器 >])	计算当前上下文中该季度至今的表达式的值
TOTALYTD(< 表达式 >, < 日期 >[, < 筛选器 >][, < 年末日期 >])	计算当前上下文中该年度至今的表达式的值

以图 5-22 所示的日期列数据为例，若当前日期是 2021 年 12 月 20 日，则 TOTALMTD( ) 函数的日期范围对应的是日期列中 2021 年 12 月月初（即 2021 年 12 月 1 日）至 2021 年 12 月 20 日之间的 4 个日期；TOTALQTD( ) 函数的日期范围对应的是日期列中 2021 年第 4 季度初（即 2021 年 10 月 9 日）至 2021 年 12 月 20 日之间的 6 个日期；而 TOTALYTD( ) 函数的日期范围对应的是日期列中 2021 年年初（即 2021 年 1 月 1 日）至 2021 年 12 月 20 日之间的 15 个日期。

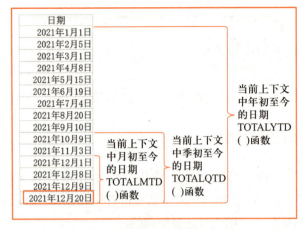

图 5-22　TOTALMTD( )、TOTALQTD( )、TOTALYTD( ) 日期范围示例

思 考

若当前日期是 2021 年 8 月 20 日，则 TOTALMTD( )、TOTALQTD( )、TOTALYTD( ) 在此日期列上对应的日期范围分别是哪些？

考虑如图 5-23 所示的平安银行历史资金流向数据表（限于篇幅，仅截取部分数据），若建立如下度量值：

月初至今涨跌幅 = TOTALMTD(SUM(' 历史资金流向表 '[涨跌幅]),' 历史资金流向表 '[日期])

季初至今涨跌幅 = TOTALQTD(SUM(' 历史资金流向表 '[涨跌幅]),' 历史资金流向表 '[日期])

年初至今涨跌幅 = TOTALYTD(SUM(' 历史资金流向表 '[涨跌幅]),' 历史资金流向表 '[日期])

日期	% 涨跌幅
2022/5/24	-2.95%
2022/5/25	-0.07%
2022/5/26	-1.41%
2022/5/27	-0.07%
2022/5/30	-0.72%
2022/5/31	0.58%
2022/6/1	-0.57%
2022/6/2	-0.94%
2022/6/6	1.60%
2022/6/7	-0.07%

图 5-23　平安银行历史资金流向数据表

将这三个度量值放在如图 5-24 所示的表视觉对象中，观察各度量值的计算结果。如 2022 年 5 月 31 日，当日涨跌幅 0.005 8，月初至今涨跌幅 −0.046 4（从当前上下文的 2022 年 5 月 24 日累计到 2022 年 5 月 31 日）。再如 2022 年 6 月 9 日，当日涨跌幅 0.013 6，月初至今涨跌幅 0.013 8（从当前上下文的 2022 年 6 月 1 日累计到 2022 年 6 月 9 日），季初至今涨跌幅 −0.032 6（从当前上下文的 2022 年 5 月 24 日累计到 2022 年 6 月 9 日）。而各日期的年初至今涨跌幅是当前上下文中从第一日期开始（2022 年 5 月 24 日）至各日期为止的涨跌幅累计。

日期	涨跌幅	月初至今涨跌幅	季初至今涨跌幅	年初至今涨跌幅
2022年5月24日	-2.95%	-2.95%	-2.95%	-2.95%
2022年5月25日	-0.07%	-3.02%	-3.02%	-3.02%
2022年5月26日	-1.41%	-4.43%	-4.43%	-4.43%
2022年5月27日	-0.07%	-4.50%	-4.50%	-4.50%
2022年5月30日	-0.72%	-5.22%	-5.22%	-5.22%
2022年5月31日	0.58%	-4.64%	-4.64%	-4.64%
2022年6月1日	-0.57%	-0.57%	-5.21%	-5.21%
2022年6月2日	-0.94%	-1.51%	-6.15%	-6.15%
2022年6月6日	1.60%	0.09%	-4.55%	-4.55%
2022年6月7日	-0.07%	0.02%	-4.62%	-4.62%

图 5-24　平安银行涨跌幅可视化展示

（二）返回表的时间平移型函数

SAMEPERIODLASTYEAR( )、DATEADD( )、DATESBETWEEN( ) 和 DATESINPERIOD( ) 这四个函数的返回值均是包含一个日期列的表，计算特点为：时间平移型，返回包含一个日期列的表。它们的语法及功能释义如表 5-10 所示。

表 5-10　返回表的时间平移型函数

函数名称及语法	功能释义
SAMEPERIODLASTYEAR(< 日期 >)	返回日期列中的每个日期在当前上下文中对应的前一年日期
DATEADD(< 日期 >,< 间隔量 >,< 间隔类型 >) 间隔类型：year/quarter/month/day	在日期列中的每个日期上，按给定的间隔类型和间隔量计算出一列新的日期
DATESBETWEEN(< 日期 >,< 开始日期 >,< 结束日期 >)	返回日期列中处于开始日期和结束日期间的所有日期
DATESINPERIOD(< 日期 >,< 开始日期 >,< 间隔量 >,< 间隔类型 >) 间隔类型：year/quarter/month/day	返回日期列中以开始日期为起点，以按指定间隔类型和间隔量计算的结束日期为终点间的所有日期

考虑如图 5-25 所示的平安银行利润表数据（限于篇幅，仅截取部分数据），若建立如下度量值：

营业总收入 = CALCULATE(SUM('lrb000001'[值]),'lrb000001'[报表项目]＝" 营业总收入 (万元)")
去年同期值 (1) = CALCULATE([营业总收入], SAMEPERIODLASTYEAR('lrb000001'[年份]))
去年同期值 (2) = CALCULATE([营业总收入], DATEADD('lrb000001'[年份], −1, YEAR))

报表项目	年份	值
营业收入/万元	2021年12月31日	0
营业收入/万元	2020年12月31日	0
营业收入/万元	2019年12月31日	0
营业收入/万元	2018年12月31日	0
营业收入/万元	2017年12月31日	0
营业收入/万元	2016年12月31日	0
营业收入/万元	2015年12月31日	0
营业收入/万元	2014年12月31日	0
营业收入/万元	2013年12月31日	0
营业收入/万元	2012年12月31日	0
已赚保费/万元	2021年12月31日	0
已赚保费/万元	2020年12月31日	0

图 5-25　平安银行利润表数据

营业总收入度量值利用 CALCULATE( ) 函数计算报表项目 "" 营业总收入 / 万元 "" 对应的值的和、"去年同期值（1）"度量值和"去年同期值（2）"度量值都是利用 CALCULATE( ) 函数计算当前上下文的日期对应的去年同期的营业总收入。将这三个度量值放在如图 5-26 所示的表视觉对象中，观察各度量值的计算结果。对于 2004 年 12 月 31 日来说，其营业总收入的值为 531 012 万元，由于当前上下文中没有对应此日期的去年同期，因此，其对应的去年同期值为空。对于 2005 年 12 月 31 日来说，其营业总收入的值为 545 055 万元，而此日期在当前上下文 "('lrb000001'[年份])" 中的去年同期是 2004 年 12 月 31 日，因此，对应的去年同期值是 531 012 万元。

思 考

想一想，"去年同期值（1）"度量值和"去年同期值（2）"度量值分别是用哪个函数获取当前上下文的去年同期值的？如果要计算营业总收入的同比增长率，该如何创建度量值？

年份	营业总收入	去年同期值（1）	去年同期值（2）
2004年12月31日	531012		
2005年12月31日	545055	531012	531012
2006年12月31日	781787	545055	545055
2007年12月31日	1080750	781787	781787
2008年12月31日	1451312	1080750	1080750
2009年12月31日	1511444	1451312	1451312
2010年12月31日	1802228	1511444	1511444
2011年12月31日	2964306	1802228	1802228
2012年12月31日	3974865	2964306	2964306
2013年12月31日	5218900	3974865	3974865
2014年12月31日	7340700	5218900	5218900
2015年12月31日	9616300	7340700	7340700
2016年12月31日	10771500	9616300	9616300

图 5-26　平安银行营业总收入可视化展示

三、资产负债表分析认知

资产负债表是对企业特定日期的资产、负债和所有者权益的结构性表述，是反映企业在某一特定日期所拥有或控制的经济资源、所承担的现时义务和所有者对净资产的要求权。

资产负债表包括三部分内容：资产、负债和所有者权益，三者之间的关系构成了最基本的会计等式：资产＝负债＋所有者权益。对资产负债表进行分析的方法很多，本任务将着重从两个角度对资产负债表展开分析：其一是对资产负债表进行水平分析，对比各项目数值相比去年同期的变动额或变动率，以及该项目对资产总额、负债总额或所有者权益总额的影响程度。其二是对资产负债表进行垂直分析，计算资产负债表中各项目占资产或权益总额的比重，分析评价企业资产结构和权益结构变动的合理程度。

【任务实施】

一、导入素材文件

步骤 1： 新建一个 Power BI 文件。将素材文件"资产负债表. xlsx"中的"资产负债表"工作表和"资产负债表辅助表"工作表加载到文件中。

步骤 2： 在 Power Query 中查看导入的资产负债表数据，如图 5-27 所示（限于篇幅，仅截取部分数据）。

步骤 3： 在 Power Query 中对资产负债表作以下数据清洗、整理、转换等操作，使其符合建模需求。

步骤 3.1： 提升标题行，将第一行用作标题。

步骤 3.2： 对除项目名称外的其他所有列作逆透视。

ABC Column1	ABC123 Column2	ABC123 Column3	ABC123 Column4	ABC123 Column5
1　项目名称	2021/12/31	2020/12/31	2019/12/31	2018/12/31
2　货币资金/万元	187111	2455	6692	4588
3　结算备付金/万元	--	--	--	--
4　拆出资金/万元	--	--	--	--
5　交易性金融资产/万元	--	--	--	--
6　衍生金融资产/万元	--	--	--	--

图 5-27　导入的资产负债表数据（部分数据截图）

步骤 3.3：修改列名，将属性列重命名为"年份"，值列重命名为"金额"。

步骤 3.4：将金额列中的"--"符号替换为 0。

步骤 3.5：修改各列数据类型，确保项目名称列为文本型，年份列为日期型，金额列为小数型。

完成清洗整理后的资产负债表如图 5-28 所示（限于篇幅，只截取部分数据）。

ABC 项目名称	年份	1.2 金额
1　货币资金/万元	2021/12/31	187111
2　货币资金/万元	2020/12/31	2455
3　货币资金/万元	2019/12/31	6692
4　货币资金/万元	2018/12/31	4588
5　结算备付金/万元	2021/12/31	0
6　结算备付金/万元	2020/12/31	0

图 5-28　完成清洗整理后的资产负债表（部分数据截图）

步骤 4：在 Power Query 中查看资产负债表辅助表。Power Query 对该表已经执行了自动整理转换，使其符合建模需要，故不需再做额外的数据清洗、整理、转换等操作。资产负债表辅助表部分数据截图如图 5-29 所示。

123 序号	ABC 项目名称	ABC 项目中类	ABC 项目大类
1	1　货币资金/万元	流动资产	资产
2	2　结算备付金/万元	流动资产	资产
3	3　拆出资金/万元	流动资产	资产
4	4　交易性金融资产/万元	流动资产	资产
5	5　衍生金融资产/万元	流动资产	资产
6	6　应收票据/万元	流动资产	资产

图 5-29　资产负债表辅助表（部分数据截图）

步骤 5：将 Power Query 的修改结果应用到 Power BI Desktop 中。

二、数据建模

步骤 1：在 Power BI Desktop 中，切换到模型视图，查看当前数据模型。可以看到系统在资产负债表和资产负债表辅助表间基于项目名称列建立了单一筛选方向多对一关系，如图 5-30 所示。

图 5-30　表间关系模型

步骤 2： 在图 5-30 所示的表间关系模型中，资产负债表是事实表，处于关系连线的"多"端，该表中每行数据描述某个报表项目的年份及对应金额信息。因为资产负债表存储的是连续多年的资产负债报表项目数据，因而，每个报表项目都有多年的金额数据，自然地，该表中的项目名称列取值不具备唯一性特征。资产负债表辅助表是维度表，处于关系连线的"一"端，该表的每行数据描述一个报表项目及其所属项目中类和项目大类，每个报表项目在该表中占一行，自然地，该表的项目名称列取值具有唯一性特征。

数据导入、
清洗及建模

三、设计度量值模型

基于图 5-30 所示的表间关系模型，设计科思科技资产负债表可视化分析的度量值模型。资产负债表可视化分析度量值设计如表 5-11 所示。

表 5-11　资产负债表可视化分析度量值设计

度量值名称	计算公式
资产总额	从资产负债表中获取项目名称"资产总计（万元）"对应的金额；由于资产负债表是多年报表数据集，故而"资产总计（万元）"对应的金额也有多个。当基于年份切片器进行筛选时，可以得到对应年份的"资产总计（万元）"金额，即资产总额
负债总额	从资产负债表中获取项目名称"负债合计（万元）"对应的金额；由于资产负债表是多年报表数据集，故而"负债合计（万元）"对应的金额也有多个。当基于年份切片器进行筛选时，可以得到对应年份的"负债合计（万元）"金额，即负债总额
所有者权益总额	从资产负债表中获取项目名称"所有者权益（或股东权益）合计（万元）"对应的金额；由于资产负债表是多年报表数据集，故而"所有者权益（或股东权益）合计（万元）"对应的金额也有多个。当基于年份切片器进行筛选时，可以得到对应年份的"所有者权益（或股东权益）合计（万元）"金额，即所有者权益总额

续表

度量值名称	计算公式
期末占比	对资产负债表进行垂直分析，计算资产负债表各项目占资产总额或权益总额的比重，分析评价企业资产结构和权益结构变动的合理程度
环比增长率	对连续多年资产负债表数据进行对比分析，计算资产负债表各项目相比上一年的增减变动程度，分析评价企业财务状况动态变化趋势

四、创建度量值

步骤1：利用【主页】|【数据】功能区中的【输入数据】功能新建"度量值表"，用来管理模型中的所有度量值。

步骤2：选中度量值表，利用【表工具】|【计算】功能区中的【新建度量值】功能，依序创建下列度量值。

```
资产总额 = CALCULATE(SUM(' 资产负债表 '[ 金额 ]),' 资产负债表 '[ 项目名称 ]=" 资产总计 ( 万元 )")
负债总额 = CALCULATE(SUM(' 资产负债表 '[ 金额 ]),' 资产负债表 '[ 项目名称 ]=" 负债合计 ( 万元 )")
所有者权益总额 = CALCULATE(SUM(' 资产负债表 '[ 金额 ]),' 资产负债表 '[ 项目名称 ]=" 所有者权益 ( 或股东权益 ) 合计 ( 万元 )")
期末占比 =
DIVIDE(CALCULATE(SUM(' 资产负债表 '[ 金额 ])), CALCULATE(SUM(' 资产负债表 '[ 金额 ]), ALLSELECTED(' 资产负债表 ')))
环比增长率 =
VAR a = CALCULATE(SUM(' 资产负债表 '[ 金额 ]))
VAR b = CALCULATE(SUM(' 资产负债表 '[ 金额 ]), SAMEPERIODLASTYEAR(' 资产负债表 '[ 年份 ]))
RETURN DIVIDE(a–b, b)
```

 **公式解析**

1. 资产总额公式解析

资产总额度量值利用 CALCULATE( ) 函数计算资产负债表中项目名称等于""资产总计（万元）""的各行数据的金额的和。

2. 负债总额公式解析

负债总额度量值利用 CALCULATE( ) 函数计算资产负债表中项目名称等于 "" 负债合计 (万元)"" 的各行数据的金额的和。

3. 所有者权益总额公式解析

所有者权益总额度量值利用 CALCULATE( ) 函数计算资产负债表中项目名称等于 "" 所有者权益 (或股东权益) 合计 (万元)"" 的各行数据的金额的和。

4. 期末占比公式解析

期末占比度量值计算 "CALCULATE(SUM(' 资产负债表 '[金额]))" 与 "CALCULATE(SUM(' 资产负债表 '[金额]), ALLSELECTED(' 资产负债表 '))" 相除的结果。被除数 "CALCULATE(SUM(' 资产负债表 '[金额]))" 的计算受到当前上下文计值环境的影响，除数 "CALCULATE(SUM(' 资产负债表 '[金额]), ALLSELECTED(' 资产负债表 '))" 的计算受到外部筛选器或切片器的影响。

5. 环比增长率公式解析

环比增长率度量值计算（a–b）与 b 相除的结果，其中 a 变量利用 CALCULATE( ) 函数计算金额列的和，此变量受到当前计值上下文的影响。b 变量利用 CALCULATE( ) 函数计算当前上下文中年份列的去年同期日期，并以去年同期日期作为筛选器，计算相应日期的金额的和。简言之，a 变量计算当年的金额和，b 变量计算对应的去年同期的金额的和，最后 RETURN 语句返回环比增长率。

设计与创建
度量值（1）

五、数据可视化

步骤 1： 在数据视图中，选中资产负债表的年份列，在【列工具】|【格式化】的【格式】下拉选项中，选中（yyyy）格式，将年份列显示为 4 位年格式。

步骤 2： 在报表视图中，添加 1 个切片器，将资产负债表下的年份列添加到切片器的【字段】中；设置此切片器类型为列表、方向为水平、单项选择；并参照图 5–31 设置切片器对象的其他属性。

步骤 3： 添加 1 个卡片图视觉对象，将度量值表下的资产总额度量值添加到此图的【字段】中，并参照图 5–31 设置卡片图对象的相关属性。

步骤 4： 复制步骤 3 的卡片图视觉对象，修改【字段】为度量值表的负债总额度量值；再次复制此卡片图，修改【字段】为度量值表的所有者权益总额度量值。

步骤 5： 利用【插入】|【元素】|【形状】下的矩形，在报表中绘制一个等号和一个加号，并将这两个符号与步骤 3 和步骤 4 的卡片图进行排列布局，使之形成 "资产总额 = 负债总额 + 所有者权益总额" 等式。

步骤 6： 添加 1 个矩阵视觉对象，将资产负债表辅助表的项目大类、项目中类、项目名称等列添加到此矩阵的【行】中，将资产负债表的金额列、度量值表的期末占比和环比增长率度量值添加到此矩阵的【值】中；在报表【筛选器】面板中，将金额不等于 0 和项目大类等于"资产"设置为此矩阵对象上的筛选器，并参照图 5-31 设置矩阵的相关属性。

步骤 7：复制步骤 6 的矩阵对象，修改此对象上的筛选器为：金额不等于 0、项目大类等于"负债"或"所有者权益"。

步骤 8：添加 1 个环形图视觉对象，将资产负债表辅助表的项目大类列添加到此图的【图例】中，资产负债表的金额列添加到此图的【值】中；设置此视觉对象上的筛选器为：项目大类等于"负债"或"所有者权益"；并参照图 5-31 设置此图的相关属性。

步骤 9：复制步骤 8 的环形图，修改此图的【图例】为资产负债表辅助表的项目中类列；修改此视觉对象上的筛选器为：项目中类等于"流动负债"或"非流动负债"；并参照图 5-31 设置此图的相关属性。

步骤 10：复制步骤 9 的环形图，修改此视觉对象上的筛选器为：项目中类等于"流动资产"或"非流动资产"；并参照图 5-31 设置此图的相关属性。

步骤 11：插入一个文本框作为报表页的标题，设置标题文本为：资产负债表分析，字体大小为 24、加粗，文字居中对齐，字体颜色自行设置。

步骤 12：调整报表中各视觉对象的位置和大小，使其呈现如图 5-31 所示的效果。

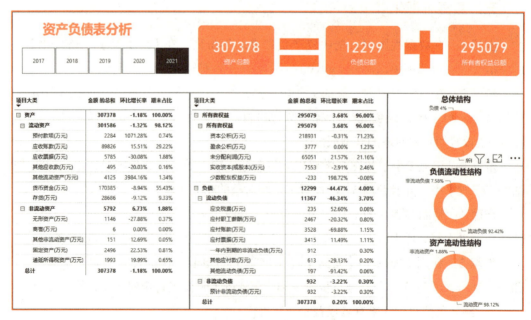

图 5-31　资产负债表可视化分析

步骤 13：保存当前 Power BI Desktop 文件为"资产负债表可视化分析.pbix"，保存位置自行设定。

🔔 提 示

从网络上下载的科思科技资产负债表数据并不完整，这里为了方便教学，对该公司的资产负债表中的部分数据进行了调整，以保证报表中的数据满足"资产总额 = 负债总额 + 所有者权益总额"等式。

图表释义

当在资产负债表可视化分析报表中操控年份切片器时，报表页中的所有对象都将按照切片器的选择自动执行图表刷新，显示出对应年份的资产负债表指标计算结果。同时，报表中其他视觉对象的操作也会互相影响。

数据可视化（4）

【动手实践】

1. 紫光股份有限公司（股票简称：紫光股份，股票代码：000938）是信息电子产业高科技 A 股上市公司，该公司聚焦 IT 服务领域，着力打造"云—网—端"产业链，不断向云计算、移动互联网和大数据处理等行业应用全面深入。现有"紫光股份利润表.csv"素材文件，请参考图 5-32，在 Power BI 中对紫光股份利润表进行

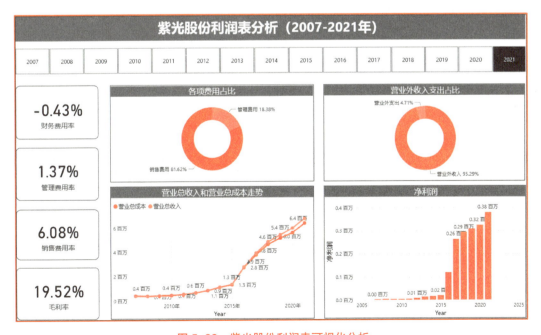

图 5-32　紫光股份利润表可视化分析

分析（相关分析指标计算方法如表 5-12 所示），并将文件保存为"紫光股份利润表可视化分析.pbix"。

表 5-12　利润表分析相关指标计算方法

指标名称	计算方法
财务费用率	财务费用 / 营业收入
管理费用率	管理费用 / 营业收入
毛利率	（营业收入－营业成本）/ 营业收入
销售费用率	销售费用 / 营业收入

2. 利用所学知识，进一步分析紫光股份历年财务费用率、管理费用率及销售费用率的环比变化情况（参考图 5-33），并将分析报表保存到"紫光股份利润表可视化分析.pbix"文件的第二张报表中。

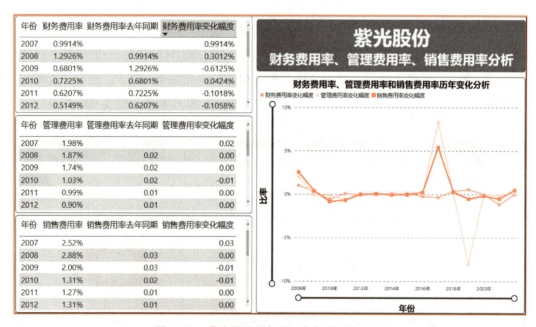

图 5-33　紫光股份历年"三费"率环比分析

【任务评价】

在"学习评价表"上记录一下你学会了多少。

学习评价表

学习内容	完成度评价
筛选器函数认知	是□　否□
时间智能函数认知	是□　否□
资产负债表分析认知	是□　否□
资产负债表可视化分析	是□　否□
利润表可视化分析	是□　否□

项目六
Power BI 数据分析可视化

6

学习目标 ▶▶▶

知识目标　熟悉数据分析可视化布局方法
　　　　　　了解动态分析可视化思路与方法
　　　　　　掌握较流行的视觉对象下载与操控方法
　　　　　　了解财务指标分析
　　　　　　了解现金流量表分析

技能目标　能够根据分析目标设计可视化布局
　　　　　　能够灵活使用动态报表分析功能
　　　　　　能够进行简单的财务指标分析和现金流量表分析

素养目标　培养综合设计可视化报表的能力、运用动态报表的能力，针
　　　　　　对分析目标独立完成报表设计的能力
　　　　　　培育主动探究意愿和独立完成学习任务的能力，促进有效
　　　　　　创新、高效设计、高质量支持企业决策的内生驱动力的
　　　　　　养成

项目说明 ▶▶▶

　　将精心设计好的数据及度量值合理地展示在可视化报表中，最大化支持用户的数据分析和挖掘任务，支撑企业经营决策需要，是财务大数据分析非常重要的环节。

　　熟悉可视化设计布局和动态交互分析功能，并能综合应用这些知识和方法实现动态交互式可视化报表呈现是财经专业学生必备的重要技能之一。本项目将带领同学们从两个可视化报表设计任务入手，经过动手实操，帮助同学们理解和掌握Power BI Desktop 中强大的动态报表设计功能，完成用友网络财务指标综合分析可视化设计和中国信创产业上市公司现金流量表分析可视化设计等任务。

项目分解 >>>

 项目六　Power BI数据分析可视化

革故鼎新 >>>

培养全局意识和洞察能力，以数据可视化助力企业最大化发挥数据价值

数据可视化是借助图形化手段，清晰有效地表达数据意义及价值的一门技术。通过数据可视化，企业可以从信息中提取知识、从知识中收获智慧，盘活和倍增数据资产的内在价值。

当前，数据可视化技术正在迅速发展。大数据时代产生的庞大数据量要求采用更有效的处理算法和表达形式来传达有价值的信息。随着党的二十大的召开，我国积极推进数字化转型、人工智能技术应用和数字孪生技术应用，3D可视化技术、云计算数据分析、物联网技术进一步融入数字孪生，在智慧城市、智慧园区、智慧交通等领域的应用逐渐深入。大数据可视化技术的研究成为新的时代命题，面临更大的机遇和挑战。

启示： 数据可视化不仅是用静态图表来提升数据易见性，更是用动态交互图表来增强数据洞察性。具备有效的、可交互式的大数据可视化方案来表达大规模、不同类型实时数据的全局思维，是新一代财务人员必须具备的数据素养。

任务一

用友网络财务指标综合分析可视化设计

【任务说明】

用友网络科技股份有限公司（股票简称：用友网络，股票代码：600588）是全球领先的企业服务提供商，主要为企业及公共组织提供数字化、智能化服务。现有用友网络自2011年至2021年各年度的资产负债表和利润表数据，请基于这些报表

在 Power BI Desktop 中对该公司的财务指标进行可视化设计与分析，为企业投资者和管理者提供必要的决策信息。

【相关知识】

一、Power BI 报表版面设计认知

在 Power BI 中设计可视化报表版面时，常涉及导航页面制作、页面布局设计等环节。

导航页面常用于多页报表设计，类似于网站使用导航栏将网站中的所有网页链接到一起一样，Power BI 报表中的导航栏也用于将多页报表链接到一起。设计导航页面时，常采用在报表页面添加导航栏的方法。导航栏在报表页面上的位置可为顶端或左端，对于复杂的报表设计，导航栏还可以分级，形成多级菜单式导航。

页面布局设计主要指报表页大小、背景色、报表页中各视觉对象、导航栏、公司 Logo、报表标题等对象的色彩、大小、排列等方面的设计。这些设计既要考虑分析目标的需要，也要考虑公司或组织的风格。在页面布局中的视觉对象排列方面，要注意视觉对象的大小要合适，对齐要合理，如果页面对象较多，还可采用对象间留白的方式突出重点。

🔔 **提 示**

报表设计不能一蹴而就，应根据实际需求不断调整和优化。

二、Power BI 交互式操作报表功能认知

从前面学习的内容可知，Power BI 报表是动态报表，因为 Power BI 给出了强大的功能支持报表的交互式操作。例如：操作切片器动态查看报表数据、操作筛选器动态查看报表数据等。

除了已经学过的切片器操作和筛选器操作形成的交互式报表操作，Power BI 还提供了其他的交互式功能支持报表的动态交互，限于篇幅，下面仅列举一些，更多的功能由同学们自行探索。

（1）报表中各视觉对象展示的数据均可以联动，即当选中某视觉对象中的某个数据点时，默认情况下，报表页面中其他的视觉对象会以此视觉对象的选择作为外部筛选条件，自动更新各自的数据显示。当其他视觉对象不需要与此视觉对象的选择发生联动时，可通过设置此视觉对象的【格式】|【交互】|【编辑交互】功能断开与其他视觉对象间的联动。

（2）报表中的筛选器分为三类：此视觉对象上的筛选器、此页上的筛选器、所有

页面上的筛选器。从三类筛选器的名字便可看出，这些筛选器的操控范围由某视觉对象到某页报表、再到报表所有页面，形成一个由小到大的交互式筛选控制逻辑。

（3）Power BI 提供了在报表页中插入按钮和形状的方法，这些按钮和形状都可以设置鼠标单击时的互动操作，即当报表阅读者在发布后的报表页面上单击设置了操作的按钮或形状时，报表将执行该按钮或形状的对应操作，从而体现 Power BI 报表的动态交互操作效果。

例如，在 Power BI Desktop 的【插入】|【元素】|【按钮】|【导航器】菜单中，有一个能实现报表多页面导航的功能组件——【页面导航器】。此功能可以在当前报表页面上添加一组按钮，这组按钮由当前 Power BI 文件中所有报表页面的名称组成，通过这组按钮，便可轻松实现报表导航栏设计。

三、财务分析指标认知

财务分析指标是一系列总结、评价企业财务状况和经营成果的数值指标，这些指标根据其分析目标的不同，可分为偿债能力分析指标、营运能力分析指标、盈利能力分析指标和发展能力分析指标。

简单而言，偿债能力分析指标用来评价企业偿还到期债务的能力。营运能力分析指标用来评价企业管理层的管理水平和资产运用能力。盈利能力分析指标用来评价企业资金增值的能力。发展能力分析指标用来评价企业扩大规模、壮大实力的潜在能力。

除了上面的四大能力分析指标，还有一些专门的分析模型可用于企业财务状况和经营成果的综合分析。例如，杜邦分析法（DuPont Analysis，最早由美国杜邦公司使用的一种分析方法）就是一种利用几个主要财务比率之间的关系来综合分析和评价公司盈利能力和股东权益回报水平的方法，其基本做法是将企业净资产收益率逐级分解为多项财务比率乘积，以利于深入分析和比较企业经营业绩。杜邦分析模型如图 6-1 所示。

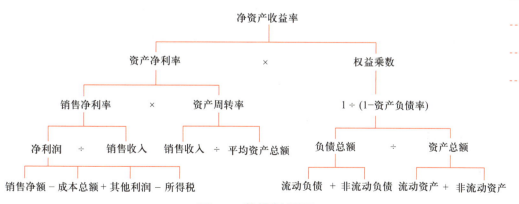

图 6-1　杜邦分析模型

207

【任务实施】

一、导入素材文件

步骤 1： 新建一个 Power BI 文件。将素材文件"用友网络财务报表.xlsx"中的"资产负债表"工作表和"利润表"工作表加载到文件中。

步骤 2： 在 Power Query 中查看导入的数据，仔细解读数据的组织形式，确定数据清洗、转换、合并、整理的方法和流程。

资产负债表和利润表的原始形式相同：数据表的各个列是报表项目名称及若干报告日期，数据表的每行表示某个报表项目及其各报告日期的相应金额，如图 6-2（a）和（b）所示（限于篇幅，仅展示部分数据）。

ABC Column1	ABC 123 Column2	ABC 123 Column3	ABC 123 Column4	ABC 123 Column5
报告日期	2021/12/31	2020/12/31	2019/12/31	2018/12/31
货币资金/万元	461602	560488	714745	553081
结算备付金/万元	--	--	--	--
拆出资金/万元	--	--	--	--
交易性金融资产/万元	28143	23039	22106	--
衍生金融资产/万元	--	--	--	--

（a）资产负债表

ABC Column1	ABC 123 Column2	ABC 123 Column3	ABC 123 Column4	ABC 123 Column5
报告日期	2021/12/31	2020/12/31	2019/12/31	2018/12/31
营业总收入/万元	893180	852459	850966	770350
营业收入/万元	893180	852459	850966	770350
利息收入/万元	--	--	--	--
已赚保费/万元	--	--	--	--
手续费及佣金收入/万元	--	--	--	--

（b）利润表

图 6-2　导入的资产负债表和利润表部分数据截图

步骤 3： 在 Power Query 中对资产负债表和利润表分别作提升标题行、逆透视、修改列名、非法字符替换、修改各列数据类型等操作，使资产负债表和利润表均变成由项目名称、年份和金额三列组成，每行数据均表示某报表项目的某年份的相应金额，如图 6-3（a）和（b）所示（限于篇幅，仅展示部分数据）。

步骤 4： 以追加方式将资产负债表和利润表进行上下行合并，将合并后的数据集重命名为财务报表。

步骤 5： 将 Power Query 的修改结果应用到 Power BI Desktop 中。

ABC 项目名称 ▼	📅 年份 ▼	1²₃ 金额 ▼
货币资金/万元	2021/12/31	461602
货币资金/万元	2020/12/31	560488
货币资金/万元	2019/12/31	714745
货币资金/万元	2018/12/31	553081
货币资金/万元	2017/12/31	402215
货币资金/万元	2016/12/31	454599

（a）资产负债表

ABC 项目名称 ▼	📅 年份 ▼	1²₃ 金额 ▼
营业总收入/万元	2021/12/31	893180
营业总收入/万元	2020/12/31	852459
营业总收入/万元	2019/12/31	850966
营业总收入/万元	2018/12/31	770350
营业总收入/万元	2017/12/31	634366
营业总收入/万元	2016/12/31	511335

（b）利润表

图 6-3　完成清洗整理后的资产负债表和利润表部分数据截图

二、数据建模

步骤 1： 在 Power BI Desktop 中，切换到模型视图，查看当前数据模型。可以看到当前模型中有三张表，但是这三张表间并不存在数据逻辑上的关联关系，因此，不必在它们之间建立表间关系。

步骤 2： 财务报表中包括了资产负债表和利润表的所有数据行，因此，后续分析及可视化呈现不再使用资产负债表和利润表。为简化报表设计界面，可分别单击资产负债表和利润表右上角的 ◎ 按钮，将表隐藏起来，如图 6-4 所示，这样在报表视图的字段窗格中这两张表为不可见状态。

导入、清洗和数据建模

🗇 利润表　　　⚆ ⋮	🗇 资产负债表　　⚆ ⋮	🗇 财务报表　　　◎ ⋮
Σ 金额　　　　⚆	Σ 金额　　　　⚆	Σ 金额
📅 年份　　　　⚆	📅 年份　　　　⚆	📅 年份
项目名称　　⚆	项目名称　　⚆	项目名称
折叠 ∧	折叠 ∧	折叠 ∧

图 6-4　表间关系模型

三、设计度量值模型

基于财务报表中的数据，设计用友网络财务指标综合分析的度量值模型如

209

表 6-1 所示。这些度量值将从偿债能力、成长能力、盈利能力、营运能力及杜邦分析等角度对用友网络整体财务状况和经营状况进行综合分析。

表 6-1　用友网络财务指标综合分析度量值设计

度量值名称	计算公式
流动比率	从财务报表中分别获取项目名称为"流动资产合计（万元）"和"流动负债合计（万元）"对应的金额；按照公式：流动资产总计 / 流动负债合计，完成流动比率的计算
速动比率	从财务报表中分别获取项目名称为"流动资产合计（万元）""流动负债合计（万元）"及"存货（万元）"对应的金额；按照公式：（流动资产合计 - 存货）/ 流动负债合计，完成速动比率的计算
现金比率	从财务报表中分别获取项目名称为"货币资金（万元）"及"流动负债合计（万元）"对应的金额；按照公式：货币资金 / 流动负债合计，完成现金比率的计算
资产负债率	从财务报表中分别获取项目名称为"负债合计（万元）"及"资产总计（万元）"对应的金额；按照公式：负债合计 / 资产总计，完成资产负债率的计算
权益乘数	按照公式：1/（1 - 资产负债率），完成权益乘数的计算
净利润增长率	从财务报表中分别获取项目名称"净利润（万元）"对应的当年金额及上年金额；按照公式：（当年净利润 - 上年净利润）/ 上年净利润（万元），完成净利润增长率的计算
净资产增长率	从财务报表中分别获取项目名称"所有者权益（或股东权益）合计（万元）"对应的当年金额及上年金额；按照公式：（当年所有者权益（或股东权益）合计 - 上年所有者权益（或股东权益）合计）/ 上年所有者权益（或股东权益）合计，完成净资产增长率的计算
主营业务收入增长率	从财务报表中分别获取项目名称"营业收入（万元）"对应的当年金额及上年金额；按照公式：（当年营业收入 - 上年营业收入）/ 上年营业收入，完成主营业务收入增长率的计算
总资产增长率	从财务报表中分别获取项目名称"资产总计（万元）"对应的当年金额及上年金额；按照公式：（当年资产总计 - 上年资产总计）/ 上年资产总计，完成总资产增长率的计算
平均资产总额	从财务报表中分别获取项目名称"资产总计（万元）"对应的当年金额及上年金额；按照公式：（年初资产总计 + 年末资产总计）/2 =（上年末资产总计 + 当年末资产总计）/2，计算平均资产总额
资产合计	从财务报表中获取项目名称"资产总计（万元）"对应的金额
负债合计	从财务报表中获取项目名称"负债合计（万元）"对应的金额
净利润	从财务报表中获取项目名称"净利润（万元）"对应的金额

续表

度量值名称	计算公式
营业收入	从财务报表中获取项目名称"营业收入（万元）"对应的金额
总资产收益率	从财务报表中分别获取项目名称"利润总额（万元）"及"利息支出（万元）"对应的金额；按照公式：（利润总额＋利息支出）/平均资产总额，完成总资产收益率的计算
总资产净利率	从财务报表中获取项目名称"净利润（万元）"对应的金额；按照公式：净利润/平均资产总额，完成总资产净利率的计算。
营业净利率	从财务报表中分别获取项目名称为"净利润（万元）"及"营业收入（万元）"对应的金额；按照公式：净利润/营业收入，完成营业净利率的计算
净资产收益率	按照公式：总资产净利率/权益乘数，完成净资产收益率的计算
存货周转率	从财务报表中分别获取项目名称"营业成本（万元）"及"存货（万元）"对应的当年金额和上年金额；按照公式：营业成本/平均存货，完成存货周转率的计算。其中，平均存货＝（年初存货期末金额＋年末存货期末金额）/2＝（上年末存货期末金额＋当年末存货期末金额）/2
固定资产周转率	从财务报表中分别获取项目名称"营业收入（万元）"及"固定资产（万元）"对应的当年金额和上年金额；按照公式：营业收入/平均固定资产，完成固定资产周转率的计算。其中，平均固定资产＝（年初固定资产期末金额＋年末固定资产期末金额）/2＝（上年末固定资产期末金额＋当年末固定资产期末金额）/2
应收账款周转率	从财务报表中分别获取项目名称"营业收入（万元）"及"应收账款（万元）"对应的当年金额和上年金额；按照公式：营业收入/平均应收账款，完成应收账款周转率的计算。其中，平均应收账款＝（年初应收账款期末金额＋年末应收账款期末金额）/2＝（上年末应收账款期末金额＋当年末应收账款期末金额）/2
总资产周转率	从财务报表中获取项目名称"营业收入（万元）"对应的金额；按照公式：营业收入/平均资产总额，完成总资产周转率的计算

四、创建度量值

由于本任务需创建的度量值较多，为方便管理，可创建多个表来管理这些度量值。下面将按企业财务分析中的四大能力指标体系及杜邦分析体系对这些度量值进行分类管理。

步骤 1：创建偿债能力分析的相关度量值。

步骤 1.1：利用【主页】|【数据】功能区中的【输入数据】功能新建"偿债能

力指标度量值表", 用来管理模型中偿债能力分析的相关度量值。

步骤 1.2: 选中偿债能力指标度量值表, 利用【表工具】|【计算】功能区中的【新建度量值】功能, 依序创建下列度量值。

流动比率 =

VAR CurrentAssets = CALCULATE(SUM(' 财务报表 '[金额]), ' 财务报表 '[项目名称]=" 流动资产合计 (万元)") //CurrentAssets 是流动资产合计

VAR CurrentLiabilities = CALCULATE(SUM(' 财务报表 '[金额]), ' 财务报表 '[项目名称]=" 流动负债合计 (万元)") //CurrentLiabilities 是流动负债合计

RETURN DIVIDE(CurrentAssets, CurrentLiabilities)

速动比率 =

VAR CurrentAssets = CALCULATE(SUM(' 财务报表 '[金额]), ' 财务报表 '[项目名称]=" 流动资产合计 (万元)")

VAR CurrentLiabilities = CALCULATE(SUM(' 财务报表 '[金额]), ' 财务报表 '[项目名称]=" 流动负债合计 (万元)")

VAR CurrentStock = CALCULATE(SUM(' 财务报表 '[金额]), ' 财务报表 '[项目名称]=" 存货 (万元)")

RETURN DIVIDE(CurrentAssets−CurrentStock, CurrentLiabilities)

现金比率 =

VAR MonetaryCapital = CALCULATE(SUM(' 财务报表 '[金额]), ' 财务报表 '[项目名称]=" 货币资金 (万元)")

VAR CurrentLiabilities = CALCULATE(SUM(' 财务报表 '[金额]), ' 财务报表 '[项目名称]=" 流动负债合计 (万元)")

RETURN DIVIDE(MonetaryCapital, CurrentLiabilities)

资产负债率 =

VAR TotalLiabilities = CALCULATE(SUM(' 财务报表 '[金额]), ' 财务报表 '[项目名称]=" 负债合计 (万元)")

VAR TotalAssets = CALCULATE(SUM(' 财务报表 '[金额]), ' 财务报表 '[项目名称]=" 资产总计 (万元)")

RETURN DIVIDE(TotalLiabilities, TotalAssets)

权益乘数 = DIVIDE(1, 1−[资产负债率])

步骤 2: 创建营运能力分析的相关度量值。

步骤 2.1: 利用【主页】|【数据】功能区中的【输入数据】功能新建 "营运能力指标度量值表", 用来管理模型中营运能力分析的相关度量值。

步骤 2.2: 选中营运能力指标度量值表, 利用【表工具】|【计算】功能区中的

【新建度量值】功能，依序创建下列度量值。

存货周转率 =

VAR OperatingCosts = CALCULATE(SUM(' 财务报表 '[金额]), ' 财务报表 '[项目名称]=" 营业成本 (万元)")

VAR CurrentStock = CALCULATE(SUM(' 财务报表 '[金额]), ' 财务报表 '[项目名称]=" 存货 (万元)")

VAR CurrentStockLastyear = CALCULATE(SUM(' 财务报表 '[金额]), ' 财务报表 '[项目名称]=" 存货 (万元)", SAMEPERIODLASTYEAR(' 财务报表 '[年份]))

//CurrentStockLastyear 是存货去年的值

RETURN DIVIDE(OperatingCosts, DIVIDE(CurrentStock + CurrentStockLastyear, 2))

固定资产周转率 =

VAR BusinessIncome = CALCULATE(SUM(' 财务报表 '[金额]), ' 财务报表 '[项目名称]=" 营业收入 (万元)")

VAR FixedAssets = CALCULATE(SUM(' 财务报表 '[金额]), ' 财务报表 '[项目名称]=" 固定资产 (万元)")

VAR FixedAssetsLastyear = CALCULATE(SUM(' 财务报表 '[金额]), ' 财务报表 '[项目名称]=" 固定资产 (万元)", SAMEPERIODLASTYEAR(' 财务报表 '[年份]))

RETURN DIVIDE(BusinessIncome, DIVIDE(FixedAssets + FixedAssetsLastyear, 2))

应收账款周转率 =

VAR BusinessIncome = CALCULATE(SUM(' 财务报表 '[金额]), ' 财务报表 '[项目名称]=" 营业收入 (万元)")

VAR AccountsReceivable = CALCULATE(SUM(' 财务报表 '[金额]), ' 财务报表 '[项目名称]=" 应收账款 (万元)")

VAR AccountsReceivableLastyear = CALCULATE(SUM(' 财务报表 '[金额]), ' 财务报表 '[项目名称]=" 应收账款 (万元)", SAMEPERIODLASTYEAR(' 财务报表 '[年份]))

RETURN DIVIDE(BusinessIncome, DIVIDE(AccountsReceivable + AccountsReceivableLastyear, 2))

平均资产总额 =

VAR TotalAssets = CALCULATE(SUM(' 财务报表 '[金额]), ' 财务报表 '[项目名称]=" 资产总计 (万元)")

VAR TotalAssetsLastyear = CALCULATE(SUM(' 财务报表 '[金额]), ' 财务报表 '[项目名称]=" 资产总计 (万元)", SAMEPERIODLASTYEAR(' 财务报表 '[年份]))

RETURN DIVIDE(TotalAssets + TotalAssetsLastyear, 2)

总资产周转率 =

VAR BusinessIncome = CALCULATE(SUM(' 财务报表 '[金额]),' 财务报表 '[项目名称] = " 营业收入 (万元)")

RETURN DIVIDE(BusinessIncome, [平均资产总额])

步骤 3：创建盈利能力分析的相关度量值。

步骤 3.1：利用【主页】|【数据】功能区中的【输入数据】功能新建"盈利能力指标度量值表"，用来管理模型中盈利能力分析的相关度量值。

步骤 3.2：选中盈利能力指标度量值表，利用【表工具】|【计算】功能区中的【新建度量值】功能，依序创建下列度量值。

总资产收益率 =

VAR TotalProfit = CALCULATE(SUM(' 财务报表 '[金额]),' 财务报表 '[项目名称] = " 利润总额 (万元)")

VAR InterestExpense = CALCULATE(SUM(' 财务报表 '[金额]),' 财务报表 '[项目名称] = " 利息支出 (万元)")

RETURN DIVIDE(TotalProfit + InterestExpense, [平均资产总额])

总资产净利率 =

VAR NetProfit = CALCULATE(SUM(' 财务报表 '[金额]),' 财务报表 '[项目名称] = " 净利润 (万元)")

RETURN DIVIDE(NetProfit, [平均资产总额])

营业净利率 =

VAR NetProfit = CALCULATE(SUM(' 财务报表 '[金额]),' 财务报表 '[项目名称] = " 净利润 (万元)")

VAR BusinessIncome = CALCULATE(SUM(' 财务报表 '[金额]),' 财务报表 '[项目名称] = " 营业收入 (万元)")

RETURN DIVIDE(NetProfit, BusinessIncome)

净资产收益率 = [总资产净利率] × [权益乘数]

步骤 4：创建成长能力分析的相关度量值。

步骤 4.1：利用【主页】|【数据】功能区中的【输入数据】功能新建"成长能力指标度量值表"，用来管理模型中成长能力分析的相关度量值。

步骤 4.2：选中成长能力指标度量值表，利用【表工具】|【计算】功能区中的【新建度量值】功能，依序创建下列度量值。

净利润增长率 =

VAR NetProfit = CALCULATE(SUM(' 财务报表 '[金额]),' 财务报表 '[项目名称] = " 净利润 (万元)")

VAR NetProfitLastyear = CALCULATE(SUM(' 财务报表 '[金额]), ' 财务报表 '[项目名称] =" 净利润 (万元)", SAMEPERIODLASTYEAR(' 财务报表 '[年份]))

RETURN DIVIDE(NetProfit−NetProfitLastyear, NetProfitLastyear)

净资产增长率 =

VAR OwnerEquity = CALCULATE(SUM(' 财务报表 '[金额]), ' 财务报表 '[项目名称] =" 所有者权益 (或股东权益) 合计 (万元)")

VAR OwnerEquityLastyear = CALCULATE(SUM(' 财务报表 '[金额]), ' 财务报表 '[项目名称] =" 所有者权益 (或股东权益) 合计 (万元)", SAMEPERIODLASTYEAR(' 财务报表 '[年份]))

RETURN DIVIDE(OwnerEquity−OwnerEquityLastyear, OwnerEquityLastyear)

主营业务收入增长率 =

VAR BusinessIncome = CALCULATE(SUM(' 财务报表 '[金额]), ' 财务报表 '[项目名称] =" 营业收入 (万元)")

VAR BusinessIncomeLastyear = CALCULATE(SUM(' 财务报表 '[金额]), ' 财务报表 '[项目名称] =" 营业收入 (万元)", SAMEPERIODLASTYEAR(' 财务报表 '[年份]))

RETURN DIVIDE(BusinessIncome−BusinessIncomeLastyear, BusinessIncomeLastyear)

总资产增长率 =

VAR TotalAssets = CALCULATE(SUM(' 财务报表 '[金额]), ' 财务报表 '[项目名称] =" 资产总计 (万元)")//a 是资产总计

VAR TotalAssetsLastyear = CALCULATE(SUM(' 财务报表 '[金额]), ' 财务报表 '[项目名称] =" 资产总计 (万元)", SAMEPERIODLASTYEAR(' 财务报表 '[年份]))//b 是资产总计上一期值

RETURN DIVIDE(TotalAssets−TotalAssetsLastyear, TotalAssetsLastyear)

步骤 5：创建杜邦分析的相关度量值。

步骤 5.1：利用【主页】|【数据】功能区中的【输入数据】功能新建"杜邦分析度量值表"，用来管理模型中杜邦分析的相关度量值。

步骤 5.2：选中杜邦分析度量值表，利用【表工具】|【计算】功能区中的【新建度量值】功能，依序创建下列度量值。

资产合计 = CALCULATE(SUM(' 财务报表 '[金额]), ' 财务报表 '[项目名称] =" 资产总计 (万元)")*10000

负债合计 = CALCULATE(SUM(' 财务报表 '[金额]), ' 财务报表 '[项目名称] =" 负债合计 (万元)")*10000

净利润 = CALCULATE(SUM(' 财务报表 '[金额]), ' 财务报表 '[项目名称] =" 净利

润（万元）")*10000

营业收入 = CALCULATE(SUM(' 财务报表 '[金额]),' 财务报表 '[项目名称]=" 营业收入（万元）")*10000

创建度量值（2）

🔔 **提 示**

由于原始数据是以万元为金额单位，而 Power BI Desktop 默认以元为金额单位，因此，需在数据清洗或计算时还原数据单位，以保证报表展示时金额显示的正确性。此处是在度量值计算时还原金额单位。

五、数据可视化

本任务将针对企业偿债能力、营运能力、盈利能力、成长能力及杜邦分析等分析方法分别设计可视化报表，形成针对用友网络相对完整的分析结果。用友网络财务指标综合分析报表设计框架如图 6-5 所示。

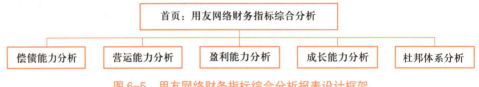

图 6-5　用友网络财务指标综合分析报表设计框架

（一）制作首页

步骤 1：在报表视图的【字段】窗格中，选中财务报表的年份列，在【列工具】|【格式化】的【格式】下拉选项中，选中（yyyy）格式，将年份列显示为四位年格式。

步骤 2：修改"第 1 页"报表的名称为"首页"。

步骤 3：单击【插入】|【元素】|【形状】下拉列表中的【圆角矩形】，在首页中添加 1 个圆角矩形对象；设置此形状的填充颜色为"#1D849E"（十六进制颜色值），无边框；矩形中显示的文本为"用友网络财务指标综合分析"，字体大小为50，加粗，白色；矩形大小为：高度 300 像素，宽度 1 279 像素；矩形在报表中的位置为：水平 0 像素位置处，垂直 95 像素位置处。

步骤 4：同步骤 3，再依次插入 5 个圆角矩形对象，并按表 6-2 的内容对这些圆角矩形对象参数进行设置。

表 6-2 圆角矩形对象参数表

序号	填充颜色值及边框设置	显示文本	字体设置	大小设置	位置设置
1	#1D849E，无边框	偿债能力分析	大小 20，加粗，白色	高 70 宽 200	水平 0 垂直 518
2	#1D849E，无边框	营运能力分析	大小 20，加粗，白色	高 70 宽 200	水平 267 垂直 518
3	#1D849E，无边框	盈利能力分析	大小 20，加粗，白色	高 70 宽 200	水平 539 垂直 518
4	#1D849E，无边框	成长能力分析	大小 20，加粗，白色	高 70 宽 200	水平 813 垂直 518
5	#1D849E，无边框	杜邦体系分析	大小 20，加粗，白色	高 70 宽 200	水平 1080 垂直 518

制作首页

 提 示

实际操作中，也可以采用复制的方法来简化这多个圆角矩形的插入与设置。

（二）制作偿债能力分析页

步骤 1：添加一个新的报表页，命名为"偿债能力分析"。

步骤 2：在此报表中添加一个折线图对象，以财务报表中的年份列为 X 轴（设置不显示年份的日期层次结构，仅显示原本的年份值），以偿债能力指标度量值表中的现金比率、速动比率、流动比率为 Y 轴。对此折线图完成下面的设置：① 在折线图上显示标记和数据标签，并修改速动比率标记为正方形，流动比率标记为菱形；② 修改折线图形的标题为"现金比率、速动比率和流动比率对比"；字体大小为 14，加粗；③ 图形大小：高 290，宽 1 240；④ 图形位置：水平 21，垂直 121；⑤ 给折线图添加边框和阴影。

步骤 3：同样地，再以财务报表的年份列为 X 轴，以偿债能力指标度量值表的资产负债率为 Y 轴，制作折线图。对此折线图完成下面的设置：① 在折线图上显示标记和数据标签，修改资产负债率度量值的显示格式为百分比形式；② 修改折线图形的标题为"资产负债率分析"；字体大小为 14，加粗；③ 图形大小：高 290，宽 1 240；④ 图形位置：水平 21，垂直 421；⑤ 给折线图添加边框和阴影；⑥ 添加趋势线，并对资产负债率未来两个年度的值作出预测。

制作偿债能力分析页

（三）制作营运能力分析页

步骤 1： 添加一个新的报表页，命名为"营运能力分析"。

步骤 2： 在此报表中添加一个折线图对象，以财务报表中的年份列为 X 轴（设置不显示年份的日期层次结构，仅显示原本的年份值），以营运能力指标度量值表中的应收账款周转率为 Y 轴。对此折线图完成下面的设置：① 在折线图上显示标记和数据标签；② 修改折线图的标题为"应收账款周转率"；字体大小为 14，加粗；③ 图形大小：高 285，宽 615；④ 图形位置：水平 21，垂直 130；⑤ 给折线图添加边框和阴影。

步骤 3： 复制步骤 2 的折线图，粘贴 3 次形成 3 个新的折线图。按表 6-3 的内容修改新折线图的相关参数。

表 6-3 新折线图的相关参数

制作营运能力分析页

序号	Y 轴	图表标题	图形位置
1	固定资产周转率度量值	固定资产周转率	水平 647，垂直 130
2	存货周转率度量值	存货周转率	水平 21，垂直 430
3	总资产周转率度量值	总资产周转率	水平 647，垂直 430

（四）制作盈利能力分析页

步骤 1： 添加一个新的报表页，命名为"盈利能力分析"。

步骤 2： 在此报表中添加一个堆积面积图对象，以财务报表中的年份列为 X 轴（设置不显示年份的日期层次结构，仅显示原本的年份值），以盈利能力指标度量值表中的总资产收益率、总资产净利率、营业净利率、净资产收益率为 Y 轴，并设置这四个度量值的显示格式为百分比形式。接着，对此图完成下面的设置：① 显示标记和数据标签；② 修改图形的标题为"盈利能力分析"，字体大小为 14，加粗；③ 图形大小：高 573，宽 1240；④ 图形位置：水平 21，垂直 130；⑤ 添加边框和阴影。

（五）制作成长能力分析页

步骤 1： 添加一个新的报表页，命名为"成长能力分析"。

步骤 2： 复制营运能力分析报表页中的 4 个折线图，粘贴到成长能力分析报表页中。按表 6-4 的内容修改成长能力分析报表页中各折线图的相关参数。

表 6-4 成长能力分析报表页中各折线图的相关参数

序号	Y 轴	图表标题
1	主营业务收入增长率度量值	主营业务收入增长率
2	净利润增长率度量值	净利润增长率
3	总资产增长率度量值	总资产增长率
4	净资产增长率度量值	净资产增长率

制作成长能
力分析页

（六）制作杜邦体系分析页

步骤 1：添加一个新的报表页，命名为"杜邦体系分析"。

步骤 2：在此报表页中添加一个切片器，以财务报表的年份列为切片器字段，设置切片器为垂直方向、单选型的列表显示方式；切片器标头文本的字体大小为 16，加粗，白色；切片器值的字体大小为 16，加粗，白色；切片器背景色值为 #1D849E；添加边框和阴影；切片器大小：高 578，宽 129；切片器位置：水平 26，垂直 129。

步骤 3：插入一个矩形框，设置此形状样式的填充色为：白色，10% 较深；形状大小为：高 578，宽 1 095；形状位置为：水平 171，垂直 129；添加边框和阴影。

步骤 4：利用卡片图视觉对象和【插入】|【元素】|【形状】下的【直线】形状，制作如图 6-6 所示的杜邦分析图，相关参数自行调整。

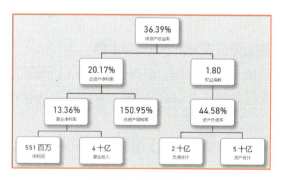

图 6-6 杜邦分析图

🔔 **提 示**

图 6-6 中各卡片图的当前数据显示的是 2011 年的数据，实际制作中，数据会因所选年份的不同而不同。

制作杜邦体
系分析页

（七）设置各报表页间的相互跳转

用友网络财务指标综合分析共包含 6 张报表页，下面为这些报表页设置相互跳转功能。

步骤 1： 在首页中添加"开始分析"按钮，当单击此按钮时，进入偿债能力分析页面。

步骤 1.1： 在首页中，单击【插入】|【元素】|【按钮】下拉列表中的【空白】，在首页中添加 1 个按钮对象。

步骤 1.2： 在【格式】窗格|【按钮】面板中完成下列设置：① 在【形状】中，设置按钮形状为"圆角矩形"；② 在【样式】|【文本】中，设置按钮显示的文本为"开始分析"，字体大小为 15，加粗，颜色为"#1D8496"；③ 在【操作】中，设置按钮的操作【类型】为"页导航"，导航【目标】为"偿债能力分析"，即当报表使用者单击此按钮时，将跳转到偿债能力分析报表页。

步骤 1.3： 在【格式】窗格|【常规】面板中，设置按钮大小为：高 55，宽 127；位置为：水平 1 116，垂直 626。

🔔 **提 示**

为按钮对象设置【操作】|【页导航】，实现了单击按钮跳转到其他报表页面的功能，这是一种动态报表交互效果。不过需要注意的是，在报表编辑状态下跟踪按钮的跳转时，需要在按住 Ctrl 键的同时，单击该按钮才能跳转到对应报表页面。而当报表发布后，报表使用者直接单击按钮即可实现链接跳转（发布报表需要登录 Power BI）。

步骤 2： 为偿债能力分析页面添加页面导航器。

步骤 2.1： 在偿债能力分析页面，单击【插入】|【元素】|【按钮】下拉列表中的【导航器】|【页面导航器】，在当前报表页面添加跳转到其他报表页面的导航条。

步骤 2.2： 在导航器对象的【格式】窗格|【视觉对象】面板中完成下列设置：① 在【形状】中，修改形状为"五角形箭头"，【圆角】为 10 像素；② 在【样式】|【文本】中，设置字体大小为 16，加粗，白色；③ 在【样式】|【填充】中，设置填充颜色为"#1D849E"；④ 添加【发光】效果，发光颜色设为"#1D849E"。

步骤 2.3： 在导航器对象的【格式】窗格|【常规】面板中，设置导航器大小为：高 98，宽 1 240；位置为：水平 21，垂直 16。

最终完成的导航器效果如图 6-7 所示，Power BI 会自动为导航器中的各个按钮设置好链接目标，并自动以不同的按钮颜色标识当前页面。

首页　偿债能力分析　营运能力分析　盈利能力分析　成长能力分析　杜邦体系分析

图 6-7　导航器效果图

提 示

图 6-7 所示的导航器中，各导航按钮上的文本来自不同报表页的名称，这是由 Power BI 自动提取的按钮名，同时 Power BI 自动为这些按钮设置了跳转到各相应报表页面的链接。当报表页名称或报表页数发生变化时，导航器也会自动进行更新。

步骤 3： 为其他报表页面添加页面导航器。将偿债能力分析页面的导航器复制到营运能力分析、盈利能力分析、成长能力分析及杜邦体系分析等各报表页面，复制到各报表页的导航器会自动识别当前报表页面，并以不同的按钮颜色标识当前页面，这样就完成了为所有报表页面添加页面导航器的操作。

至此，用友网络财务指标综合分析报表设计完成，请保存当前 Power BI Desktop 文件为"用友网络财务指标综合分析.pbix"，保存位置自行设定。

设置页面导航

【动手实践】

中国软件与技术服务股份有限公司（股票简称：中国软件，股票代码：600536）是中国电子信息产业集团公司控股的大型高科技上市软件企业，是国家规划布局的重点软件企业。请从网络中获取中国软件资产负债表及利润表数据，利用所学知识，在 Power BI 中基于财务指标对该公司进行综合分析，并将文件保存为"中国软件财务指标综合可视化分析.pbix"。

【任务评价】

在"学习评价表"上记录一下你学会了多少。

学习评价表

学习内容	完成度评价
交互式报表设计认知	是□ 否□
财务分析指标认知	是□ 否□
偿债能力分析可视化	是□ 否□

续表

学习内容	完成度评价
营运能力分析可视化	是□ 否□
盈利能力分析可视化	是□ 否□
成长能力分析可视化	是□ 否□
杜邦分析可视化	是□ 否□
多页面链接跳转	是□ 否□
财务指标综合可视化分析	是□ 否□

任务二　中国信创产业上市公司现金流量表分析可视化设计

【任务说明】

现有中国信创产业 13 家上市公司自 2017 年至 2021 年连续 5 年的现金流量表数据，请在 Power BI Desktop 中对这些公司历史各年度现金流量表进行可视化分析，为报表阅读者提供必要的对比信息，辅助其制订相应的决策。

【相关知识】

一、不同视觉对象特点认知

Power BI Desktop 提供了许多视觉对象，熟悉这些视觉对象各自的特点，对于我们选择合适的视觉对象完成数据可视化呈现非常重要。根据这些视觉对象的特点，可将它们大概归为不同的类别。下面对这些类别和具体的视觉对象进行列举。

（一）比较类视觉对象

比较类视觉对象常用于进行数据比较，柱形图系列、条形图系列、矩阵及表等都可归类于比较类别。

Power BI Desktop 提供的柱形图有堆积柱形图、簇状柱形图、百分比堆积柱形图等，这些柱形图用宽度相同的垂直柱形的高矮显示不同类别间的数据比较。使用这些图形时，X 轴常用来表示需要对比的分类维度，Y 轴常用来表示相应的数值。

Power BI Desktop 提供的条形图有堆积条形图、簇状条形图、百分比堆积条形

222

图等，这些条形图用宽度相同的条形的长短显示不同类别间的数据比较。使用这些图形时，Y轴常用来表示需要对比的分类维度，X轴常用来表示相应的数值。

矩阵和表都是以逻辑序列的行和列表示相关数据的网格型对象，可以在矩阵和表中包含标头行或合计行。矩阵与Excel中的数据透视表类似，表与Excel中的二维数据表类似。

（二）时间类视觉对象

时间类视觉对象常用来呈现随时间变化的数据，折线图、组合图、分区图等都可归为此类别。

折线图常用X轴表示时间，用Y轴表示对比的数据。折线图特别适合展示随时间变化的数据趋势，Power BI Desktop专门为折线图提供了数据趋势展示与预测功能。

组合图可在一个图形中同时展示折线图和柱形图，当展示的数据具有不同的量纲单位时，使用组合图可以更合理地展示对比数据。例如一种数据是比率，另一种数据是以百万为单位的金额时，可以使用组合图更合理地展示对比数据。

分区图与折线图相似，只不过分区图用颜色填充了坐标轴和折线间的区域，用于吸引报表阅读者的注意力。

（三）排名类视觉对象

排名类视觉对象常用于展示不同数据间的排序对比，饼图、环形图、丝带图、树状图等视觉对象可归入此类别。

饼图和环形图常用于展示不同类别的占比情况，不过，饼图是实心图，环形图是空心图。丝带图具有一定的美感，适合于展示数据的排名变化，帮助报表阅读者快速发现数据中的最大值。

（四）流向类视觉对象

流向类视觉对象常用于展示数据整体走向及形状，散点图、瀑布图、漏斗图等都可归入此类别。

散点图常用于展示X轴的数据和Y轴的数据间是否存在相关性。瀑布图采用绝对值与相对值结合的方式，展示随着数据的增加或减少而不断变化的总数，因显示结果形如瀑布而得名。漏斗图以阶段式显示不同阶段数据的占比，因显示结果形如漏斗而得名。

（五）单值类视觉对象

单值类视觉对象主要用于展示特定的一个值，卡片图、KPI（关键绩效指标）、仪表盘等视觉对象都可归入此类别。

卡片图，又名大数字磁贴，常用于显示某个重要的数值。KPI常用于展示实际值与目标值之间的差异。仪表盘常用于展示单个指标值相对于目标值的百分比。

Power BI 还提供了切片器、地图、分解树等其他视觉对象，有的视觉对象在前面的项目中已多处使用，有的视觉对象还未使用，限于篇幅，此处不再赘述各视觉对象的特点，请自行研究使用。

二、下载和导入视觉对象

Power BI 除了在报表可视化窗格中提供了一些视觉对象，还在其官方商店和网站提供了其他类型的视觉对象。当需要在报表中使用更多类型的视觉对象时，可单击【可视化】|【生成视觉对象】面板中的【获取更多视觉对象】按钮（····），如图 6-8 所示，利用【获取更多视觉对象】或【从文件导入视觉对象】功能，加载所需要的其他视觉对象。

图 6-8　获取更多视觉对象

🔔 **提 示**

菜单项【获取更多视觉对象】是指从 Power BI 网站下载并导入视觉对象，此种方式需要事先登录 Power BI 账户。菜单项【从文件导入视觉对象】是指从本地计算机中加载视觉对象文件，此种方式需要事先有相应的视觉对象文件。

三、现金流量表分析认知

现金流量表是反映企业在一定会计期间的现金和现金等价物流入和流出的报表。对现金流量表进行分析，可以评价企业的偿债能力、支付股利能力、自我创造能力等，利于投资者或管理者做出投资决策。

现金流量表分析一般包括对货币资金净增加额的分析、经营活动现金流量分析、投资活动现金流量分析、筹资活动现金流量分析等。

【任务实施】

一、导入素材文件

步骤1：新建一个 Power BI 文件，将素材文件夹"中国信创产业上市公司现金流量表"以文件夹导入的方式加载到该文件中。素材文件夹下包含多个信创产业上市公司的现金流量表，将这些现金流量表合并到一个表中。

步骤2：在 Power Query 中查看导入的数据，仔细解读数据的组织形式，并对数据进行清洗、转换和整理。完成清洗、转换前的示例数据文件数据如图6-9（a）所示，完成清洗、转换后的合并数据表如图6-9（b）所示（限于篇幅，仅截取部分数据）。将合并后的数据表重命名为"现金流量表"。

	ABC 报告日期	ABC 2021/12/31	ABC 2020/12/31	ABC 2019/12/31	ABC 2018/12/31	ABC 2017/12/31
1	销售商品、提供劳务收到的现金/...	93083	55975	44296	41505	32606
2	客户存款和同业存放款项净增...	--	--	--	--	--
3	向中央银行借款净增加额/万元	--	--	--	--	--
4	向其他金融机构拆入资金净增...	--	--	--	--	--
5	收到原保险合同保费取得的现金/...	--	--	--	--	--
6	收到再保险业务现金净额/万元	--	--	--	--	--
7	保户储金及投资款净增加额/万元	--	--	--	--	--

（a）清洗转换前的数据表（部分数据截图）

	ABC 股票名称	ABC 股票代码	ABC 项目名称	年份	1²₃ 金额
1	东方通	300379	销售商品、提供劳务收到的...	2021/12/31	93083
2	东方通	300379	销售商品、提供劳务收到的...	2020/12/31	55975
3	东方通	300379	销售商品、提供劳务收到的...	2019/12/31	44296
4	东方通	300379	销售商品、提供劳务收到的...	2018/12/31	41505
5	东方通	300379	销售商品、提供劳务收到的...	2017/12/31	32606
6	东方通	300379	客户存款和同业存放项净...	2021/12/31	0
7	东方通	300379	客户存款和同业存放项净...	2020/12/31	0
8	东方通	300379	客户存款和同业存放款净...	2019/12/31	0
9	东方通	300379	客户存款和同业存放款净...	2018/12/31	0
10	东方通	300379	客户存款和同业存放款净...	2017/12/31	0

（b）清洗转换后的数据表（部分数据截图）

图6-9 中国信创产业上市公司现金流量表数据

导入文件夹及相应的清洗转换操作请参见"导入、清洗与数据建模"视频（见边白处二维码），清洗步骤不要求完全相同，但需保证清洗结果相同。

步骤3：导入素材文件"现金流量表辅助表.xlsx"，并对导入的数据进行清洗、转换等操作，完成清洗转换后的数据表如图6-10所示（限于篇幅，仅截取部分数据）。

此文件的清洗转换操作请参见"导入、清洗与数据建模"视频（见边白处二维码），清洗步骤不要求完全相同，但需保证清洗结果相同。

	ABC 项目名称	▼	ABC 项目分类	▼
1	销售商品、提供劳务收到的现金		1经营活动现金流入	
2	客户存款和同业存放款项净增加额		1经营活动现金流入	
3	向中央银行借款净增加额		1经营活动现金流入	
4	向其他金融机构拆入资金净增加额		1经营活动现金流入	
5	收到原保险合同保费取得的现金		1经营活动现金流入	
6	收到再保险业务现金净额		1经营活动现金流入	

图 6-10　清洗转换后的现金流量表辅助表（部分数据截图）

🔔 **提　示**

现金流量表辅助表用于对现金流量表中的报表项目进行项目分类，此分类可用于对现金流量表中的数据进行分组筛选或展示。实际应用中，可依据统计或可视化要求，合理地对报表项目进行分类设置。

步骤 4：将 Power Query 的修改结果应用到 Power BI Desktop 中。

二、数据建模

在 Power BI Desktop 中，切换到模型视图，查看当前数据模型。可以看到当前模型中有两张表，这两张表基于项目名称列创建了一对多单向筛选的表间关系，如图 6-11 所示。

导入、清洗
与数据建模

图 6-11　表间关系模型

三、设计度量值模型

基于现金流量表中的数据，设计中国信创产业上市公司现金流量表分析的度量值模型。中国信创产业上市公司现金流量表分析度量值设计如表 6-5 所示。这些度量值将从经营活动、投资活动、筹资活动等角度对企业一定期间内获取现金或现金等价物的能力进行综合分析。

表 6-5　中国信创产业上市公司现金流量表分析度量值设计

度量值名称	计算公式
经营活动现金净流量	从现金流量表中获取项目名称为"经营活动产生的现金流量净额"对应的金额
投资活动现金净流量	从现金流量表中获取项目名称为"投资活动产生的现金流量净额"对应的金额
筹资活动现金净流量	从现金流量表中获取项目名称为"筹资活动产生的现金流量净额"对应的金额
环比增长率	从现金流量表中获取当期金额及去年同期金额；按照公式：（当期金额－去年同期金额）/ 去年同期金额，完成环比增长率的计算

四、创建度量值

步骤1：利用【主页】|【数据】功能区中的【输入数据】功能新建"度量值表"，用来管理当前模型中的所有度量值。

步骤2：选中度量值表，利用【表工具】|【计算】功能区中的【新建度量值】功能，依序创建下列度量值。

经营活动现金净流量 = CALCULATE(SUM(' 现金流量表 '[金额]),' 现金流量表 '[项目名称]=" 经营活动产生的现金流量净额 ")

投资活动现金净流量 = CALCULATE(SUM(' 现金流量表 '[金额]),' 现金流量表 '[项目名称]=" 投资活动产生的现金流量净额 ")

筹资活动现金净流量 = CALCULATE(SUM(' 现金流量表 '[金额]),' 现金流量表 '[项目名称]=" 筹资活动产生的现金流量净额 ")

环比增长率 =
VAR CashValue = CALCULATE(SUM(' 现金流量表 '[金额]))
VAR CashValueLastyear = CALCULATE(SUM(' 现金流量表 '[金额]),
SAMEPERIODLASTYEAR(' 现金流量表 '[年份]))
RETURN DIVIDE(CashValue−CashValueLastyear, CashValueLastyear)

设计与创建
度量值（2）

五、数据可视化

本任务将针对中国信创产业上市公司现金流量表的分析活动设计可视化呈现效果，整体效果由两张报表页组成：现金流量表分析和现金流量表之词云分析，两张报表可通过按钮实现互相跳转。中国信创产业上市公司现金流量表分析设计如图 6-12 所示。

图 6-12　中国信创产业上市公司现金流量表分析设计

（一）制作现金流量表分析页

步骤 1：在报表视图的【字段】窗格中，选中现金流量表的年份列，在【列工具】|【格式化】的【格式】下拉选项中，选中（yyyy）格式，将年份列显示为四位年格式。

步骤 2：修改"第 1 页"报表的名称为"现金流量表分析"。

步骤 3：在现金流量表分析报表中插入一个切片器，设置切片器中显示的【字段】为现金流量表的股票名称列和年份列，并对切片器完成下面的设置：① 设置切片器为单项选择方式；② 切片器标题文本为股票名称和年份，字体大小为 16；③ 切片器大小为：高 641，宽 213；位置为：水平 0，垂直 79；④ 添加视觉对象边框。

步骤 4：在现金流量表分析报表中插入一个矩阵，设置矩阵中显示的【行】为辅助表的项目分类列和项目名称列，【值】为现金流量表的金额列和度量值表的环比增长率度量值，并对矩阵完成下面的设置：①【样式预设】设置为交替行；② 矩阵中【值】的字体大小设置为 12，【行标题】文本的字体大小设置为 12；③ 取消【列小计】和【行小计】；④ 矩阵大小为：高 408，宽 485；位置为：水平 224，垂直 79；⑤ 添加视觉对象边框；⑥ 设置环比增长率度量值的显示格式为百分比形式。

步骤 5：在现金流量表分析报表中插入一个簇状柱形图，设置柱形图的【X 轴】为现金流量表的年份列（仅显示年份，不显示日期层次结构），【Y 轴】为度量值表的经营活动现金净流量、投资活动现金净流量、筹资活动现金净流量等度量值，并对此图完成下面的设置：① 图表标题设置为"现金流量变动结构"，字体大小为 14，加粗，水平居中；② 打开【数据标签】；③ 柱形图大小为：高 408，宽 559；位置为：水平 720，垂直 79；④ 添加边框。

步骤 6：在现金流量表分析报表中插入一个环形图，设置环形图的【图例】为辅助表的项目分类列，【值】为现金流量表的金额列，并对此图完成下面的设置：① 图表标题设置为"经营活动现金结构"，字体大小为 14，加粗，水平居中。② 关闭图例显示。③ 设置【详细信息标签】的标签内容为：类别，总百分比。

④ 环形图大小为：高 220，宽 340；位置为：水平 225，垂直 496。⑤ 添加视觉对象边框。⑥ 添加筛选条件：在筛选器窗格中，设置"项目分类"字段等于"1 经营活动现金流入"或"2 经营活动现金流出"。

步骤 7： 复制步骤 6 的环形图，粘贴为两个新的环形图。分别对两个粘贴后的环形图作以下设置。针对第一个环形图，设置：① 图表标题设置为"投资活动现金结构"；② 环形图位置为：水平 583，垂直 496；③ 修改筛选条件：在筛选器窗格中，修改"项目分类"字段等于"3 投资活动现金流入"或"3 投资活动现金流出"。针对第二个环形图，设置：① 图表标题设置为"筹资活动现金结构"；② 环形图位置为：水平 940，垂直 496；③ 修改筛选条件：在筛选器窗格中，修改项目分类字段等于"4 筹资活动现金流入"或"5 筹资活动现金流出"。

步骤 8： 在现金流量表分析报表中插入一个【文本框】，在文本框中输入文本"现金流量表分析"；将输入光标定位到文本的最左边，然后单击文本框工具栏上的【值】，展开【值】设计界面；在该界面的【如何计算此值】中，输入"股票名称"，如图 6-13 所示。此操作在标题文本中插入一个动态的股票名称值，此值将跟随当前报表正在显示的股票名称自动变化。当前报表中有一个控制"股票名称"筛选的切片器，当在切片器中选中"宝兰德"时，切片器将控制报表页面所有视觉对象都更新为宝兰德的数据，自然地，标题文本也会跟随当前切片器所选的股票名称更新为：宝兰德现金流量表分析。

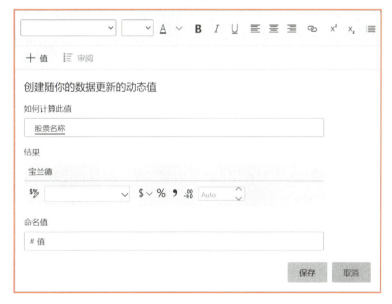

图 6-13　设置动态标题

步骤 9： 设置标题文本的字体大小为 32，加粗，水平居中，#118DFF 主题颜色 1；设置标题在报表页面上方居中位置显示。

制作现金流量表分析页

（二）制作现金流量表之词云分析页

步骤 1：添加一个新的报表页，命名为"词云分析"。

步骤 2：在【可视化】窗格中，单击【生成视觉对象】面板中的【获取更多视觉对象】按钮（...），从展开的下拉菜单中选择【从文件导入视觉对象】，将"WordCloud.WordCloud1447959067750.2.0.0.0.pbiviz"视觉对象文件导入到 Power BI 中（此视觉对象文件可从本教材提供的素材包中获得）。

步骤 3：在词云分析报表中，插入一个词云视觉对象，设置【类别】为现金流量表的项目名称列（即，以项目名称列的值作为词云对象中显示的词），【值】为现金流量表的金额列（即，以金额列的值决定词云对象中显示的词的大小，金额越大，词显示的越大；反之，越小）；并对此图完成下面的设置：① 图表标题设置为"基于金额大小展示项目名称"，字体大小为 16，加粗。② 词云图大小为：高 585，宽 1234；位置为：水平 21，垂直 122。③ 添加视觉对象边框。④ 添加筛选条件：在筛选器窗格中，添加辅助表的项目分类列到筛选器中，设置"项目分类"字段不等于"（空白）"。

步骤 4：为当前词云分析报表页设置动态标题。

步骤 4.1：在度量值表中新增一个度量值：

> 动态标题 = SELECTEDVALUE(' 现金流量表 '[股票名称])&YEAR(SELECTEDVALUE(' 现金流量表 '[年份]))&" 现金流量表之词云分析 "

此度量值的功能是将现金流量表的股票名称列的当前值、年份列的当前值及字符串"现金流量表之词云分析"，用字符串连接符号（&）连接成一个长字符串。其中，"SELECTEDVALUE('现金流量表'[股票名称])"用来返回现金流量表的股票名称列的当前值；"SELECTEDVALUE('现金流量表'[年份])"用来返回现金流量表的年份列的当前值（年月日形式），YEAR( ) 从当前年份值中取出四位数字的年。

步骤 4.2：在词云分析报表页中插入一个卡片图，设置卡片图的【字段】为度量值表中的动态标题度量值；并对此图完成下面的设置：① 设置【标注值】的字体大小为 32，颜色为"#118DFF 主题颜色 1"。② 关闭【类别标签】；③ 卡片图大小为：高 97，宽 1233；位置为：水平 21，垂直 11。

（三）设置切片器跨页同步交互

设置现金流量表分析和词云分析两张报表基于切片器实现跨页同步交互效果。

步骤 1：切换到现金流量表分析报表页面，选中此页中的切片器对象，单击【视图】|【显示窗格】|【同步切片器】按钮，在报表界面中显示【同步切片器】窗格。

步骤 2：在【同步切片器】窗格中，勾选词云分析页面后的同步选项（），

制作现金流
量表之词云
分析页

使现金流量表分析报表页面中的切片器对象的操作同步到词云分析页面，如图 6-14 所示。

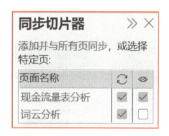

图 6-14　同步切片器

🔔 **提 示**

　　若要将现金流量表分析报表页面中的切片器对象同步显示在词云分析页面，可在【同步切片器】窗格中勾选词云分析页面后的显示选项（），这样，不用重复制作或复制现金流量表分析报表页面中的切片器对象，就可在词云分析页面显示同样的切片器。

（四）设置报表页间的跳转

　　在两张报表页间设置跳转，方便报表使用者在现金流量表分析页面和词云分析页面间相互跳转。

　　步骤 1：在现金流量表分析页面，单击【插入】|【元素】|【按钮】下拉列表中的【右箭头】，在当前页面中添加 1 个按钮对象。选中此按钮对象，在【格式】窗格|【按钮】面板中完成下列设置：① 在【样式】中，设置按钮文本为"下一页"，字体大小为 16，加粗，颜色为"#118DFF，主题颜色 1"。② 在【样式】|【填充】中，设置按钮填充色为"白色，10% 较深"。③ 打开【操作】开关，设置操作【类型】为"页导航"，导航【目标】为"词云分析"，即当报表使用者单击此按钮时，跳转到词云分析报表页。④ 设置按钮大小为：高 58，宽 123；位置为：水平 1157，垂直 12。

　　步骤 2：在词云分析页面，单击【插入】|【元素】|【按钮】下拉列表中的【向左键】，在当前页面中添加 1 个按钮对象。选中此按钮对象，在【格式】窗格|【按钮】面板中完成下列设置：① 在【样式】中，设置按钮文本为"上一页"，字体大小为 16，加粗，颜色为"#118DFF，主题颜色 1"。② 在【样式】|【填充】中，设置按钮填充色为"白色，10% 较深"。③ 打开【操作】开关，设置操作【类型】为"页导航"，导航【目标】为"现金流量表分析"，即当报表使用者单击此按钮时，跳转到现金流量表分析报表页。④ 设置按钮大小为：高 58，宽 123；位置为：水平 0，垂直 30。

　　最终设计好的两张报表页面如图 6-15（a）和（b）所示。

　　至此，中国信创产业上市公司现金流量表分析报表设计完成，请保存当前 Power BI Desktop 文件为"中国信创产业上市公司现金流量表分析.pbix"，保存位置自行设定。

不同报表页间的动态交互

（a）现金流量表分析

（b）词云分析

图 6-15　中国信创产业上市公司现金流量表分析设计

【动手实践】

随着新一代信息技术的发展，大数据逐渐渗透到社会、商业和个人生活的方方面面，越来越多的企业开始布局大数据业务，大数据行业也涌现出大批上市公司。

目前，大数据行业上市公司主要有：易华录（300212）、美亚柏科（300188）、海量数据（603138）、同有科技（300302）、海康威视（002415）、依米康（300249）、常山北明（000158）、思特奇（300608）、科创信息（300730）、神州泰岳（300002）、蓝色光标（300058）等。请从网络中获取上述公司的现金流量表数据，利用所学知识，在 Power BI Desktop 中对这些公司的现金流量表进行综合分析，并将文件保存为"中国大数据行业上市公司现金流量表分析.pbix"。

【任务评价】

在"学习评价表"上记录一下你学会了多少。

学习评价表

学习内容	完成度评价
不同视觉对象的特点认知	是☐ 否☐
下载和导入视觉对象	是☐ 否☐
切片器跨页同步交互	是☐ 否☐
词云分析	是☐ 否☐
现金流量表分析	是☐ 否☐

下篇

业务财务融合综合实训篇

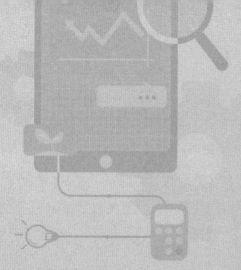

项目七
企业进销存报表分析

7

学习目标 >>>

知识目标

理解企业进销存分析的基本概念和关键指标，如销售额、销售量、客户数、采购额、采购量、库存数量等

了解企业进销存报表分析的基本流程，包括从数据获取到报表生成的全过程

掌握企业进销存报表分析可视化设计方法

技能目标

能够基于 Power BI 实现具有一定规模的企业进销存项目的可视化分析

能够根据企业进销存项目可视化展示的需要，合理选择可视化组件

能够灵活应用 Power BI 的过滤器和切片器，实现企业进销存可视化报表的动态交互分析

素养目标

通过综合项目训练，增强学生对复杂数据逻辑的理解力

通过综合项目训练，整体提升学生在实际项目上的综合数据模型设计与分析能力

项目说明 >>>

　　进销存又称购销链。对于商品流通企业来说，进销存是从商品的采购（进）到入库（存）到销售（销）的动态管理过程。对于工业企业来说，进销存是从原材料的采购（进）到入库（存）到领料加工到产品入库（存）再到销售（销）的动态管理过程。

　　百味调味品有限公司是某省大型的调味品经销商，其经销的商品品种涵盖了酱油、蚝油、醋、调味酱、鸡精、味精、油类等。近些年来，由于需求端疲软，调

味品市场面临"产旺销不旺，供旺需不旺"的处境，导致该公司整体渠道出现销售疲软、库存过多、资金积压和信息反馈滞后等问题。为了提升该公司的进销存数字化管理水平，本项目将基于该公司的"企业进销存报表数据源.xlsx"素材文件，在Power BI Desktop中制作一份"企业进销存分析报表"，对该公司的销售、客户、采购、库存等方面进行多维度分析，帮助其利用数据报表掌控进销存动态数据变化，为管理决策提供依据。

项目分解 >>>

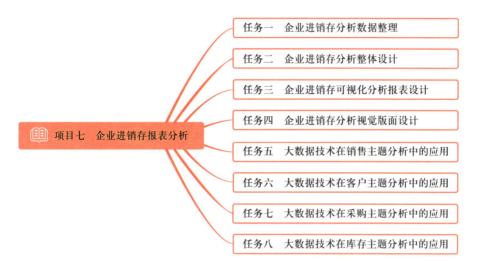

任务一

企业进销存分析数据整理

一、企业进销存分析原始数据认知

观察素材文件"企业进销存报表数据源.xlsx"中的数据，对其中各数据的特点进行理解和分析。

首先，该Excel文件包含5张表，即采购表、销售表、商品信息表、客户信息表和供应商信息表。各表的原始数据说明如表7-1所示。

表 7-1 原始数据说明

工作表名称	行数	列数	数据内容
采购表	1 574	11	不同采购批次的采购信息：采购批次、采购日期、商品 ID、供应商 ID、采购单价、采购数量、采购金额、支付方式、不合格数量、及时到货数量、入库日期。其中，采购批次取值具有唯一性，该列用来唯一标识每次采购
销售表	9 228	13	不同订单的销售信息：订单编号、订单日期、商品 ID、销售数量、单位成本、销售单价、折扣比率、销售金额、客户 ID、城市、是否会员、销售渠道、入库日期。其中，订单编号取值具有唯一性，该列用来唯一标识每次销售
商品信息表	88	5	不同商品的基本信息：商品 ID、商品名称、单位、商品分类和库区。其中，商品 ID 取值具有唯一性，该列用来唯一标识每件商品
客户信息表	1 499	4	不同客户的基本信息：客户 ID、客户姓名、客户性别、客户年龄。其中，客户 ID 取值具有唯一性，该列用来唯一标识每个客户
供应商信息表	59	4	不同供应商的基本信息：供应商 ID、供应商名称、所在地区、联系人。其中，供应商 ID 取值具有唯一性，该列用来唯一标识每个供应商

接着，对 5 张表的表间关系进行梳理。商品信息表、客户信息表和供应商信息表都是维度表，它们的主要作用是说明商品基本信息、客户基本信息和供应商基本信息。采购表和销售表都是事实表，它们的主要作用是记录采购信息和销售信息。采购表中的商品 ID 列和供应商 ID 列分别来自商品信息表的商品 ID 列和供应商信息表的供应商 ID 列，即每次采购均是从供应商信息表提供的供应商处采购商品信息表中列出的商品；销售表中的商品 ID 列和客户 ID 列分别来自商品信息表的商品 ID 列和客户信息表的客户 ID 列，即每次销售均是向客户信息表提供的客户销售商品信息表中列出的商品。上述 5 张表的表间关系梳理如图 7-1 所示。

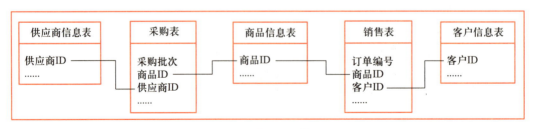

图 7-1 表间关系梳理

二、企业进销存分析数据清洗和整理

由于实际业务中存在数据来源不同、数据格式不同等情况，因而在使用 Power BI Desktop 进行数据计算和可视化呈现之前，需要先对原始数据进行数据清洗和数据整理等操作。

步骤 1：新建一个 Power BI 文件，将素材文件"企业进销存报表数据源.xlsx"中的采购表、供应商信息表、客户信息表、商品信息表和销售表等 5 张工作表全部导入到该文件中。

步骤 2：进入 Power Query，检查是否需要对各表进行数据清洗与整理。由于 Power Query 已经自动对这 5 张表进行了简单清洗和整理，而且这些操作已经使这 5 张表符合进销存分析的要求，故不再需要做其他额外的数据清洗和整理操作。

步骤 3：为了实现进销存分析中的库存主题分析，需要从已有的采购表和销售表中提取与库存有关的数据，形成"库存信息表"。

步骤 3.1：复制"采购表"粘贴为新表"采购表（2）"。选中"采购表（2）"，单击【主页】|【分组依据】（⇨），在打开的【分组依据】对话框中，选中【高级】单选按钮，依次添加"商品 ID""入库日期""采购单价"等列为分组依据，并将新列名命名为"采购数量"，操作选择"求和"，柱选择"采购数量"，最后单击【确定】按钮，如图 7-2 所示。此步骤实现了在"采购表（2）"上依据商品 ID、入库

分组依据

指定要按其进行分组的列以及一个或多个输出。

○ 基本　● 高级

商品ID	▼

入库日期	▼

采购单价	▼

添加分组

新列名	操作	柱
采购数量	求和 ▼	采购数量 ▼

添加聚合

　　　　　　　　　　　　　　　　　　　　　　　　　确定　　取消

图 7-2 对采购表进行分类汇总操作

日期和采购单价三列对采购数量列进行分类汇总的功能，即将相同商品ID、相同入库日期和相同采购单价的采购行分在同一组中，并对该组的采购数量进行汇总求和。

　　将完成分类汇总后的"采购表（2）"的表名修改为"采购汇总表"，如图7-3所示，限于篇幅，仅截取部分数据行。

	1²3 商品ID		入库日期	1.2 采购单价	1.2 采购数量
1	55		2020/12/23	1	890
2	18		2020/12/27	30	210
3	58		2020/12/25	38.22	810
4	11		2020/12/29	30	750
5	61		2020/12/30	11	410
6	21		2020/12/27	23	670
7	21		2020/12/22	23	510

图7-3　完成分类汇总后的采购汇总表（部分数据截图）

　　步骤3.2：同样地，复制"销售表"粘贴为新表"销售表（2）"。选择"销售表（2）"，单击【主页】|【分组依据】，在打开的【分组依据】对话框中，选中【高级】单选按钮，依次添加"商品ID"和"入库日期"两个列为分组依据，并将新列名命名为"销售数量"，操作选择"求和"，柱选择"销售数量"，然后单击【确定】按钮，如图7-4所示。

分组依据

指定要按其进行分组的列以及一个或多个输出。

○ 基本　● 高级

| 商品ID　▼ |
| 入库日期　▼ |

添加分组

新列名	操作	柱
销售数量	求和　▼	销售数量　▼

添加聚合

确定　　取消

图7-4　对销售表进行分类汇总操作

将完成分类汇总后的"销售表（2）"的表名修改为"销售汇总表"，如图 7-5 所示，限于篇幅，仅截取部分数据行。

1²3 商品ID	▼	⊞ 入库日期	▼	1.2 销售数量	▼
1	56	2020/12/27		480	
2	56	2020/12/25		130	
3	70	2021/01/03		870	
4	23	2021/01/09		700	
5	55	2021/01/16		610	
6	30	2021/01/22		410	

图 7-5　完成分类汇总后的销售汇总表（部分数据截图）

？/ 思 考

试用自己的语言来描述此步骤的功能。

步骤 3.3：将图 7-3 的采购汇总表和图 7-5 的销售汇总表进行横向合并，使得合并后的新表中包括商品 ID 列、入库日期列、采购单价列、采购数量列和销售数量列，由此形成进销存分析所需要的"库存信息表"。具体操作如下。

选中采购汇总表，单击【主页】|【组合】|【合并查询】下拉列表中的【将查询合并为新查询】，在打开的【合并】对话框中，按照图 7-6 所示的界面选择要合并的表和匹配列，然后单击【确定】按钮。

在图 7-6 中，采购汇总表和销售汇总表的合并是按照商品 ID 列和入库日期列进行匹配的，这表明当两表存在商品 ID 列和入库日期列取值同时相等的行时，则将来自这两表的行进行横向拼接合并。注意，这两表的合并是采用左外部联接，即合并结果包含左表"采购汇总表"的所有行，但仅包含右表"销售汇总表"的匹配行。

🔔 提 示

在一个表中选择多个匹配列时，需按下 Shift 键（选择连续多列）或 Ctrl 键（选择不连续多列）来配合鼠标的单击。

在合并后的新表中，单击销售汇总表列名右侧的 ⊡ 图标，选择销售数量列，即将销售汇总表的销售数量列显示在合并后的新表中，如图 7-7 所示。然后，修改合并表中的此列名为"销售数量"；修改合并表的表名为"库存信息表"，最终，库存信息表数据如图 7-8 所示（限于篇幅，仅截取部分数据）。

图 7-6 合并采购汇总表和销售汇总表

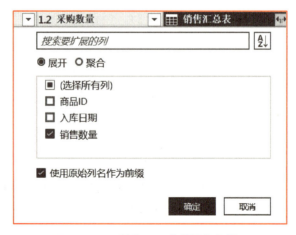

图 7-7 展开销售汇总表的销售数量列

商品ID	入库日期	1.2 采购单价	1.2 采购数量	1.2 销售数量
1	55	2020/12/23	1	890	890
2	56	2020/12/27	16	480	480
3	18	2020/12/27	30	210	210
4	56	2020/12/25	16	130	130
5	58	2020/12/25	38.22	810	810
6	70	2021/01/03	16.5	870	870

图 7-8　库存信息表（部分数据截图）

步骤 4：在合并"采购汇总表"和"销售汇总表"时，由于采购表中的部分商品在销售表中没有销量，而联接种类又是左外部，因而导致合并后的表中，仅有采购数据而没有销售数据的行的销售数量列被系统自动填充为 null。这里需要将这些 null 值修改为 0，为后续计算库存数量作好准备。具体操作为：选中库存信息表的销售数量列，对该列进行值替换，将 null 全部替换为 0。

步骤 5：在库存信息表中，添加一个自定义列，新列名为"库存数量"，列公式为"[采购数量]-[销售数量]"。修改库存数量列的数据类型为整数。

步骤 6：若库存数量为 0，意味着此商品无库存。针对本项目的库存主题分析来说，不需对库存数量为 0 的商品进行分析。因此，选中库存数量列，将该列为 0 的值筛选掉。处理好的库存信息表有 6 列、210 行数据，如图 7-9 所示（限于篇幅，仅截取部分数据）。

商品ID	入库日期	1.2 采购单价	1.2 采购数量	1.2 销售数量	库存数量
1	61	2020/12/30	11	410	0	410
2	24	2020/12/31	6.5	200	172	28
3	75	2020/12/29	105	170	0	170
4	59	2020/12/29	9.9	870	19	851
5	34	2020/12/29	15.5	510	96	414
6	66	2021/01/02	69.9	370	0	370

图 7-9　添加库存数量列后的库存信息表（部分数据截图）

步骤 7：用来生成库存信息表的"采购汇总表"和"销售汇总表"不再作为可视化分析的数据来源，因此，可以不将此二表加载到 Power BI Desktop 模型中。在 Power Query 的查询窗格中，用鼠标右键单击"采购汇总表"，在展开的快捷菜单中，取消勾选【启用加载】选项；同样地，取消"销售汇总表"的【启用加载】选项。不加载到 Power BI Desktop 中的表名在查询窗格中显示为斜体字。

步骤 8：检查所有表中各列的数据类型是否规范，若不符合实际分析，请自行修改。

步骤 9：将 Power Query 的整理结果加载至 Power BI Desktop 模型中。

三、企业进销存分析的表间关系分析

经过上面的操作，企业进销存分析的数据源表现有 6 张表：采购表、销售表、供应商信息表、客户信息表、商品信息表和库存信息表。其中，采购表中包含两个日期列：采购日期和入库日期；销售表中包含两个日期列：订单日期和入库日期；库存信息表中包含一个日期列：入库日期。采购表、销售表和库存信息表之间存在业务逻辑关系，采购表记录采购的商品信息，销售表记录销售商品的信息，库存信息表记录各商品的库存数据。

对于采购表、销售表和库存信息表，可以定义一个专门的日期表来实现三表基于日期的数据联动分析。

步骤 1：新建日期表。单击【建模】|【计算】|【新建表】，在公式编辑框中输入下面的公式：

```
日期表 = CALENDARAUTO( )
```

确认公式输入后，Power BI Desktop 将在当前数据模型中增加一个名为日期表的新表（由 DAX 表达式生成的表的图标为 ▦）。

步骤 2：在数据视图中观察日期表，此表仅包含一个名为 Date 的列，列中包含的日期是从当前数据模型中最小日期所在年的 1 月 1 日开始，到当前数据模型中最大日期所在年的 12 月 31 日为止的一系列连续无间断的日期。当前数据模型中包含日期列的有采购表、销售表和库存信息表，3 表中最小日期值是采购表或销售表中生产日期为 2020 年 12 月 22 日的那个日期，最大日期值是销售表中订单日期为 2022 年 1 月 28 日的那个日期，故 CALENDARAUTO( ) 返回的日期范围就是 2020 年 12 月 22 日所在年的 1 月 1 日起（2020/01/01）至 2022 年 1 月 28 日所在年的 12 月 31 日止（2022/12/31）。

🔔 **提 示**

创建日期表的原因在于，DAX 中有些时间智能函数需要基于连续日期进行计算，而当前数据模型中的生产日期、采购日期和订单日期都不是连续日期，为了有效支持时间智能函数的计算，需要在数据模型中添加专门的、具有连续日期的、覆盖模型中所有日期范围的日期表。

步骤 3：切换到模型视图，查看系统自动建立的表间关系是否正确，若不正确，则需手动删除或建立表间关系。表间关系说明如表 7-2 所示。

表 7-2　表间关系说明

"多"端表（匹配列）	"一"端表（匹配列）	关系类型	交叉筛选器方向
采购表（供应商 ID）	供应商信息表（供应商 ID）	多对一	单一
采购表（采购日期）	日期表（Date）	多对一	单一
采购表（商品 ID）	商品信息表（商品 ID）	多对一	单一
库存信息表（入库日期）	日期表（Date）	多对一	单一
库存信息表（商品 ID）	商品信息表（商品 ID）	多对一	单一
销售表（客户 ID）	客户信息表（客户 ID）	多对一	单一
销售表（订单日期）	日期表（Date）	多对一	单一
销售表（商品 ID）	商品信息表（商品 ID）	多对一	单一

创建好的表间关系在模型视图中的显示如图 7-10 所示。

数据获取及
建立模型

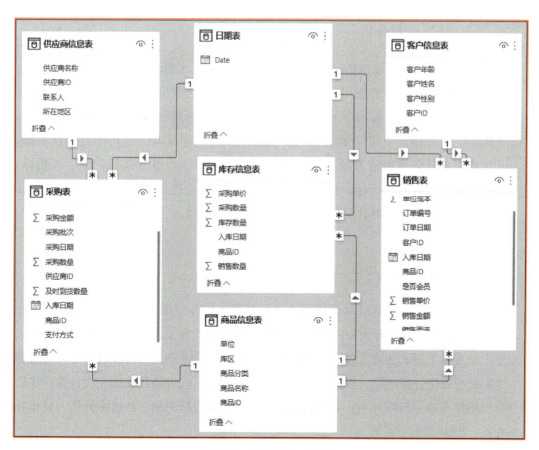

图 7-10　表间数据模型

247

企业进销存分析整体设计

在 Power BI Desktop 中制作可视化分析报表之前，应先针对分析目标确定分析维度，明确所需的分析指标。

根据任务一对原始数据的理解，确定对百味香调味品有限公司进销存数据从以下四个主题展开分析：销售主题分析、客户主题分析、采购主题分析和库存主题分析。企业进销存分析设计如图 7-11 所示。

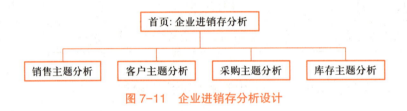

图 7-11　企业进销存分析设计

一、销售主题分析

销售主题分析通常包括针对销售整体情况的分析和针对特定销售问题的分析。通过监控销售日报或销售周报来分析销售目标是否达成就属于针对销售整体情况的分析；为了提升销售额所做的产品对比分析、渠道对比分析、退货量影响分析等就属于针对特定销售问题的分析。根据百味香调味品有限公司的进销存数据，设计销售主题分析所涉及的整体销售分析指标有：销售收入指标、毛利率指标、客单量指标、客单价指标；与提升销售额有关的分析指标有：渠道销售收入占比分析、不同商品毛利对比分析、不同类别商品销售收入占比分析、销售收入时间趋势分析等。

二、客户主题分析

客户主题分析通常针对客户行为进行分析，如客户留存分析、客户流失分析、重点价值分析、客户行为分析等。*RFM* 模型是经典的衡量客户价值和客户创造利益能力的重要工具和手段。基于 *RFM* 模型对客户进行细分，可以形成以客户为主题的高效可视化分析结果。根据百味香调味品有限公司的进销存数据，设计客户主题分析所涉及的分析指标有：客户数量分析指标、*R* 指标分析、*F* 指标分析、*M* 指标分析、*RFM* 类型分析等。

三、采购主题分析

采购主题分析通常可以从两个方面进行，一是基于时间维度的采购金额波动分析或增减变动分析；二是针对供应商供货情况进行分析，如供应商交货及时率分析、合格率分析、评级等。根据百味香调味品有限公司的进销存数据，设计采购主题分析所涉及的分析指标有：采购金额分布指标、采购金额随时间变动分析、供货合格率分析、及时到货率分析等。

四、库存主题分析

库存主题分析一直以来都是企业进销存分析的重点之一，库存管理不当可能会导致大量的库存积压、现金占用、资金链断裂等问题。库存主题分析指标通常有库销比（一个周期内，商品即时库存或期末库存与周期内总销售的比值）、呆滞库存（暂时不用或者永远没有机会使用的具有风险的库存）、动销率（商品动销率＝有销售的商品种类总数／仓库总品种数；某商品动销率＝该商品累计销售数量／该商品库存数量）、库龄天数（库龄是库存账龄的简称，库龄天数是商品放在仓库的天数）、积压损失等。根据百味香调味品有限公司的进销存数据，设计库存主题分析所涉及的分析指标有：各商品平均库龄分析、商品呆滞情况分析、销量与库存关联分析、库存积压损失预测等。

任务三　企业进销存可视化分析报表设计

本项目包括多个主题的可视化实现，为方便报表阅读，可以为整个项目设计一个报表首页。报表首页中的元素一般主要包括报表标题、页面导航、公司 Logo 等，报表主题色通常要与公司 Logo、网站、宣传海报等颜色和风格保持一致。简洁、明了、美观、大方等特点也是制作报表首页时应考虑的问题。

步骤 1：制作首页。

步骤 1.1：切换到报表视图，修改第 1 页报表的名称为"首页"。

步骤 1.2：在【可视化】窗格中单击设置报表页格式的按钮 ，在【画布背景】|【图像】处，上传教材配套提供的图像素材文件"导航页背景图片.jpeg"，设置【图像匹配度】为匹配度，【透明度（％）】为 60。

步骤 1.3：单击【插入】|【元素】|【文本框】，输入文本"企业进销存分析报表"，

字体大小为 54，加粗，颜色为 #000000（黑色）；选中文本中的首字"企"，设置字体大小为 72。在文本框中换行，在下一行输入"—演示平台"，设置字体大小为36。关闭文本框中【效果】|【背景】功能。

步骤 1.4：单击【插入】|【元素】|【形状】中的【药丸】，设置【形状】|【样式】|【文本】为销售主题，字体大小为 24，字体颜色为 #000000；取消形状【边框】。

步骤 1.5：复制步骤 1.4 的形状，粘贴为三个新形状。分别修改新形状的文本为客户主题、采购主题、库存主题，并参考图 7-12，将这些形状调整到报表的合适位置。

图 7-12　首页效果图

步骤 2：制作各页面导航栏。

步骤 2.1：在报表视图中，单击【新建页】按钮（﹢）增加一张新报表，修改报表名称为销售主题。

步骤 2.2：复制销售主题报表，产生 3 个新报表页。依次修改新报表页的名称为客户主题、采购主题、库存主题。

步骤 2.3：切换到销售主题报表页，在【插入】|【元素】|【按钮】下拉列表中，单击【空白】按钮，在报表页中添加一个新按钮。对此按钮完成下面的设置：① 在此按钮的【格式】|【按钮】|【样式】|【文本】面板中，设置文本为销售主题，字体大小设置为 20，加粗，字体颜色为黑色，水平居中对齐；关闭【图标】和【边框】。② 在此按钮的【格式】|【常规】|【属性】面板中，设置按钮大小为：高 52，宽 136。

步骤 2.4：复制步骤 2.3 制作的按钮，粘贴为 3 个新按钮，分别修改按钮文本为客户主题、采购主题、库存主题，并按照表 7-3 完成各按钮的相关设置。

表7-3　各按钮设置

按钮名称	位置	操作类型	导航目标
销售主题	水平 19，垂直 0	页导航	无
客户主题	水平 283，垂直 0	页导航	客户主题
采购主题	水平 537，垂直 0	页导航	采购主题
库存主题	水平 817，垂直 0	页导航	库存主题

表7-3 给出了各按钮的导航目标，由于当前页面是销售主题页面，因而销售主题按钮不须设置导航目标。

步骤 2.5：单击【插入】|【元素】|【形状】下拉列表中的【直线】，在当前报表页中绘制一条高度为 35、宽度为 105 的直线，并将此直线放置在水平 34、垂直 26 的位置处。

步骤 2.6：单击【插入】|【元素】|【图像】按钮，插入素材文件"返回主页.png"文件，调整图片大小为：高 50，宽 116；位置为：水平 1 163，垂直 0。设置图片操作为页导航，导航目标为首页。

最终制作好的导航栏制作效果如图 7-13 所示。

图 7-13　导航栏制作效果

步骤 2.7：同时选中上面的 4 个按钮、销售主题按钮下的线条、返回主页图像，将这些对象全部复制、粘贴到客户主题页面、采购主题页面、库存主题页面，并逐页逐项检查和修改各按钮对应的导航目标。

制作首页及
各页导航栏

 提　示

不要遗漏首页的四个按钮与这些报表间的链接跳转设置。

任务四

企业进销存分析视觉版面设计

根据要展示的数据指标选择合理的视觉对象，并事先为各视觉对象设计报表版面布局，是高效实现可视化报表的必备前提。

一、企业进销存分析对象及指标的视觉版面设计

针对销售主题分析，设计以卡片图展示销售收入、毛利率、客单量、客单价等关键销售指标；以环形图展示不同渠道销售收入占比和不同产品销售收入占比；以折线和簇状柱形图展示销售商品的毛利分析；以折线图展示会员和非会员随时间变化的销售收入增减趋势。整体报表页面以日期和商品分类作为切片器。

针对客户主题分析，设计以卡片图展示平均最近购买时间 R、平均购买频次 F、平均购买金额 M；以树状图展示客户数量分析；以散点图展示客户 RFM 分析；以表形式展示客户分类信息。整体报表页面以日期和 RFM 类型作为切片器。

针对采购主题分析，设计以条形图展示不同商品类别的采购金额排序、不同商品名称的采购金额排序；以散点图展示合格率和及时到货率的关系；以折线图展示不同库区的采购数量对比分析。整体报表页面以日期和供应商名称作为切片器。

针对库存主题分析，设计以卡片图展示库销比、呆滞率和动销率；以柱形图展示平均库龄天数；以散点图展示销售数量占比和库存数量占比的关系；以树状图展示商品预计损失；以矩阵展示不同商品类别、不同库龄天数所占用的金额。整体报表页面以日期和库区作为切片器。

二、企业进销存可视化分析报表布局设计

报表页面布局不仅会影响报表的美观程度，也会影响报表阅读者获取信息的速度。设计报表页面布局时，一方面要注意突出重点信息，以吸引报表阅读者对重点信息的注意力，同时使报表轻重有序；另一方面要注意合理地设计报表页面留白，以减轻报表阅读者理解众多信息的压力，同时提升报表的观感。

实际报表布局设计时，可先将整个页面按照要展示的视觉对象划分为若干个区域（每个区域对应一个可视化视觉对象），然后根据突出重点的要求，调整视觉对象在报表中的位置、大小、颜色、边框等。对于多页面报表展示，要注意使用一致的版面布局和颜色设置，在提升报表整体协调性的同时，也能节省设计报表的时间。

下面讲述一下如何在 Power BI Desktop 中快速进行报表版面设计。在 Power BI Desktop 报表视图中编辑视觉对象时，可以通过复制已设置好参数的视觉对象或者更换视觉对象达到快速设置多个视觉对象的目的。借助这个方法，可以在设计报表布局时，先设置好一个视觉对象，再通过复制粘贴此对象，调整对象类型、大小和布局来快速实现报表页面布局设计。

步骤1：切换到销售主题页面，在【可视化】窗格中将卡片图视觉对象添加到报表页面，再任选一个表中的数据列作为此卡片图要展示的数据【字段】（此处选择了采购表中的采购数量）。

🔔 提　示

步骤1可以任选一个视觉对象，以其作为报表页面的占位对象进行布局排版。由于视觉对象需要先添加数据才能进行格式设置，而卡片图的数据设置非常简单，故此处选择卡片图作为版面设计用的占位对象。

任选一个数据列作为卡片图要展示的数据字段，其原因是视觉对象没有数据就无法进行格式设置。

步骤2：选中此卡片图对象，完成下面的设置：① 在【可视化】|【设置视觉对象格式】|【常规】|【效果】中，设置视觉对象边框颜色：#000000，圆角：10。② 在【可视化】|【设置视觉对象格式】|【常规】的【标题】中，设置字体大小：15，字体颜色：#000000。

步骤3：按照销售主题报表页的指标和视觉对象设计方案，将卡片图占位符进行多次复制粘贴，形成多个占位对象。按照前述销售主题报表页的设计思路，通过选中某占位卡片图，再单击【可视化】|【生成视觉对象】面板中的其他视觉对象，将卡片图更换为所设计的视觉对象类型。调整各占位视觉对象的大小、位置等参数，完成销售主题报表页面所有占位对象的合理布局。

步骤4：按照前述销售主题报表页的设计思路，将各占位卡片图更换为预先设计好的视觉对象。

步骤5：用同样的方法，继续完成客户主题报表页、采购主题报表页、库存主题报表页的布局设计。最终设计好的各页面布局如图7-14的（a）图至（d）图所示。注意报表布局没有绝对标准，此设计仅供参考。

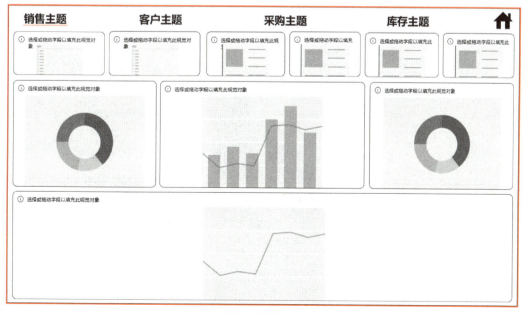

（a）销售主题报表页的设计

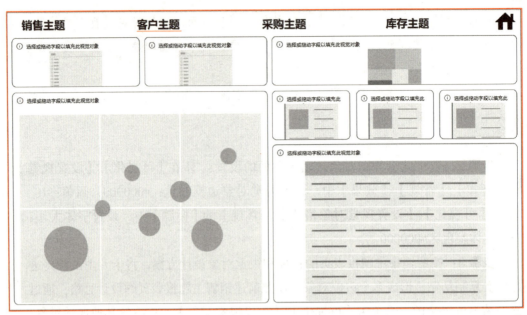

(b) 客户主题报表页的设计

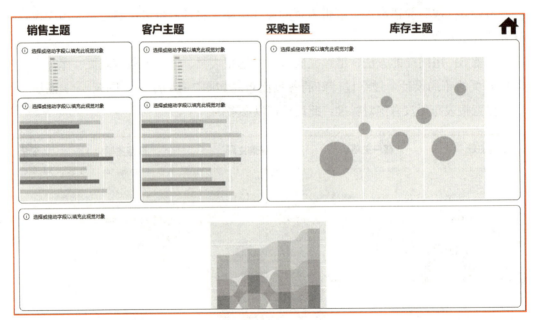

(c) 采购主题报表页的设计

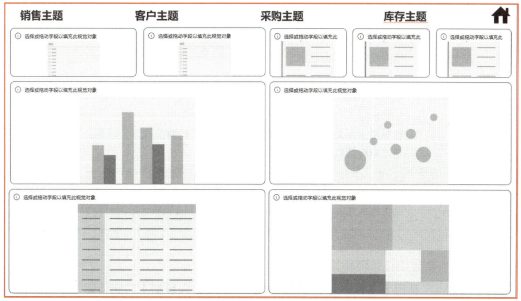

（d）库存主题报表页的设计

图 7-14　报表布局设计效果

制作页面报表布局设计

任务五

大数据技术在销售主题分析中的应用

一、销售关键指标分析

在销售页面中，首先要将销售收入、毛利率、客单量、客单价等销售关键指标展示出来。销售关键指标往往也是经常关注的指标，或是公司绩效指标，不同行业、不同公司的销售关键指标会有所不同。

（一）设计销售关键指标

针对销售表中的数据特征，设计销售收入、毛利率、客单量、客单价等销售关键指标的计算方法如表 7-4 所示。

表 7-4　销售关键指标的计算方法

度量值名称	计算方法
销售收入	对销售表的销售金额列求和
销售成本	首先计算销售表中每一行的单位成本和销售数量的乘积，再对这些乘积结果求和

续表

度量值名称	计算方法
毛利润	销售收入 − 销售成本
毛利率	毛利润 / 销售收入
客单量	客单量是平均每个客户（订单）一次购买的商品数量，计算公式：销售表中全部销售数量总和 / 销售表的订单数量
客单价	客单价是平均每个客户（订单）一次购买的金额，计算公式：销售表中全部销售收入总和 / 销售表的订单数量

（二）新建销售关键指标度量值

步骤 1：利用【主页】|【数据】功能区中的【输入数据】功能新建"度量值表"，用来管理模型中的所有度量值。

步骤 2：选中度量值表，利用【表工具】|【计算】功能区中的【新建度量值】功能，依序创建下列度量值。

销售收入 = SUM(' 销售表 '[销售金额])
销售成本 = SUMX(' 销售表 ', [单位成本]*[销售数量])
毛利润 = [销售收入]−[销售成本]
毛利率 = DIVIDE([毛利润], [销售收入])
客单量 = DIVIDE(SUM(' 销售表 '[销售数量]), DISTINCTCOUNT(' 销售表 '[订单编号]))
客单价 = DIVIDE([销售收入], DISTINCTCOUNT(' 销售表 '[订单编号]))

🔔 提 示

DISTINCTCOUNT( ) 为去重计数函数，即对不重复的订单编号进行计数。销售表的订单编号本身具有唯一性，因此，也可以使用 COUNT( ) 函数对订单编号进行计数。

（三）展示销售关键指标

按照任务五设计好的销售主题报表页面布局，将销售关键指标展示在报表页面中。由于报表页面已经有占位视觉对象，因此，只需为这些占位视觉对象设置好数据字段，即可展示出销售关键指标。

步骤 1：切换到销售主题报表页面。

步骤 2：由图 7-14 中销售主题报表页的版面划分可知，第一排右侧 4 个位置处是使用卡片图展示销售关键指标。

步骤 3：分别将度量值表中的销售收入、毛利率、客单量和客单价 4 个度量值设置为这 4 个卡片图视觉对象的数据字段。

步骤 4：依次对这 4 个卡片图作以下格式设置：① 在【可视化】|【设置视觉对象格式】|【视觉对象】的【标注值】中，设置字体大小：30，字体颜色：#000000；② 设置【类别标签】字体颜色 #000000。

 提 示

选中毛利率度量值，在【度量工具】中点击 **%**，以百分比显示此列的值。

最终完成销售主题关键指标卡片图如图 7-15 所示。

图 7-15　销售主题关键指标卡片图

制作销售主题页面（1）

二、各渠道销售收入占比分析

销售渠道是商品所有权转移过程中所经过的各个环节连接起来形成的通道。销售渠道是影响销售业务发展的重要因素，本进销存分析项目涉及的销售渠道有线上、线下和经销商三个渠道。按照设计方案，下面将使用环形图展示不同渠道的销售收入占比情况。

步骤 1：切换到销售主题报表页面。

步骤 2：由图 7-14 中销售主题报表页的版面划分可知，第二排左侧第一个位置处是使用环形图展示各渠道销售收入占比。

步骤 3：选中此位置的占位对象，将销售表的销售渠道列拖放至环形图的【图例】中，将度量值表中的销售收入度量值拖放至环形图的【值】中。

步骤 4：设置环形图视觉对象格式。在【常规】|【标题】面板中，修改标题【文本】为：各渠道销售收入占比。

最终完成各渠道销售收入占比图如图 7-16 所示。

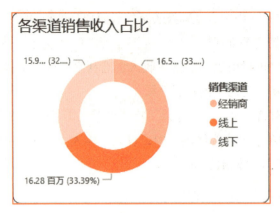

图 7-16 各渠道销售收入占比图

三、各类商品销售收入占比分析

展示各类商品销售收入占比可帮助企业关注重点商品销售所得，按照设计方案，下面将使用环形图展示不同类别商品的销售收入占比情况。

步骤 1：切换到销售主题报表页面。

步骤 2：由图 7-14 中销售主题报表页的版面划分可知，第二排右侧第一个位置处是使用环形图展示各类商品销售收入占比。

步骤 3：选中此位置的占位对象，将商品信息表的商品分类列拖放至环形图的【图例】中，将度量值表中的销售收入度量值拖放至环形图的【值】中。

步骤 4：设置环形图视觉对象格式。在【常规】|【标题】面板中，修改标题【文本】为"各类商品销售收入占比"。

最终完成各类商品销售收入占比图如图 7-17 所示。

制作销售主题页面(2)

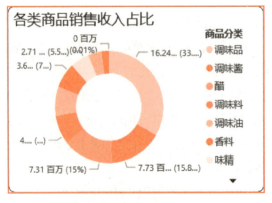

图 7-17 各类商品销售收入占比图

四、商品毛利的帕累托分析

毛利是企业获得利润的基础，一般来说，商品毛利越高，则该商品的盈利能力也越强。企业通常会销售多种不同的商品，不同商品贡献的毛利也不同。为了分析哪些商品的毛利贡献较高，可对商品毛利进行帕累托分析。帕累托分析的核心思想是：在决定一个事物的众多因素中分清主次，识别出少数的但对事物起决定作用的关键因素和多数的但对事物影响较少的次要因素。应用帕累托分析法可帮助企业快速定位毛利贡献度高的主力商品或头部商品，进而提升销售效率。

（一）设计帕累托分析指标

在表 7-4 的基础上，继续设计计算毛利占比、毛利累计占比的度量值，如表 7-5 所示。

表 7-5　帕累托分析所需的度量值

度量值名称	计算方法
毛利占比	某商品毛利 / 所有商品毛利总额
毛利累计占比	不同商品的毛利占比之和

（二）新建毛利润帕累托分析度量值

选中度量值表，利用【表工具】|【计算】功能区中的【新建度量值】功能，依序创建下列度量值。

毛利占比 = DIVIDE([毛利], CALCULATE([毛利], ALL(' 商品信息表 ')))
毛利累计占比 =
VAR cur_rate = [毛利占比]
RETURN CALCULATE([毛利占比], FILTER(ALL(' 商品信息表 '[商品名称]), [毛利占比]> = cur_rate)).

毛利占比度量值利用 DIVIDE( ) 函数计算当前上下文的毛利润度量值与基于商品信息表的所有数据行计算而来的毛利度量值相除的结果。

毛利累计占比的计算有些复杂。理解复杂公式时，一定要注意各函数的功能与计算顺序。对于毛利累计占比公式，可从以下两步来理解其计算过程。

第 1 步：公式 "VAR cur_rate = [毛利占比]" 完成 cur_rate 变量的定义，并为此变量赋值 "[毛利占比]"。注意，"[毛利占比]" 是度量值，它将依据当前上下文环境进行计算，即 cur_rate 变量保存的值是当前上下文的毛利占比（例如，若当前上下文是某个商品，则 cur_rate 变量的值就是此商品的毛利占比）。

第2步：在 RETURN 返回 CALCULATE( ) 的计算结果时，首先计算 CALCULATE( ) 函数中的筛选器，即计算 "FILTER(ALL(' 商品信息表 '[商品名称]), [毛利占比] >= cur_rate)"。FILTER( ) 函数按照 "[毛利占比] >= cur_rate" 条件，对商品信息表中所有商品的 "[毛利占比]" 进行筛选，若满足此条件，则返回该商品名称。由此可知，FILTER( ) 函数返回所有 "[毛利占比] >= cur_rate" 的商品名称，这就形成了 CALCULATE( ) 函数的筛选上下文；而 "CALCULATE([毛利占比], FILTER(ALL(' 商品信息表 '[商品名称]), [毛利占比] >= cur_rate))" 就是在此上下文中计算所有这些符合条件的商品的 "[毛利占比]"，即最终 RETURN 返回的就是这些符合条件的商品的累计毛利占比。

（三）展示商品毛利帕累托分析结果

步骤1：切换到销售主题报表页面。

步骤2：由图 7-14 中销售主题报表页的版面划分可知，第二排右侧第二个位置处是使用组合图展示商品毛利帕累托分析的结果。

步骤3：将商品信息表的商品名称列拖放至组合图的【X 轴】中，将度量值表中的毛利度量值拖放至组合图的【列 y 轴】中，将度量值表中的毛利累计占比度量值拖放至组合图的【行 y 轴】中。

步骤4：设置组合图视觉对象格式。① 关闭【视觉对象】|【X 轴】和【Y 轴】的标题；② 在【视觉对象】|【网格线】面板中，关闭水平网格线；③ 在【视觉对象】|【数据标签】面板中，打开数据标签；④ 在【常规】|【标题】面板中，修改标题【文本】为 "销售商品毛利分析"。

最终完成商品销售毛利分析图如图 7-18 所示。

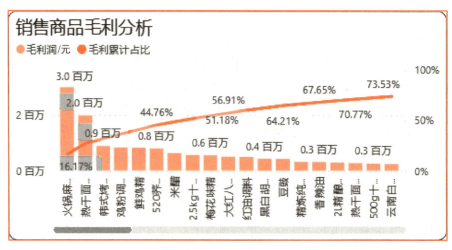

图 7-18　销售商品毛利分析图

图表释义

图 7-18 所示的销售商品毛利分析图以一个降序排列的柱形图和一个升序排列的百分比折线图来展示毛利帕累托分析结果。其中，柱形图展示各商品的毛利，折线图展示按柱形图排序的商品累计毛利占比。以排名前三的产品为例，排名第一的火锅麻辣烫钵钵鸡调味料 500 g 袋装商品的毛利约 3.0 百万元，按序累计毛利占比为 16.17%（毛利排名第一的一种商品的毛利累计占比）；排名第二的热干面黑酱调味酱商品的毛利约 2.0 百万元，按序累计毛利占比为 26.82%（毛利润排名前 2 的两种商品的毛利润累计占比）；排名第三的韩式烤肉酱商品的毛利约 0.9 百万元，按序累计毛利占比为 31.59%（毛利润排名前 3 的三种商品的毛利润累计占比）。

观察图表可知，按柱形图排序在前 12 位的这些商品的毛利累计占比达到了 60%，即 60% 的毛利润是由这 12 种商品贡献的，这为公司给出了建议信息，公司应重点关注这些销售头部产品。

制作销售主题页面（3）

 提 示

因图表较小，数据较多，故部分数据未显示在图表中。工作中，可根据实际数据大屏的大小调整整体报表大小，或将鼠标指向相应数据标签，即可查看到准确数据。

五、销售收入变化趋势分析

步骤 1：切换到销售主题报表页面。

步骤 2：由图 7-14 中销售主题报表页的版面划分可知，第三排位置处是使用折线图展示销售收入变化趋势。

步骤 3：将日期表的 Date 字段拖放至折线图的【X 轴】中，将度量值表中的销售收入度量值拖放至折线图的【Y 轴】中，将销售表中的是否会员列拖至【图例】中。

步骤 4：设置折线图视觉对象格式：① 关闭【视觉对象】|【X 轴】和【Y 轴】的标题；② 在【视觉对象】|【网格线】面板中，关闭水平网格线；③ 在【视觉对象】|【标记】和【数据标签】中，分别打开标记和数据标签选项；④ 在【常规】|【标题】面板中，修改标题【文本】为"销售收入变化趋势"。

最终完成销售收入变化趋势图如图 7-19 所示。

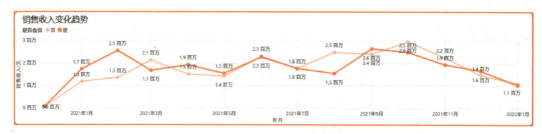

图 7-19　销售收入变化趋势图

六、销售主题分析综合展示

步骤 1：切换到销售主题报表页面。

步骤 2：由图 7-14 中销售主题报表页的版面划分可知，第一排左侧第一个位置和第二个位置分别用于放置日期切片器和商品分类切片器。

步骤 3：依次修改两个切片器的字段为日期表的 Date 字段和商品信息表的商品分类字段。

步骤 4：选中商品分类切片器，单击【格式】功能选项卡下【交互】中的【编辑交互】功能，使其呈现选中状态，此时可以编辑商品分类切片器对报表页面中其他视觉对象的交互控制作用。依次单击销售商品毛利分析组合图和各类商品销售收入占比环形图右上方的【无】影响按钮 ⊘，使其变为 ●，便可断开商品分类切片器对此对象的筛选控制。

🔔 **提 示**

操作切片器可以更深入地分析数据内部之间的关联关系，利于发现一些隐藏的数据特征。默认情况下，操作切片器的取值会影响报表页面中所有视觉对象的数据展示。然而实际报表设计中，某些视觉对象的数据展示不应该受到切片器的影响，这需要报表设计者格外留心报表中各视觉对象所展示的数据以及这些数据之间的关系，并根据实际需要，设置或取消切片器和其他视觉对象之间的筛选联动关系。同时这也说明，耐心、细心、用心是财务数据分析人员必备的职业素养之一。

销售主题页面制作效果如图 7-20 所示。

图7-20 销售主题页面制作效果

制作销售主
题页面(4)

任务六 大数据技术在客户主题分析中的应用

一、RFM 关键指标分析

RFM 模型已经在项目五任务二中学习过，此模型通过分析某客户的近期购买时间 R、购买频次 F 及购买金额 M 三项指标来描述该客户的价值贡献。

（一）设计 RFM 模型关键指标

分别计算 R、F、M 的平均值，以据此对客户进行分类。RFM 模型关键指标的计算方法如表 7-6 所示。

表 7-6 RFM 模型关键指标的计算方法

度量值名称	计算方法
平均最近购买时间 R	所有客户最近一次购买时间间隔（天数）的平均数
平均购买频次 F	所有客户购买次数的平均数
平均购买金额 M	所有客户购买金额的平均数

263

（二）新建 *RFM* 关键指标度量值

选中度量值表，利用【表工具】|【计算】功能区中的【新建度量值】功能，依序创建下列度量值。

最近购买时间 R 值 = DATEDIFF(MAX(' 销售表 '[订单日期]), MAXX(ALL(' 销售表 '),' 销售表 '[订单日期]), DAY)

购买频次 F 值 = DISTINCTCOUNT(' 销售表 '[订单编号])

购买金额 M 值 =[销售收入]

平均最近购买时间 R = AVERAGEX(ALL(' 客户信息表 '), [最近购买时间 R 值])

平均购买频次 F = AVERAGEX(ALL(' 客户信息表 '), [购买频次 F 值])

平均购买金额 M = AVERAGEX(ALL(' 客户信息表 '), [购买金额 M 值])

🔔 **提　示**

此处度量值公式的含义解析可参考项目五任务二中的相关内容。

（三）展示 *RFM* 模型关键指标

步骤 1： 切换到客户主题报表页面。

步骤 2： 由图 7-14 中客户主题报表页的版面划分可知，右侧第二排的三个位置分别使用卡片图展示 *RFM* 模型的三个关键指标。

步骤 3： 将度量值表中的平均最近购买时间 *R*、平均购买频次 *F*、平均购买金额 *M* 等 3 个度量值分别设置为这 3 个卡片图的数据字段。

最终完成 *RFM* 模型关键指标卡片图如图 7-21 所示。

制作客户主题页面(1)

72.42　平均最近购买时间 *R*　　**6.16**　平均购买频次 *F*　　**32.53 千**　平均购买金额 *M*

图 7-21　*RFM* 模型关键指标卡片图

二、基于 *RFM* 模型的客户分类分析

基于 *RFM* 模型的客户分类方法已经在项目五任务二中学习过，考虑到项目的完整性，此处再次对这部分内容进行阐述。不过需要注意的是，此处的实现方法有些许变化，读者们可自行对比，加深对 Power BI 度量值的理解。

（一）设计基于 *RFM* 模型进行客户分类的指标

在前面计算的 *R*、*F*、*M* 均值的基础上，将各客户的 *R*、*F*、*M* 值分别与相应的 *R*、*F*、*M* 均值进行比较，高于相应均值的指标标记为 1，否则标记为 0。即，当某

客户的 R 值高于 R 均值时，标记为 1，否则标记为 0；当某客户的 F 值高于 F 均值时，标记为 1，否则标记为 0；当某客户的 M 值高于 M 均值时，标记为 1，否则标记为 0。

将各客户 R、F、M 的标记结果组合为一个值（如某客户的 RFM 值为 111），形成各客户的 RFM 值；再依据客户的 RFM 值对客户进行重要程度分类（如 RFM 值为 111 的归类为重要价值客户），从而形成客户的分类管理策略。本项目采用的基于 RFM 模型客户分类标准如表 7-7 所示。

表 7-7 基于 RFM 模型的客户分类标准

类型	R	F	M	客户特征
重要价值客户	1	1	1	最近有交易、交易次数多、交易金额大，属于优质客户
重要保持客户	0	1	1	最近无交易、交易次数多、交易金额大，此类客户需要保持
重要发展客户	1	0	1	最近有交易、交易次数少、交易金额大，此类客户需深耕发展
重要挽留客户	0	0	1	最近无交易、交易次数少、交易金额大，此类客户有流失风险
一般价值客户	1	1	0	最近有交易、交易次数多、交易金额小，需要挖掘客户潜力
一般保持客户	0	1	0	最近无交易、交易次数多、交易金额小，此类客户利润贡献不大，只需一般维持
一般发展客户	1	0	0	最近有交易、交易次数少、交易金额小，此类客户一般为新客户，有发展价值
一般挽留客户	0	0	0	最近无交易、交易次数少、交易金额小，此类客户基本属于流失客户

依据表 7-7 设计基于 RFM 模型的客户分类计算方法，如表 7-8 所示。

表 7-8 基于 RFM 模型的客户分类计算方法

度量值名称	计算方法
RFM 值	RFM 值是各客户 R、F、M 值与相应 R、F、M 均值比较，并将比较结果进行标记、再将标记组合起来的一个组合值，此值所有可能的取值有 000、001、010、011、100、101、110、111 共 8 种
RFM 类型	根据每个客户的 RFM 值，依照表 7-7 对客户进行分类

（二）新建基于 *RFM* 模型的客户分类指标

选中"客户信息表"，利用【表工具】|【计算】功能区中的【新建列】功能，在此表中依序添加以下新列。

```
RFM 值 =
VAR ValueR = IF([ 最近购买时间 R 值 ]<[ 平均最近购买时间 R], 1, 0)
VAR ValueF = IF([ 购买频次 F 值 ]>[ 平均购买频次 F], 1, 0)
VAR ValueM = IF([ 购买金额 M 值 ]>[ 平均购买金额 M], 1, 0)
RETURN ValueR & ValueF & ValueM
RFM 类型 =
SWITCH(
    TRUE( ),
    [RFM 值 ] = "111", " 重要价值客户 ",
    [RFM 值 ] = "101", " 重要发展客户 ",
    [RFM 值 ] = "011", " 重要保持客户 ",
    [RFM 值 ] = "001", " 重要挽留客户 ",
    [RFM 值 ] = "110", " 一般价值客户 ",
    [RFM 值 ] = "100", " 一般发展客户 ",
    [RFM 值 ] = "010", " 一般保持客户 ",
    [RFM 值 ] = "000", " 一般挽留客户 ",
    BLANK( )
)
```

（三）展示基于 *RFM* 模型的客户分类信息

步骤 1：切换到客户主题报表页面。

步骤 2：由图 7-14 中客户主题报表页的版面划分可知，右侧第三排位置处是使用表视觉对象展示基于 *RFM* 模型的客户分类信息。

步骤 3：将客户信息表的客户 ID、客户姓名、客户性别、*RFM* 类型等列和度量值表中的最近购买时间 *R* 值、购买频次 *F* 值、购买金额 *M* 值等度量值依次拖放至表的【列】中。

步骤 4：设置表视觉对象格式：① 在【视觉对象】|【样式预设】面板中，选择样式为"默认值"；② 在【视觉对象】|【列标题】面板中，设置文本的字体大小为 10，加粗，文本颜色为 #000000；③ 在【视觉对象】|【总计】面板中，关闭总计的【值】。

最终完成基于 *RFM* 模型的客户分类信息如图 7-22 所示。

客户ID	客户姓名	客户性别	RFM类型	最近购买时间R值	购买金额M值	购买频次F值
1	蔡*	男	一般价值客户	35	25,755.91	8
2	葛*	女	一般发展客户	37	372.40	3
3	寿*	男	一般价值客户	55	16,077.45	7
4	谢*	男	重要价值客户	19	50,128.66	8
5	李*	男	一般价值客户	27	18,164.91	8
6	何*	女	一般挽留客户	143	12,289.51	3
7	孙*	女	重要价值客户	22	84,565.30	7
8	刘*	男	一般发展客户	40	29,192.52	4
9	蔡*	女	重要挽留客户	83	40,454.88	6
10	常*	男	一般发展客户	50	29,933.62	4
11	韩*	女	一般发展客户	36	2,528.35	6
12	陈*	女	一般挽留客户	109	4,644.16	5
13	易*	男	一般价值客户	46	29,327.21	7
14	冯*	男	一般发展客户	294	5,247.33	3
15	虞*	男	一般价值客户	49	17,277.74	5
16	于*	男	一般价值客户	18	11,123.41	7

图 7-22　基于 RFM 模型的客户分类信息

制作客户主题页面（2）

三、客户分类总体情况分析

下面将使用散点图展示基于 RFM 模型的客户分类总体情况。

步骤 1：切换到客户主题报表页面。

步骤 2：由图 7-14 中客户主题报表页的版面划分可知，左侧第二排位置处是使用散点图展示基于 RFM 模型的客户分类总体情况。

步骤 3：将客户信息表的客户 ID 列拖至散点图的【值】中，将 RFM 类型列拖至【图例】中；将度量值表的最近购买时间 R 值、购买金额 M 值、购买频次 F 值等度量值分别拖放至散点图的【X 轴】、【Y 轴】、【大小】中。

步骤 4：设置散点图视觉对象格式：① 在【视觉对象】|【图例】面板中，选择图例位置为右上角堆叠；② 在【视觉对象】|【网格线】中，关闭水平和垂直网格线；③ 在【常规】|【标题】面板中，修改标题【文本】为"客户 RFM 分析"。

最终完成客户 RFM 分析图如图 7-23 所示。

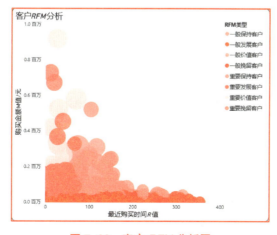

图 7-23　客户 RFM 分析图

四、不同类型客户的数量分布

客户 RFM 分析图虽然将每个客户的购买时间（R）、购买频次（F）和购买金额（M）三个指标间的关系很好地呈现出来，但由于客户数量众多，每个客户都在图中展示为一个点，导致散点图中的圆点互相重叠，难以分辨各类型客户的数量分布情况。此处将使用树状图来呈现各类型客户的分布数量，作为客户 RFM 分析图的补充。

步骤 1：切换到客户主题报表页面。

步骤 2：由图 7-14（b）中客户主题报表页的版面划分可知，右侧第一排位置处是使用树状图展示不同类型客户的数量。

步骤 3：将客户信息表的 RFM 类型列拖放至树状图的【类别】中，即以 RFM 类型列的不同取值作为树状图的版块划分依据；再将 RFM 类型列拖放至树状图的【值】中，修改 "RFM 类型" 值的计算方式为 "计数"，由此，树状图的每个版块就会显示对应 RFM 类别的计数结果。

步骤 4：设置树状图视觉对象格式：① 在【视觉对象】|【数据标签】面板中，打开数据标签；② 在【常规】|【标题】面板中，修改标题【文本】为 "客户分类数量"。

最终完成不同类型的客户数量分析如图 7-24 所示。

图 7-24　不同类型的客户数量分析

五、客户主题分析综合展示

步骤 1：切换到客户主题报表页面。

步骤 2：由图 7-14（b）中客户主题报表页的版面划分可知，第一排右侧第一、二位置分别用于展示日期切片器和客户分类切片器。

步骤 3：将销售主题报表页中的日期切片器复制、粘贴至客户主题报表页面，删除原有报表布局位置上的切片器，并保持两张报表中的切片器同步。

🔔 **提　示**

采用复制、粘贴方法制作切片器，可以保留所复制切片器的源格式，将复制后的切片器修改为新切片器，比重新制作新的切片器效率要高。不过要注意删除此前报表布局位置上的占位切片器，避免重复，后续类似操作同此操作。

步骤 4：在客户主题报表页，选中日期切片器，再次复制、粘贴形成一个新的切片器，修改新切片器的【字段】为客户信息表中的 RFM 类型列；接着双击"RFM 类型"字段名，修改字段名称为"客户分类"。

制作客户主题页面(3)

客户主题报表页面的最终完成效果如图 7-25 所示。

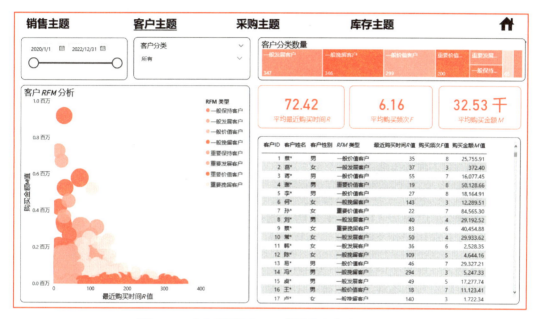

图 7-25　客户主题报表页面的最终完成效果

任务七

大数据技术在采购主题分析中的应用

一、不同商品的采购金额排名分析

对商品进行采购金额排名可以帮助企业快速定位主力商品，进而进行相关决策。

步骤 1：切换到采购主题报表页面。

步骤 2：由图 7-14（c）中采购主题报表页的版面划分可知，左侧第二排第一个位置处是使用簇状条形图展示商品采购金额排名。

步骤 3：将商品信息表的商品名称列拖放至簇状条形图的【Y 轴】中，将采购表中的采购金额列拖放至【X轴】中，系统默认对采购金额列进行求和。

步骤4：设置簇状条形图视觉对象格式：① 关闭【视觉对象】|【X轴】和【Y轴】的标题；② 在【视觉对象】|【网格线】面板中，关闭垂直网格线；③ 在【视觉对象】|【数据标签】中，打开数据标签；④ 在【常规】|【标题】面板中，修改标题【文本】为"采购金额排名（商品名称）"。

最终完成采购金额排名（商品名称）如图7-26所示。

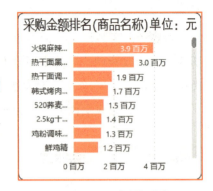

图7-26 采购金额排名（商品名称）

二、不同商品类别的采购金额排名分析

此部分用于展示不同类别商品的采购金额排名，将商品类别排名与商品排名进行对比，利于抓住主要矛盾。

步骤1：切换到采购主题报表页面。

步骤2：由图7-14（c）中采购主题报表页的版面划分可知，左侧第二排第二个位置处是使用簇状条形图展示商品类别采购金额排名。

步骤3：将商品信息表的商品分类列拖放至簇状条形图的【Y轴】中，将采购表中的采购金额列拖放至【X轴】中，系统默认将对采购金额进行求和操作。

步骤4：设置簇状条形图视觉对象格式：① 关闭【视觉对象】|【X轴】和【Y轴】的标题；② 在【视觉对象】|【网格线】面板中，关闭垂直网格线；③ 在【视觉对象】|【数据标签】中，打开数据标签；④ 在【常规】|【标题】面板中，修改标题【文本】为"采购金额排名（商品类别）"。

最终完成采购金额排名（商品类别）如图7-27所示。

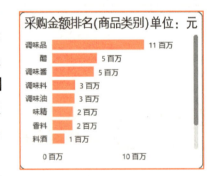

图7-27 采购金额排名（商品类别）

三、不同库区的采购数量分析

对不同库区的采购数量进行分析，利于统筹协调不同库区的采购分配。

步骤1：切换到采购主题报表页面。

步骤2：由图7-14（c）中采购主题报表页的版面划分可知，最下方的位置是使用丝带图展示库区采购数量。

步骤 3：将日期表的 Date 列拖放至折线图的【X 轴】中，将库存信息表的采购数量列拖放至【Y 轴】中（系统默认对采购数量求和），将商品信息表的库区列拖放至【图例】中。

步骤 4：设置丝带图视觉对象格式：① 点击折线图上方的向上钻取按钮（↑），将日期钻取至月份；② 关闭【视觉对象】|【X 轴】面板中的标题；③ 打开【视觉对象】|【数据标签】开关；④ 在【常规】|【标题】面板中，修改标题【文本】为"采购数量分析（库区）"。

最终完成采购数量分析（库区）如图 7-28 所示。

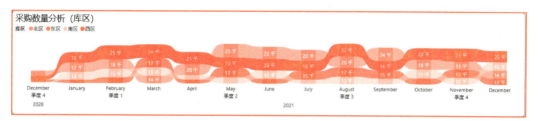

图 7-28　采购数量分析（库区）

四、供应商供货情况分析

供应商的品质和交付期是衡量供应商供货能力的重要因素，对供应商采购合格率、及时到货率和采购次数等指标进行对比分析，利于企业评价不同的供应商。

（一）设计供应商评价指标的计算方法

供应商评价指标计算方法如表 7-9 所示。

表 7-9　供应商评价指标计算方法

度量值名称	计算方法
采购合格率	采购合格数量 / 采购总量
及时到货率	及时到货数量 / 采购总量
采购次数	对采购批次进行计数

（二）新建供应商评价指标

选中度量值表，利用【表工具】|【计算】功能区中的【新建度量值】功能，依序创建下列度量值。

采购合格率 = 1-DIVIDE(SUM(' 采购表 '[不合格数量]), SUM(' 采购表 '[采购数量]))

及时到货率 = DIVIDE(SUM(' 采购表 '[及时到货数量]),SUM(' 采购表 '[采购数量]))
采购次数 = COUNT(' 采购表 '[采购批次])

（三）展示供应商采购合格率和及时到货率

步骤 1： 切换到采购主题报表页面。

步骤 2： 由图 7-14（c）中采购主题报表页的版面划分可知，右侧第一排位置处是使用散点图展示供应商采购合格率和及时到货率情况。

步骤 3： 将供应商信息表的供应商名称列拖放至散点图的【图例】中；分别将度量值表的采购合格率度量值、及时到货率度量值、采购次数度量值拖放至散点图的【X 轴】、【Y 轴】、【大小】中。

步骤 4： 设置散点图视觉对象格式：① 在【视觉对象】|【网格线】中，关闭水平网格线和垂直网格线；② 在【常规】|【标题】面板中，修改标题【文本】为"供应商采购合格率 VS 及时到货率"。

最终完成供应商合格率 VS 及时到货率图如图 7-29 所示。

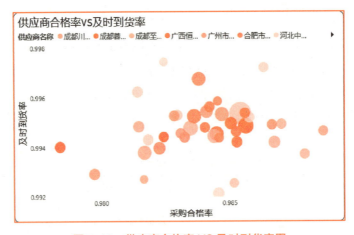

图 7-29　供应商合格率 VS 及时到货率图

五、采购主题分析综合展示

步骤 1： 切换到采购主题报表页面。

步骤 2： 由图 7-14（c）中采购主题报表页的版面划分可知，第一排左侧第一、二位置处用于放置日期切片器和供应商名称切片器。

步骤 3： 复制客户主题报表页面中的日期切片器，粘贴至采购主题报表页面，粘贴的同时选中同步切片器。

步骤 4：在采购主题报表页面，复制日期切片器，粘贴为一个新的切片器。将新切片器的【字段】修改为供应商信息表的供应商名称列。删除原有报表布局中的占位切片器，将新切片器移到第一排左侧第二个位置处。

步骤 5：选中供应商名称切片器，利用【格式】功能选项卡【交互】功能区中的【编辑交互】功能，取消此切片器对"供应商合格率 VS 及时到货率"气泡图的筛选控制。最后，再次单击【编辑交互】按钮，关闭【编辑交互】功能，完成对象交互功能设置。

采购主题页面制作效果如图 7-30 所示。

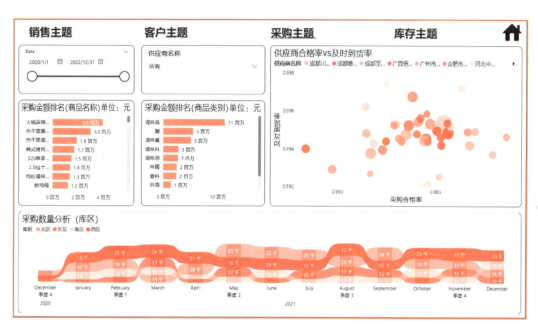

制作采购主题页面

图 7-30　采购主题页面制作效果

任务八

大数据技术在库存主题分析中的应用

一、库存关键指标分析

库存分析主要围绕两个问题：是否会出现库存短缺或是否会出现库存积压。与此相关的分析指标主要有库销比、呆滞率、动销率。

273

（一）新建库存分析关键指标度量值

1. 新建基础数据列

在库销比、呆滞率和动销率三个指标的计算中，涉及库存金额、库龄天数、库龄分类等基本数据，下面通过新建列的方式先完成库存金额、库龄天数及库龄分类的计算。

选中"库存信息表"，利用【表工具】|【计算】功能区中的【新建列】功能，依序在"库存信息表"中添加以下列。

库存金额 = [库存数量]*[采购单价]

库龄天数 = DATEDIFF(' 库存信息表 '[入库日期], DATE(2021, 12, 31), DAY)

库龄分类 = SWITCH(TRUE( ),' 库存信息表 '[库龄天数]<30, "0～30 天 ",' 库存信息表 '[库龄天数]<60, "30～60 天 ",' 库存信息表 '[库龄天数]<90, "60～90 天 ", " 呆滞 ")

其中，库龄分类依据如表 7-10 所示。

表 7-10　库龄分类依据表

库龄天数	库龄分类
小于等于 30 天	0～30 天
大于 30 天小于等于 60 天	30～60 天
大于 60 天小于等于 90 天	60～90 天
90 天以上	呆滞

提　示

库龄天数是以商品入库日期作为起始日期，以日期表中的最大日期，即当前分析基准日（2022 年 12 月 31 日）为截止日期的两个日期间的间隔天数。

2. 新建库存分析关键指标度量值

选中度量值表，利用【表工具】|【计算】功能区中的【新建度量值】功能，依序创建下列度量值。

库销比 = DIVIDE(SUM(' 库存信息表 '[库存金额]), [销售收入])

呆滞率 = DIVIDE(CALCULATE(SUM(' 库存信息表 '[库存金额]), ' 库存信息表 '[库龄分类] = " 呆滞 "), SUM(' 库存信息表 '[库存金额]))

动销率 = DIVIDE(DISTINCTCOUNT(' 销售表 '[商品 ID]), DISTINCTCOUNT(' 商品信息表 '[商品 ID]))

（二）展示库存分析关键指标

步骤1： 切换到库存主题报表页面。

步骤2： 由图7-14（d）中库存主题报表页的版面划分可知，该版面右侧第一排三个位置处是使用卡片图展示库存分析的三个重要指标：库销比、呆滞率和动销率。

步骤3： 分别将度量值表中的库销比度量值、呆滞率度量值和动销率度量值设置为这3个卡片图视觉对象的数据字段。

最终完成库存分析关键指标如图7-31所示。

制作库存主
题页面(1)

图7-31　库存分析关键指标

二、商品库龄预警分析

库龄预警分析是发现库存堆压、找出滞销商品、降低库存及减少资金占用的重要手段。同时，库龄预警分析也是计提存货跌价损失的重要依据。

步骤1： 切换到库存主题报表页面。

步骤2： 由图7-14（d）中库存主题报表页的版面划分可知，第二排第一个位置处使用簇状柱形图展示商品库龄预警分析。

步骤3： 将商品信息表的商品名称列拖放至簇状柱形图的【X轴】中，将库存信息表中的库龄天数列拖放至【Y轴】中，修改Y轴库龄天数列的计算方式为求平均值。

步骤4： 设置簇状柱形图视觉对象格式：① 关闭【X轴】和【Y轴】的标题；② 在【视觉对象】|【网格线】面板中，关闭水平网格线；③ 在【视觉对象】|【数据标签】中，打开数据标签；④ 在【常规】|【标题】面板中，修改标题【文本】为"商品库龄预警"；⑤ 在【分析】|【恒定线】中设置库龄预警线，值的大小为90天，颜色设置为#D64550。

最终完成商品库龄预警分析如图7-32所示。

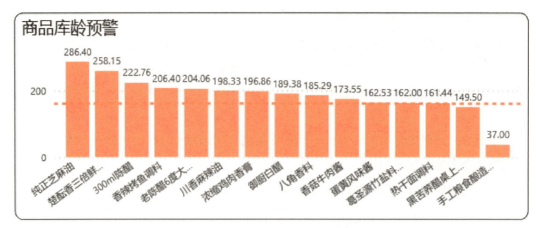

图7-32 商品库龄预警分析

三、库存结构分析

库存结构分析的一个重要目的是判断库存结构是否合理、是否与公司经营目标一致。判断库存结构是否合理的一个重要依据是将库存数量与销售数量进行比较，原则上销售数量大的商品，库存相对较多，反之亦然。

（一）设计库存结构分析指标

库存结构分析可以采用以下三个指标进行：库存数量占比、销售数量占比及库销数量占比偏差。库存数量占比是计算每一个商品的库存数量与库存总数量之比；销售数量占比是计算每一个商品的销售数量与销售总数量之比；库销数量占比偏差是计算每一个商品的销售数量占比与库存数量占比之差。三个指标的计算公式如下。

$$库存数量占比 = 库存数量 / 库存总数量$$

$$销售数量占比 = 销售数量 / 销售总数量$$

$$库销数量占比偏差 = 销售数量占比 - 库存数量占比$$

（二）新建库存结构分析度量值

选中度量值表，利用【表工具】|【计算】功能区中的【新建度量值】功能，依序创建下列度量值。

库存数量占比 = DIVIDE(SUM(' 库存信息表 '[库存数量]), CALCULATE(SUM(' 库存信息表 '[库存数量]), ALL(' 库存信息表 ')))

销售数量占比 = DIVIDE(SUM(' 库存信息表 '[销售数量]), CALCULATE(SUM(' 库存信息表 '[销售数量]), ALL(' 库存信息表 ')))

库销数量占比偏差 = [销售数量占比]–[库存数量占比]

（三）展示库存结构分析图

步骤 1：切换到库存主题报表页面。

步骤2：由图 7-14（d）中库存主题报表页的版面划分可知，第二排右侧位置处是使用散点图展示库存结构分析的结果。

步骤3：将商品信息表的商品名称列拖放至散点图的【图例】中，分别将度量值表的销售数量占比度量值、库存数量占比度量值、库销数量占比偏差度量值拖放至散点图的【X轴】、【Y轴】、【大小】中。

步骤4：设置散点图视觉对象格式：① 在【视觉对象】|【网格线】中，关闭水平网格线和垂直网格线；② 在【常规】|【标题】面板中，修改标题【文本】为"销售数量占比 VS 库存数量占比"。

最终完成销售数量占比 VS 库存数量占比图如图 7-33 所示。

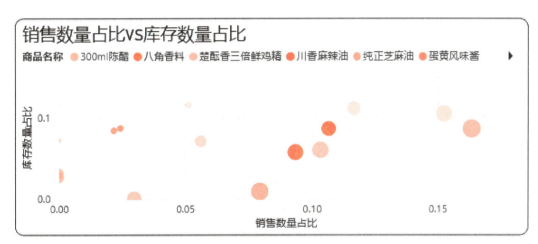

图 7-33 销售数量占比 VS 库存数量占比图

制作库存主题页面(2)

四、商品库龄分类明细分析

商品库龄分类明细分析可以帮助企业及时地发现一个月、一个季度、半年或一年没有销售过的呆滞物品，起到预警管理层的作用。

步骤1：切换到库存主题报表页面。

步骤2：由图 7-14（d）中库存主题报表页的版面划分可知，第三排左侧位置处是使用矩阵展示商品库龄分布明细表信息。

步骤3：将商品信息表的商品分类列拖至【行】中，将库存信息表的库龄分类列拖至【列】，将库存信息表的库存金额拖至【值】中。

步骤4：设置矩阵视觉对象格式：① 在【视觉对象】|【样式预设】面板中，选择样式为"默认值"；② 在【视觉对象】|【网格线】面板中，关闭水平网格线；③ 在【视觉对象】|【值】中，设置【值】的字体大小为12；④ 在【视觉对象】|【列标题】和【行标题】面板中，设置文本的字体大小为12，加粗；⑤ 在【常规】|【标题】面板中，打开【标题】开关，设置标题文本为"商品库龄分类明细表"。

最终完成商品库龄分类明细表如图 7-34 所示。

商品库存分类明细表

商品分类	0~30天	30~60天	60~90天	呆滞	总计
醋	63,220.50	94,822.80	5,400.00	717,755.80	**881,199.10**
料酒	8,514.00	4,771.80	48,074.40	153,687.60	**215,047.80**
调味酱	18,590.00	50,146.00	39,630.50	328,522.00	**436,888.50**
调味料	5,890.50	2,593.80	5,979.60	129,208.70	**143,672.60**
调味品	36,260.00	70,892.00	256,188.00	1,097,124.00	**1,460,464.00**
调味油		6,623.10	5,652.90	73,632.90	**85,908.90**
味精				712,950.00	**712,950.00**
总计	**132,559.00**	**256,673.50**	**360,925.40**	**3,414,229.00**	**4,164,386.90**

图 7-34　商品库龄分类明细表

五、商品预计损失分析

库存商品库龄较长，可能会导致存货减值损失，因此需要引起管理者的重视。下面将采用树状图来分析存货减值损失主要分布在哪些商品上。

（一）设计商品预计损失分析指标

预计减值损失可以通过库存金额乘以预计损失率来计算，其中，预计损失率可通过库龄天数进行条件判断。本项目预计损失率的判断依据如表 7-11 所示。

表 7-11　预计损失率判断依据表

库龄天数	预计减值损失率
0~30 天	0
30~60 天	1%
60~90 天	5%
90 天以上	10%

（二）设计商品预计损失分析度量值

选中库存信息表，利用【表工具】|【计算】功能区中的【新建列】功能，依序在库存信息表中添加以下列。

预计减值损失率 = SWITCH(true, ' 库存信息表 '[库龄天数]<30, 0, ' 库存信息表 '[库龄天数]<60, 0.01, ' 库存信息表 '[库龄天数]<90, 0.05, 0.1)

预计减值损失 = [库存金额]*[预计减值损失率]

（三）展示商品预计损失分析图

步骤 1： 切换到库存主题报表页面。

步骤 2： 由图 7-14（d）中库存主题报表页的版面划分可知，第三排右侧位置处是使用树状图展示商品预计损失分析结果。

步骤 3： 将商品信息表的商品分类和商品名称列依序拖放至树状图的【类别】中，将库存信息表的预计损失列拖放至【值】中，系统默认对预计损失列进行求和计算。

步骤 4： 设置树状图视觉对象格式：① 在【视觉对象】|【数据标签】面板中，打开数据标签；② 在【常规】|【标题】面板中，修改标题【文本】为"商品预计损失"。

最终完成商品预计损失图如图 7-35 所示。

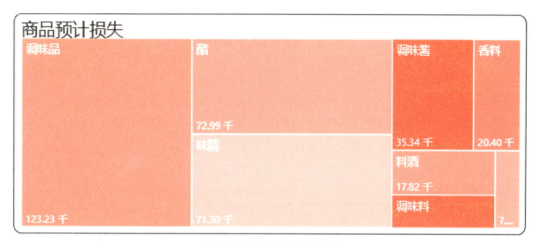

图 7-35　商品预计损失图

六、库存主题分析综合展示

步骤 1： 切换到库存主题报表页面。

步骤 2： 由图 7-14（d）中库存主题报表页的版面划分可知，第一排左侧第一、第二位置处用来放置日期切片器和库区切片器。

步骤 3： 复制采购主题报表页中的日期切片器和供应商名称切片器，粘贴到库存主题报表页中；修改供应商名称切片器的字段为商品信息表的库区列；删除原有报表页面中的占位切片器。

库存主题页面制作效果如图 7-36 所示。

制作库存主题页面（3）

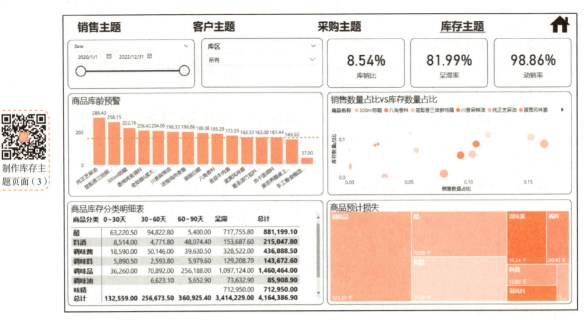

图 7-36　库存主题页面制作效果

项目评价

在"学习评价表"上记录一下你学会了多少。

学习评价表

学习内容	完成度评价
企业进销存分析数据整理	是□　否□
企业进销存分析整体设计	是□　否□
企业进销存分析报表设计	是□　否□
企业进销存分析视觉版面设计	是□　否□
大数据技术在销售主题分析中的应用	是□　否□
大数据技术在客户主题分析中的应用	是□　否□
大数据技术在采购主题分析中的应用	是□　否□
大数据技术在库存主题分析中的应用	是□　否□

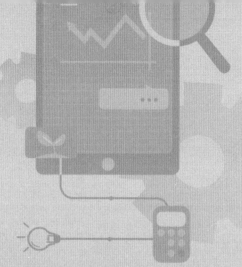

项目八

企业经营预算分析

8

学习目标 >>>

知识目标 	了解企业经营预算分析的基本逻辑 熟悉与企业经营预算分析有关的财务概念和指标 熟悉与企业经营预算分析有关的预算差异分析方法
技能目标 	能够将企业的实际财务数据整理为可用于企业经营预算分析的格式，并能够完成相关计算和汇总 能够利用多维度数据分析技术，发现企业经营预算执行中的差异 能够根据企业经营预算差异分析结果，提出相应解决方案，服务企业经营决策
素养目标 	通过综合项目训练，提升学生从复杂数据模型中洞察有价值数据的能力 通过综合项目训练，培养学生利用数字技术参与制定、调整企业决策的能力

 项目说明 >>>

　　企业经营预算是以经营（利润）预算表为线索，从财务向业务延伸，切实分析出预算的各项边界条件（关键指标）的变化对利润的影响量，并通过原因分析找到影响利润的直接原因或驱动要素，从而提出应对策略。

　　华通网络科技有限公司（成立于 2009 年，以下简称"华通公司"）是一家专注网络产品销售和增值服务业务的高科技企业。该公司按照财年针对损益类科目编制预算分析报告，实施预算管理。此前，该公司基于 ERP 的总账系统与报表系统，较好实现了企业经营预算分析报告的编制。考虑到编制经营预算分析报告不仅要制作数十张报表，而且要厘清表与表之间的复杂关联，还须设置逻辑复杂的计算公式，报告的维护工作量也较大等因素，本项目将基于 Power BI Desktop 环境，为该公司建立一套企业经营预算分析模型，实现灵活、高效、自动的经营预算可视化分析。

项目分解 >>>

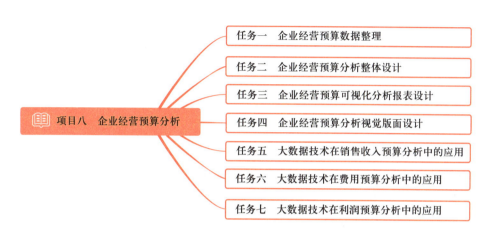

项目八　企业经营预算分析

- 任务一　企业经营预算数据整理
- 任务二　企业经营预算分析整体设计
- 任务三　企业经营预算可视化分析报表设计
- 任务四　企业经营预算分析视觉版面设计
- 任务五　大数据技术在销售收入预算分析中的应用
- 任务六　大数据技术在费用预算分析中的应用
- 任务七　大数据技术在利润预算分析中的应用

任务一

企业经营预算数据整理

一、企业经营预算原始数据认知

观察素材文件夹"企业经营预算分析数据源"中的数据文件，对其中各数据源的特点进行理解和分析。"企业经营预算分析数据源"文件夹中包含 1 个"费用信息表"文件夹和 4 个 Excel 文件。

"费用信息表"文件夹中包含 12 个 Excel 文件，这 12 个 Excel 文件分别保存了 2022 年 1 月至 12 月份的费用信息，各文件命名依序为"2022 年 1 月.xlsx""2022 年 2 月.xlsx"……"2022 年 12 月.xlsx"。

4 个 Excel 文件分别为"销售信息表.xlsx""预算信息表.xlsx""基础信息表.xlsx"及"辅助信息表.xlsx"。①"销售信息表.xlsx"文件中包含 12 张工作表，这些工作表分别保存了 1 月至 12 月的销售订单明细信息，各工作表依次命名为 1 月、2 月……12 月，这 12 个表都是事实表。②"预算信息表.xlsx"文件中包含两张工作表：收入预算表和费用预算表，这两张工作表分别保存了 2022 年 12 个月的收入预算信息和费用预算信息，这两个表都是事实表。③"基础信息表.xlsx"文件中包含 3 张工作表：部门信息表、城市信息表和商品信息表，各工作表分别保存了公司的部门基本信息、城市基本信息和商品基本信息，这 3 个表都是维度表。④"辅助信息表.xlsx"文件中包含两张工作表：科目映射信息表和利润辅助表，科目映射信息表保存了该公司所用的费用类财务会计科目基本信息，利润辅助表保存了该公司制作利润预计与实际差异分析所用的费用类管理会计科目基本信息。

二、企业经营预算原始数据清洗与整理

由于原始数据文件多而分散，故基于原始数据的分析并不能很好地支持企业经营预算分析的可视化设计，下面进一步将原始数据导入到 Power BI Desktop 中，对同类数据进行合并，进而明晰设计思路。

步骤 1：新建一个 Power BI Desktop 文件，命名为"企业经营预算分析.pbix"。

步骤 2：将素材文件夹"费用信息表"下的 12 个 Excel 文件以文件夹方式导入到 Power BI，导入时选择"合并并转换数据"，以"2022 年 1 月.xlsx"为示例文件，以示例文件下的"Sheet1"工作表为参数，将 12 个 Excel 文件中的数据全部合并导入到 Power BI 的一个名为"费用信息表"的表中。

在 Power Query 中对"费用信息表"进行适当的数据清洗和整理操作。主要的清洗和整理操作包括：首先，在 Power Query 中，选中"费用信息表"的首列"Source.Name"，利用菜单功能【替换】|【任意列】|【替换值】，将该列中的".xlsx"字符串替换为空，达到从原列值中删除字符串".xlsx"的效果。其次，调整该列的数据类型为日期型，修改列名为年月。

注意，本步骤操作完成后，形成一个合并了 12 个 Excel 文件数据的大表——费用信息表，其中包含华通公司 2022 年全年 12 个月的实际费用发生数据，此表将作为企业经营预算分析的基础数据表之一。

步骤 3：将"销售信息表.xlsx"文件中的 12 张工作表以"Excel 工作簿"形式全部导入 Power BI，并在 Power Query 中对导入的 12 张表进行追加合并。主要操作包括：在 Power Query 的【查询】窗格中，选中名为"1 月"的表，利用菜单功能【主页】|【组合】|【追加查询】下的【将查询追加为新查询】，将 1 月至 12 月的所有销售数据表以追加方式合并到"销售信息表"这个新表中，如图 8-1 所示。

注意，本步骤操作完成后，形成了一张包含华通公司 2022 年全年 12 个月的实际销售数据的新表——销售信息表，此表将作为企业经营预算分析的基础数据表之一。

步骤 4：将"预算信息表.xlsx"文件中的 2 张工作表以"Excel 工作簿"形式全部导入 Power BI。导入后，Power BI 将增加 2 张表：收入预算表和费用预算表，这两张表也将作为企业经营预算分析的基础数据表。自行对导入的数据进行相应的清

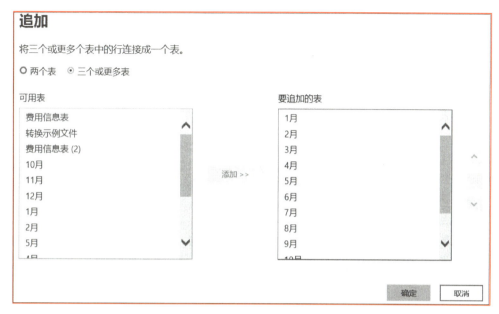

图 8-1　将 12 张表追加到一张表中

洗，确保表的列名、列的数据类型等符合实际或规范。

步骤 5：将"基础信息表.xlsx"文件中的 3 张工作表以"Excel 工作簿"形式全部导入 Power BI。导入后，Power BI 将增加 3 张表：部门信息表、城市信息表和商品信息表，这 3 张表也将作为企业经营预算分析的基础数据表。自行对导入的数据进行相应的清洗，确保表的列名、列的数据类型等符合实际或规范。

步骤 6：将"辅助信息表.xlsx"文件中的 2 张工作表以"Excel 工作簿"形式全部导入 Power BI。导入后，Power BI 将增加 2 张表：科目映射信息表和利润辅助表，这两张表也将作为企业经营预算分析的基础数据表。自行对导入的数据进行相应的清洗，确保表的列名、列的数据类型等符合实际或规范。

至此，企业经营预算分析所需的基础数据表全部导入到 Power BI Desktop 中。经过上面的导入和处理，共形成 9 张基础数据表：费用信息表、销售信息表、收入预算表、费用预算表、部门信息表、城市信息表、商品信息表、科目映射信息表和利润辅助表。在 Power BI 中查看这些表的基础情况，以明确各表数据特征及数据含义。企业经营预算各表数据说明如表 8-1 所示。

表 8-1　企业经营预算各表数据说明

数据表名	行数	列数	数据内容
费用信息表 （事实表）	3 096	5	不同部门实际发生的费用信息：年月、科目编码、科目名称、部门 ID、金额。每一行数据代表每个部门发生的一笔费用情况

续表

数据表名	行数	列数	数据内容
销售信息表 （事实表）	10 816	9	不同销售订单的详细信息：订单编号、订单日期、商品名称、商品分类、销售数量、销售单价、单位成本、销售金额、城市 ID。其中，订单编号取值具有唯一性，该列用来唯一标识每次销售
收入预算表 （事实表）	10 676	6	不同城市收入预算信息：城市名称、商品名称、年月、预计销售数量、预计销售单价、预计单位成本。每一行数据代表某城市在某月某商品的收入预算
费用预算表 （事实表）	3 096	4	不同部门的费用预算信息：部门名称、年月、科目名称、金额。每一行数据代表某个部门某月的费用预算
部门信息表 （维度表）	10	2	不同部门的基本信息：部门 ID、部门名称。其中，部门 ID 取值具有唯一性，该列用来唯一标识每个部门
城市信息表 （维度表）	327	6	不同城市的基本信息：城市 ID、城市名称、行政区、大区、负责人、部门名称。其中，城市 ID 取值具有唯一性，该列用来唯一标识每个城市
商品信息表 （维度表）	113	2	不同商品的基本信息：商品名称、商品分类。其中，商品名称具有唯一性，该列用来唯一标识每件商品
科目映射 信息表 （维度表）	99	8	不同费用类科目明细信息：科目全称、一级科目、二级科目、三级科目、科目名称、科目编码、类别、科目方向。其中，科目编码具有唯一性，该列用来唯一标识每个科目
利润辅助表 （维度表）	71	12	不同管理科目明细信息：科目序号、管理科目全称、一级科目序号、一级科目名称、一级科目方向、二级科目序号、二级科目名称、二级科目方向、三级科目序号、三级科目名称、三级科目方向、科目长度。其中，科目序号取值具有唯一性，该列用来唯一标识每一个管理科目

数据获取

三、企业经营预算的表间关系分析

由于业务间的关联性，上述 9 张表的数据间也存在紧密的数据联系。厘清表间数据联系也是一个非常重要的可视化设计的前期工作。

利用 Power BI Desktop 的模型视图，可以快速完成表间关系的梳理。

步骤 1：切换到 Power BI Desktop 模型视图。单击模型工作区下方的 ➕ 按钮，添加一个新的模型布局；双击新布局的名称，将名称修改为"9 表关系"。

步骤2：在9表关系布局中，将【字段】窗格中的费用信息表、销售信息表、收入预算表、费用预算表、部门信息表、城市信息表、商品信息表、科目映射信息表和利润辅助表9张数据表拖放到画布中，Power BI Desktop 会自动依据表的列名识别表间关系，如图8-2所示。若 Power BI Desktop 识别到的表间关系不正确，可根据实际进行调整和修改。

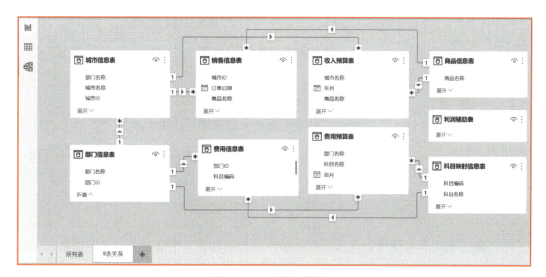

图8-2 9表的表间关系

🔔 **提 示**

如果实际可行的话，建议出现在不同表中的匹配列（也称为相关列、公共列、共有列等）最好具有相同的列名，其数据类型、数据规范等定义也最好一致，这既符合数据本身特征的要求，也便于 Power BI Desktop 自动识别表间关系。当然，匹配列的列名相同不是必需的要求；如果不同，则需要谨慎设计表间关系。

步骤3：单击【主页】|【关系】|【管理关系】，从中可以看到9张表之间的关系说明，如图8-3所示。从图8-2和图8-3均可以看出，9张表间共有9条关系连线。例如，销售信息表作为事实表，其城市ID列与城市信息表（城市ID）列具有关系，其商品名称列和商品信息表（商品名称）列具有关系，这说明销售信息表的每条销售记录中所包含的城市ID均来自城市信息表（维度表）的城市ID；同理，销售信息表的每条销售记录中所包含的商品名称均来自商品信息表（维度表）的商品名称。

287

城市信息表 (部门名称)	部门信息表 (部门名称)
费用信息表 (部门ID)	部门信息表 (部门ID)
费用信息表 (科目编码)	科目映射信息表 (科目编码)
费用预算表 (部门名称)	部门信息表 (部门名称)
费用预算表 (科目名称)	科目映射信息表 (科目名称)
收入预算表 (城市名称)	城市信息表 (城市名称)
收入预算表 (商品名称)	商品信息表 (商品名称)
销售信息表 (城市ID)	城市信息表 (城市ID)
销售信息表 (商品名称)	商品信息表 (商品名称)

图 8-3　9 表表间关系说明

思考

收入预算表作为事实表，它与哪些维度表存在表间关系？应该怎样解读这些表间关系？

同理，费用信息表和费用预算表也是事实表，这两个表分别与哪些维度表存在表间关系？应该怎样解读这些表间关系？

除了事实表与维度表间的数据关系，城市信息表（维度表）和部门信息表（维度表）间也存在表间关系。城市信息表的每条城市信息中所包含的部门名称均来自部门信息表中的部门名称数据，即每个城市都是不同市场部门负责的地区。

基于上面的分析，可以更直观地整理出如图 8-4 所示的 9 张表的表间关系图。

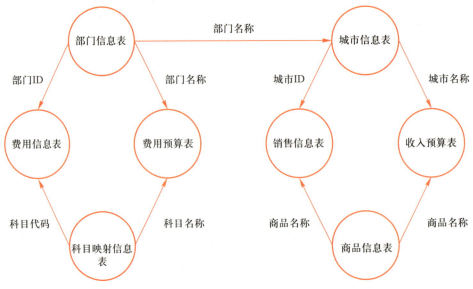

图 8-4　9 张表的表间关系图

任务二 企业经营预算分析整体设计

一、企业经营预算分析指标设计

根据任务一对原始数据分析的结果，确定从以下三个主题对华通公司展开经营预算分析：收入预算差异分析、费用预算差异分析和利润预算差异分析，如图 8-5 所示。

图 8-5　企业经营预算分析整体设计

收入预算是整个经营预算的起点，确定了未来财年的销售收入规模，也确定了未来销售产品的数量，即以销定产。根据华通公司收入预算数据，设计收入预算差异分析所涉及的指标有：预算销售收入、实际销售收入、执行差异、执行率等。

费用预算是为费用支出成本而做的成本预算，一般是对预算和执行情况进行严格比对分析，为下一预算提供科学依据，为企业战略目标的实现提供决策支持。费用预算通常从两个方面展开分析，其一是从参与部门角度展开分析，即展示预算费用部门的预算执行率；其二是分析费用随时间波动的情况，找出费用异常波动的时段，通过对费用明细数据的下钻，进一步定位费用异常根源。根据华通公司费用预算数据，设计费用预算差异分析所涉及的分析指标有：实际费用总额、预算费用总额、预算费用执行差异、执行率、环比增长率等。

利润是衡量企业经营最重要的指标之一，企业不仅要核算出利润，还要对实际利润和预算差异进行分析，为经营者提供充足的决策依据。根据华通公司利润预算数据，设计利润预算差异所涉及的分析指标有：实际经营利润总额、预算经营利润总额、实际净利润总额、预算净利润总额、实际经营利润率、预算经营利润率、与上月相比增长额、增长率、执行差异、执行率等。

二、企业经营预算分析数据模型准备

在 Power BI Desktop 中准备好企业经营预算分析所需的数据及数据模型，这通常包括导入数据、清洗数据、整合数据、数据建模等操作。在任务一中进行企业经

营预算数据整理时，我们已经将原始数据导入到 Power BI Desktop 中，并完成了数据清洗和整理的操作。下面继续对数据进行必要的调整和优化，为企业经营预算分析作好准备。

🔔 **提　示**

本书给出的可视化分析步骤在实际中都可以根据需要进行调整，没有一成不变的做法，只有永远的创新、变革和发展。

（一）添加日期表

图 8-2 展示了费用信息表、费用预算表、销售信息表、收入预算表、部门信息表、城市信息表、商品信息表、科目映射信息表、利润辅助表 9 张表间的表间关系。进一步分析表中数据容易得知，费用信息表与费用预算表间、销售信息表与收入预算表间均存在业务上的逻辑关系，可以进行相应的预实对比分析；同时这 4 个事实表的业务时间跨度均是 2022 财年。为方便实现上述 4 张表的基于日期的数据联动对比分析，下面专门定义一个日期表。

步骤 1： 在 Power BI Desktop 中新建日期表。单击【建模】|【计算】|【新建表】，在公式编辑框中输入下面的公式：

```
日期表 = ADDCOLUMNS(
    CALENDAR(DATE(2022, 1, 1), DATE(2022, 12, 31)),
    "月份", MONTH([Date]))
```

此公式将在当前数据模型中新增一个"日期表"，表中包含 2 个列：Date 和月份。

Date 列数据类型为"日期/时间"，即 Date 列的取值全部是日期/时间数据；Date 列的日期由 CALENDAR（DATE（2022，1，1），DATE（2022，12，31））函数生成，CALENDAR( ) 函数根据起始日期 DATE（2022，1，1）和结束日期 DATE（2022，12，31），自动生成从 2022 年 1 月 1 日至 2022 年 12 月 31 日间的每一天，共 365 个日期。

"月份"列的数据由 MONTH（［Date］）函数从 Date 列的日期中提取出月份值，该列的数据类型为整数。

步骤 2： 切换到模型视图，在【所有表】模型界面，将本次分析不再使用的 1 月至 12 月的 12 张表设置为隐藏，并在【主页】|【关系】|【管理关系】对话框中，快速删除这 12 张表与其他表间的表间关系。

（二）优化数据模型

步骤 1： 参照表 8-2，在新增的日期表和费用信息表、费用预算表、销售信息表、收入预算表之间建立表间关系。

步骤2：调整表的位置，尽量使关联线看起来整洁，以便其他人或者自己更容易审核或读懂表间关系。

步骤3：检查表间关系，保证【所有表】界面中的表间关系与表8-2一致。

表8-2　表间关系说明

"多"端表（匹配列）	"一"端表（匹配列）	关系类型	交叉筛选器方向
城市信息表（部门名称）	部门信息表（部门名称）	多对一	单一
费用信息表（部门ID）	部门信息表（部门ID）	多对一	单一
费用信息表（科目编码）	科目映射信息表（科目编码）	多对一	单一
费用信息表（年月）	日期表（Date）	多对一	单一
费用预算表（部门名称）	部门信息表（部门名称）	多对一	单一
费用预算表（科目名称）	科目映射信息表（科目名称）	多对一	单一
费用预算表（年月）	日期表（Date）	多对一	单一
收入预算表（城市名称）	城市信息表（城市名称）	多对一	单一
收入预算表（年月）	日期表（Date）	多对一	单一
收入预算表（商品名称）	商品信息表（商品名称）	多对一	单一
销售信息表（城市ID）	城市信息表（城市ID）	多对一	单一
销售信息表（订单日期）	日期表（Date）	多对一	单一
销售信息表（商品名称）	商品信息表（商品名称）	多对一	单一

创建好的表间关系在模型视图【所有表】中的显示如图8-6所示。

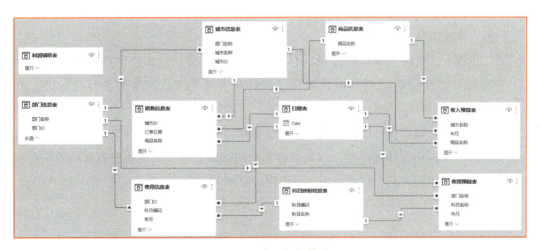

图8-6　表间数据模型

建立及优化
模型

🔔 **提 示**

在【管理关系】对话框中，可以借助 Shift 键和 Ctrl 键一次选中多个关系进行删除。

任务三

企业经营预算可视化分析报表设计

按照图 8-5 的设计，本项目需要为企业经营预算分析制作 4 个可视化分析页面：首页、收入预算差异分析、费用预算差异分析和利润预算差异分析。

一、制作首页

步骤 1： 切换到报表视图，修改第 1 页报表的名称为首页。

步骤 2： 在【可视化】窗格中单击设置报表页格式的按钮（ 📝 ），在【画布背景】|【图像】处，上传教材提供的图像素材文件"导航页背景.png"，设置【图像匹配度】为匹配度，【透明度（％）】为 0。

步骤 3： 单击【插入】|【元素】|【文本框】，取消背景颜色，输入文本"企业经营预算分析"，字体大小：54，加粗，颜色：白色；设置首字"企"的字体大小：66。在文本框中换行，继续输入文本"——演示平台"，字体大小：40，加粗，颜色：白色，居右显示。参考图 8-7，将整个文本框调整到页面合适位置。

步骤 4： 单击【插入】|【元素】|【按钮】中的【空白】，在【格式】窗格中，设置【按钮】|【样式】|【文本】为收入预算差异分析，字体大小：20，字体颜色：白色；取消形状【边框】。

步骤 5： 复制步骤 4 的按钮，粘贴为两个新按钮。分别修改新按钮的文本为费用预算差异分析、利润预算差异分析。参考图 8-7，调整这些形状的大小和位置。

至此，完成了首页的显示外观设计。后续在完成其他页面的设计后，还需对首页中的三个按钮设计超链接，以实现首页上的这些按钮与其他报表页面间的跳转功能（具体操作见"三、制作首页与其他报表页间的导航"）。

图 8-7 首页效果图

二、制作各页面导航栏

步骤 1： 在报表视图中，单击"新建页"按钮（➕），增加一张新报表，修改报表名称为"收入预算差异分析"。

步骤 2： 同步骤 1，继续新增另外 2 张新报表。依次修改新报表页的名称为费用预算差异分析、利润预算差异分析。

步骤 3： 制作导航栏背景。切换到收入预算差异分析报表页，单击【插入】|【元素】|【文本框】，添加一个文本框，在【格式】窗格的【常规】|【属性】中，设置文本框高度：720，宽度：228；水平位置：0，垂直位置：0；在【常规】|【效果】中，设置文本框的背景颜色：#4A57A9，背景透明度：0。

步骤 4： 制作报表页面间的导航按钮。切换到收入预算差异分析报表页，单击【插入】|【元素】|【按钮】|【导航器】下的【页面导航器】，Power BI Desktop 将自动生成如图 8-8 所示的页面导航条。此页面导航条自动提取了当前文件中的所有报表页面名称，并依据这些名称生成相应的导航按钮，这些按钮均自动具有跳转到对应报表页面的超链接功能。若将此导航条复制到其他报表页面，Power BI Desktop 也会自动更新这些按钮的超链接目标。

首页	收入预算差异分析	费用预算差异分析	利润预算差异分析

图 8-8 Power BI Desktop 自动生成的页面导航条

步骤5：选中步骤4生成的页面导航条，对其进行以下设置：① 在【格式】|【常规】|【属性】面板中，设置导航条大小和位置，高度：575，宽度：227；水平：0，垂直：76。② 在【格式】|【视觉对象】|【网络布局】面板中，设置导航条【方向】为：垂直；【填充】：21。③ 在【格式】|【视觉对象】|【样式】面板中，修改【将设置应用于】|【状态】为：已选定，这表示下面的样式设置是为已选定的导航按钮进行样式设置；设置【文本】字体大小：20，字体颜色：#9071CE；设置【填充】颜色：白色。④ 在【格式】|【视觉对象】|【样式】面板中，修改【将设置应用于】|【状态】为：默认值，这表示下面的样式设置是为普通状态下的导航按钮进行样式设置；设置【文本】字体大小：20，字体颜色：白色；设置【填充】颜色：#9071CE。

至此，收入预算差异分析报表页的导航栏制作完毕，整体效果如图8-9所示。

步骤6：将步骤3制作的导航栏背景和步骤5制作的页面导航条一并复制到费用预算差异分析页面和利润预算差异分析页面，使各页面都出现此导航栏。

图 8-9　收入预算差异分析报表页的导航栏

🔔 **提　示**

在报表页面中编辑互相叠放的对象时，可以借助【格式】功能选项卡【排列】功能组中的相应功能按钮方便地调整对象上下层次、对齐方式，或打开【选择】面板进行操作。

三、制作首页与其他报表页间的导航

步骤1：切换到首页，选中"收入预算差异分析"按钮，在【格式】|【操作】面板中，设置该按钮的操作【类型】为页导航，【目标】为"收入预算差异分析"报表页。

步骤2：设置"费用预算差异分析"按钮的操作【类型】为页导航，【目标】为"费用预算差异分析"报表页；"利润预算差异分析"按钮的操作【类型】为页导航，【目标】为"利润预算差异分析"报表页。

至此，企业经营预算分析报表的外观和导航均已设置完成。

企业经营预算可视化分析报表设计

任务四　企业经营预算分析视觉版面设计

根据要展示的数据指标选择合理的视觉对象，并为各视觉对象设计报表版面布局。

一、企业经营预算分析对象及指标的视觉版面设计

（一）收入预算差异分析对象及指标的视觉版面设计

针对收入预算差异分析，设计以 KPI 图展示销售收入、销售成本、毛利润、毛利率等指标的实际值与预算值的差异对比；以簇状条形图展示不同部门的实际收入与预算收入的差异对比；以簇状条形图展示不同商品类别的实际收入与预算收入的差异对比；以矩阵展示各地区（城市、省份、大区）在不同日期（年、季度、月、日）的实际收入与预算收入的执行差异对比。整体报表页面以月份、商品名称、城市名称、金额单位作为切片器。

（二）费用预算差异分析对象及指标的视觉版面设计

针对费用预算差异分析，设计以仪表图展示公司整体及各部门（市场一部、市场二部、市场三部、市场四部、人力资源部、办公室、采购部、财务部）的预算费用执行情况；以折线和簇状柱形图展示实际费用的增长变动趋势；以簇状条形图展示不同费用科目及明细的实际费用与预算费用差异对比。整体报表页面以月份、部门名称、科目明细、金额单位作为切片器。

（三）利润预算差异分析对象及指标的视觉版面设计

针对利润预算差异分析，设计以折线图展示实际营业利润的变动趋势；以漏斗图展示实际销售收入、实际毛利润、实际利润总额、实际净利润的情况；以矩阵展示不同利润项目的实际金额、实际金额增长额、增长率、预算金额、预算金额执行差额和执行率情况。整体报表页面以月份、部门名称、金额单位作为切片器。

二、企业经营预算分析可视化报表布局设计

项目七以横向导航布局制作了企业进销存分析可视化报表，本项目将以纵向导航布局制作企业经营预算分析可视化报表。实际中，可根据用户需求或审美要求设

计报表页面布局。本质上，两种页面布局的设计和制作思路相差不大。

步骤1：切换到收入预算差异分析页面，在【可视化】窗格中将卡片图视觉对象添加到报表页面，任意选择一个字段数据填充此卡片图（此处卡片图仅起到版面布局设计的作用，与所选择的字段无关），再在【可视化】|【设置视觉对象格式】|【常规】面板中进行如下格式设置：① 在【标题】中，设置字体大小为12；② 在【效果】中设置视觉对象边框颜色为#CCCCCC，圆角为5，其余设置保持默认。

步骤2：按照收入预算差异分析报表页的指标和视觉对象设计方案，将卡片图占位符进行多次复制粘贴，形成多个占位对象。调整各占位对象的类型、大小和位置，完成报表页面所有占位对象的合理布局。

步骤3：按照前述收入预算差异分析报表页的设计思路，将各占位卡片图更换为预先设计好的视觉对象。

步骤4：类似地，继续完成费用预算差异分析报表页、利润预算差异报表页的布局设计。最终设计好的各页面布局如图8-10的（a）图至（c）图所示。

（a）收入预算差异分析报表页设计

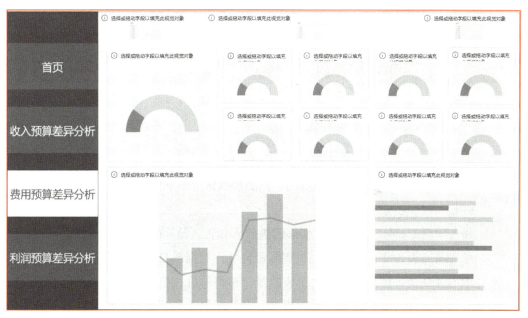

（b）费用预算差异分析报表页设计

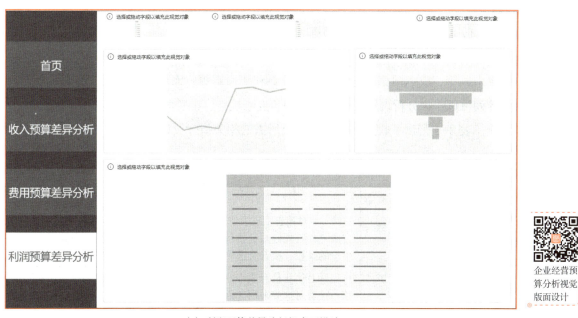

（c）利润预算差异分析报表页设计

图 8-10　企业经营预算分析可视化报表布局设计

企业经营预
算分析视觉
版面设计

大数据技术在销售收入预算分析中的应用

一、收入预算总体差异分析

基于原始数据，下面将直观展示销售收入、销售成本、毛利润和毛利率等指标的实际值与预算值的差异，并从部门、商品和地区等不同维度展示预实差异。

（一）设计收入预算差异分析相关指标

收入预算差异分析需要基于实际销售收入和收入预算的数据进行对比分析。

参考前述表 8-1 的数据说明，实际销售收入数据来自销售信息表，该表包括每笔订单的详细销售信息，其中，销售数量、销售单价、单位成本、销售金额等数值型列可以用来计算实际收入、实际成本、毛利润及毛利率等；而订单日期、商品名称、商品分类和城市 ID 等列可以作为分析维度，以支持从不同角度来统计、汇总实际收入的各项指标。

收入预算数据来自收入预算表，该表包括每一城市每一月份每种商品的收入预算，其中，预计销售数量、预计销售单价、预计单位成本等数值型列可以用来计算收入预算、成本预算、毛利润预算及毛利率预算等；而城市名称、商品名称、年月等列可以作为分析维度，提供从不同角度来统计、汇总收入预算的各项指标。

表 8-3 列出了收入预算差异分析所需的相关指标及计算方法。

表 8-3　收入预算差异分析所需的相关指标及计算方法

指标分类	指标名称	计算方法
实际销售收入	实际销售收入	方法一：对销售信息表的销售金额列进行求和（本项目采用方法一） 方法二：首先针对销售信息表中的每行数据，计算销售数量和销售单价的乘积；接着对这些乘积进行求和
	实际销售成本	首先针对销售信息表中的每行数据，计算销售数量和单位成本的乘积；接着对这些乘积进行求和
	实际毛利润	实际销售收入 - 实际销售成本
	实际毛利率	实际毛利润 / 实际销售收入
收入预算	预算销售收入	首先针对销售信息表中的每行数据，计算销售数量和销售单价的乘积；接着对这些乘积进行求和
	预算销售成本	首先针对销售信息表中的每行数据，计算销售数量和单位成本的乘积；接着对这些乘积进行求和
	预算毛利润	预算销售收入 - 预算销售成本
	预算毛利率	预算毛利润 / 预算销售收入

（二）新建收入预算差异分析相关指标度量值

步骤 1：利用【主页】|【数据】功能区中的【输入数据】功能新建"度量值表"，用来管理模型中的所有度量值。

步骤 2：新建一个表，存放金额单位与金额的对应关系。单击【主页】|【数据】|【输入数据】，在打开的【创建表】对话框中创建如图 8-11 所示的名为"金额单位表"的数据表，并将此表加载至数据模型中。

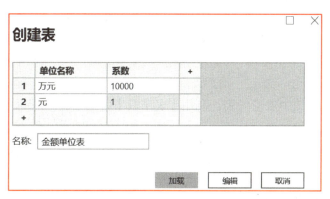

图 8-11　新建金额单位表

步骤 3：选中度量值表，利用【表工具】|【计算】功能区中的【新建度量值】功能创建"金额系数"度量值，用以返回所选金额单位名称对应的金额系数。

金额系数 = SELECTEDVALUE(' 金额单位表 '[系数], 1)

🔧 知识扩展

在 Power BI Desktop 中显示数值时，可以设置数值的显示单位，将数值以千、百万、十亿、万亿等为单位进行显示。千、百万、十亿、万亿是 Power BI Desktop 中内置的数值显示单位，这与我们平时习惯使用万、亿这样的单位不符。在本项目中，收入、费用和利润的计算结果数值较大，将计算结果显示为我们日常习惯用的万，可以使数据的展示更加简洁。步骤 2 和步骤 3 共同创建了一个允许将金额显示为元或万元的方法。若以金额单位表的单位名称列创建一个单选切片器（见图 8-12），当在此切片器中选中某金额单位时，"SELECTEDVALUE(' 金额单位表 '[系数], 1)"函数将返回当前所选金额单位对应的系数（SELECTEDVALUE( ) 的第二个参数 1 表示，若切片器无选择时则默认返回 1）。

后续操作中，本项目将借助金额单位名称切片器来实现预算分析过程中金额单位在元和万元间切换显示的效果。

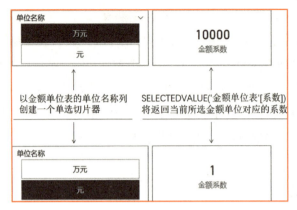

图 8-12　单位名称与金额系数的动态关联

步骤 4：继续选中度量值表，利用【表工具】|【计算】功能区中的【新建度量值】功能，依序创建下列度量值。

实际销售收入 = ROUND(DIVIDE(SUM(' 销售信息表 '[销售金额]),' 度量值表 '[金额系数]), 2)

实际销售成本 = ROUND(DIVIDE(SUMX(' 销售信息表 ',' 销售信息表 '[单位成本]*' 销售信息表 '[销售数量]),' 度量值表 '[金额系数]), 2)

实际毛利润 = [实际销售收入]–[实际销售成本]

实际毛利率 = DIVIDE(' 度量值表 '[实际毛利润],' 度量值表 '[实际销售收入])

预算销售收入 = ROUND(DIVIDE(SUMX(' 收入预算表 ',' 收入预算表 '[预计销售单价]*' 收入预算表 '[预计销售数量]),' 度量值表 '[金额系数]), 2)

预算销售成本 = ROUND(DIVIDE(SUMX(' 收入预算表 ',' 收入预算表 '[预计单位成本]*' 收入预算表 '[预计销售数量]),' 度量值表 '[金额系数]), 2)

预算毛利润 = [预算销售收入]–[预算销售成本]

预算毛利率 = DIVIDE(' 度量值表 '[预算毛利润],' 度量值表 '[预算销售收入])

🔔 **提　示**

在实际销售收入、实际销售成本、预算销售收入和预算销售成本这 4 个度量值中，均使用 DIVIDE( ) 函数将相应的收入或成本金额除以金额系数，从而实现收入或成本金额根据金额系数变化而变换金额显示单位的效果。若当前选中万元单位，则金额系数为 10 000，将收入或成本均除以 10 000，就得到以万元为单位的金额显示；若当前选中元单位，则金额系数为 1，将收入或成本均除以 1，就得到以元为单位的金额显示。

至此，与收入预算差异分析有关的度量值创建完毕。

（三）展示收入预算相关指标

按照前述收入预算差异分析报表页面布局设计，将相关指标展示在报表页面中。由于报表页面已经有占位视觉对象，因此，只需要将相应字段拖入占位视觉对象中，即可展示出相关指标。

步骤1：切换到收入预算差异分析报表页面。

步骤2：参考图8-10（a）中收入预算差异分析报表页的版面划分，该版面第二排和第三排中间四个位置上的 KPI 图用于展示收入预算差异分析的相关指标。表8-4列出了这四个 KPI 图的数据字段说明。

表8-4　四个 KPI 图的数据字段说明

位置	【值】字段	【目标】字段	【走向轴】字段
第二排第一个：（销售收入实际值和预算值对比）	度量值中实际销售收入度量值	度量值表中预算销售收入度量值	日期表 Date 列的日期层次结构下的年
第二排第二个：（销售成本实际值和预算值对比）	度量值中实际销售成本度量值	度量值表中预算销售成本度量值	日期表 Date 列的日期层次结构下的年
第三排第一个：（毛利润实际值和预算值对比）	度量值中实际毛利润度量值	度量值表中预算毛利润度量值	日期表 Date 列的日期层次结构下的年
第三排第二个：（毛利率实际值和预算值对比）	度量值中实际毛利率度量值	度量值表中预算毛利率度量值	日期表 Date 列的日期层次结构下的年

步骤3：统一按下面的要求对这四个 KPI 图作格式设置。① 各图标题依次命名为销售收入完成情况、销售成本完成情况、毛利润完成情况、毛利率完成情况；② 标注值的字体大小为30，显示单位为无。

步骤4：在【字段】窗格中选择度量值表中的实际毛利率度量值，在【度量工具】|【格式化】功能区中，设置实际毛利率度量值的数据格式为百分比格式（ **%** ）。

收入预算差异分析相关指标的 KPI 图的最终完成效果如图8-13所示。

制作收入预
算差异分析
页面（1）

图8-13　收入预算差异分析相关指标的 KPI 图

二、部门收入预算差异分析

对比不同部门的销售业绩实际值与预算值差异，可以直观地看出部门销售排名情况以及销售目标达成情况。按照事先设计，下面将采用簇状条形图展示部门实际销售收入与预算销售收入的差异对比。

步骤 1：切换到收入预算差异分析报表页面。

步骤 2：参考图 8-10 中收入预算差异分析报表页的版面划分，第二排左侧第一个位置上的簇状条形图用于展示部门实际销售收入与预算销售收入的对比情况。

步骤 3：选中簇状条形图对象，将部门信息表的部门名称列拖放至簇状条形图的【Y 轴】中，将度量值表中的实际销售收入度量值和预算销售收入度量值拖放至【X 轴】中。

步骤 4：设置簇状条形图视觉对象格式：① 在【视觉对象】|【X 轴】、【Y 轴】面板中，关闭标题；② 在【视觉对象】|【数据标签】中，打开数据标签，设置值的显示单位为无；③ 在【常规】|【标题】面板中，修改标题【文本】为"实际收入 VS 预算收入（销售部门）"。

部门实际销售收入与预算销售收入对比如图 8-14 所示。

图 8-14　部门实际销售收入与预算销售收入对比

三、商品收入预算差异分析

商品收入预算差异分析与部门收入预算差异分析类似，二者均是从不同的维度（商品维度、部门维度）来分析预算差异。下面继续以簇状条形图来展示各商品实际销售收入与预算销售收入的差异。

步骤 1：切换到收入预算差异分析报表页面。

步骤 2：参考图 8-10 中收入预算差异分析报表页的版面划分，第二排右侧第一个位置上的簇状条形图用于展示不同商品实际销售收入与预算销售收入的对比情况。

步骤3：选中簇状条形图对象，将商品信息表的商品分类列、商品名称列拖放至簇状条形图的【Y轴】中，将度量值表中的实际销售收入度量值、预算销售收入度量值拖放至【X轴】中。

步骤4：设置簇状条形图视觉对象格式：① 在【视觉对象】|【X轴】、【Y轴】面板中，关闭标题；② 在【视觉对象】|【数据标签】中，打开数据标签，设置值的显示单位为无；③ 在【常规】|【标题】面板中，修改标题【文本】为"实际收入VS预算收入（销售商品）"。

各商品实际销售收入与预算销售收入对比如图8-15所示。

图8-15　各商品实际销售收入与预算销售收入对比

制作收入预算差异分析页面（2）

四、区域收入预算差异分析

下面使用矩阵展示各地区各时期的实际销售收入与预算销售收入的执行情况，依据城市信息表中的大区 -> 行政区 -> 城市等区域层级关系，以及日期表中Dat列的日期层次结构，实现收入和预算在区域、销售日期的上下钻取查看效果。

（一）设计收入预算执行差异指标

参考表8-3的度量值说明，基于已经创建好的实际销售收入度量值和实际销售成本度量值计算执行差异度量值和执行率度量值，计算方法如表8-5所示。

表8-5　收入预算执行差异及收入预算执行率计算方法

指标名称	计算方法
执行差异	实际销售收入 – 预算销售收入（超额为"＋"，未完成则为"–"）
执行率	实际销售收入 / 预算销售收入

（二）新建收入预算执行差异指标度量值

步骤1： 选中度量值表，利用【表工具】|【计算】功能区中的【新建度量值】功能，依序创建下列度量值。

执行差异 = [实际销售收入]–[预算销售收入]

执行率 = DIVIDE([实际销售收入], [预算销售收入])

步骤2： 选中度量值表中的执行率度量值，在【度量工具】|【格式化】功能区中，设置执行率度量值的数据格式为百分比。

（三）展示收入预算执行差异及收入预算执行率

步骤1： 切换到收入预算差异分析报表页面。

步骤2： 参考图 8–10（a）中收入预算差异分析报表页的版面划分，该版面第三排位置上的矩阵用于展示各区域收入预算执行差异及收入预算执行率。

步骤3： 选中矩阵对象，将城市信息表的大区、行政区、城市名称等列拖放至矩阵的【行】中，将日期表中的 Date 字段拖放至矩阵的【列】中，将度量值表中的实际销售收入、预算销售收入、执行差异和执行率等度量值拖至矩阵的【值】中。

步骤4： 调整矩阵视觉对象的显示设置：① 在【视觉对象】|【样式预设】中选择"差异最小"样式；② 在【视觉对象】|【值】、【列标题】、【行标题】面板中，将矩阵中的值字体大小、列标题文本字体大小、行标题文本字体大小均设置为 12，同时，将列标题文本和行标题文本的字体加粗；③ 在【视觉对象】|【列小计】处，关闭列小计；④ 将实际销售收入字段的条件格式设置为数据条，颜色为默认；⑤ 将执行率字段的条件格式设置为图标，条件规则如图 8–16 所示。

图 8–16　图标设置的条件规则

步骤5： 选中矩阵对象，单击矩阵右上角的 ↓ 按钮，对矩阵的列启用"向下钻取"功能。接着，单击列名"2022"将矩阵的列由"年"层次深化至"季度"层次。

收入预算执行差异矩阵如图 8–17 所示。

年	2022								金额单位：万元	
季度	季度 1				季度 2				季度 3	
大区	实际销售收入	预算销售收入	执行差异	执行率	实际销售收入	预算销售收入	执行差异	执行率	实际销售收入	预算
⊞ 东北	5,296.84	3,925.80	1,371.04	134.92%	5,751.56	4,062.18	1,689.38	141.59%	6,069.92	
⊞ 华北	7,005.27	6,574.00	431.27	106.56%	8,920.83	7,853.99	1,066.84	113.58%	8,166.39	
⊞ 华东	11,751.35	10,375.75	1,375.60	113.26%	11,417.57	11,330.31	87.26	100.77%	10,738.84	1
⊞ 华南	9,631.26	12,944.91	-3,313.65	74.40%	9,929.88	13,358.46	-3,428.58	74.33%	11,852.47	1
⊞ 华中	8,607.99	10,444.34	-1,836.35	82.42%	9,695.30	10,801.07	-1,105.77	89.76%	9,470.49	1
⊞ 西北	6,427.16	11,269.72	-4,842.56	57.03%	7,831.40	13,195.55	-5,364.15	59.35%	6,207.61	1
⊞ 西南	10,324.23	14,019.50	-3,695.27	73.64%	8,983.86	11,782.30	-2,798.44	76.25%	9,638.53	1
总计	59,044.11	69,554.01	-10,509.90	84.89%	62,530.39	72,383.86	-9,853.47	86.39%	62,144.25	7

图 8-17　收入预算执行差异矩阵

五、企业收入预算差异综合展示

下面将在收入预算差异分析报表页面添加月份、城市名称、金额单位等 3 个切片器，以切片器的交互筛选功能支持企业收入预算差异综合分析。

步骤 1：切换到收入预算差异分析报表页面。

步骤 2：参考图 8-10（a）中收入预算差异分析报表页的版面划分，该版面第一排左侧第一个位置用于放置月份切片器。

步骤 3：选中月份切片器，将日期表的月份列拖放至此切片器的【字段】中。设置切片器类型为下拉。

步骤 4：同步骤 3 操作，制作城市名称切片器（城市信息表的城市名称列作为切片器数据字段）。

步骤 5：制作金额单位切片器。将金额单位表的单位名称列作为切片器数据字段，切片器类型为列表，方向为水平，选择方式为单选型切片器。

企业收入预算差异分析综合展示的最终效果如图 8-18 所示。

🔧 知识扩展

本任务创建了多个度量值，可以将这些度量值归整到文件夹，以方便后续管理和查看。

在 Power BI Desktop 模型视图中，选中与收入预算差异分析有关的度量值（按 Shift 键选中连续的度量值，按 Ctrl 键选中不连续的度量值），在属性面板中的【常规】|【显示文件夹】中输入文件夹名称"收入预算"，确认后所选度量值就会归整到度量值表下的收入预算文件夹中，如图 8-19 所示。文件夹建立后，后续创建的度量值也可以放置到此文件夹中。

另外，可将度量值表中的"列 1"删除掉。度量值表主要用于管理度量值，不用于存储数据，删除"列 1"可以让度量值表更整齐些。

制作收入预算差异分析页面（3）

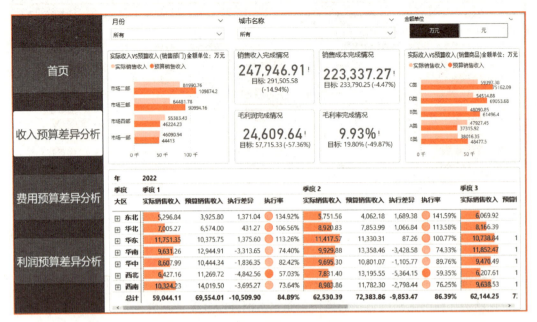

图 8-18　企业收入预算差异分析综合展示

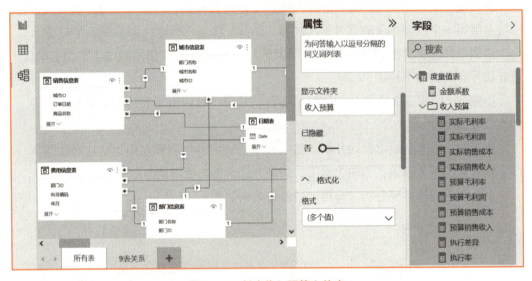

图 8-19　创建收入预算文件夹

任务六

大数据技术在费用预算分析中的应用

一、费用预算总体差异分析

基于原始数据，下面将直观展示公司整体及各部门的预算费用执行情况，分析实际费用增长变动趋势，并对不同费用科目的实际费用与预算费用差异进行对比展示。

（一）设计费用预算执行率指标

计算费用预算执行率需要用到实际费用总额指标和预算费用总额指标。实际中，原始数据不同，构造的度量值可能也会不同。切记要弄懂会计原理和计算方法，以不变的原理和方法应对万变的数据形式。

1. 计算实际费用总额

费用信息表中保存了各部门实际费用发生的相关信息，参考前述表 8-1 的数据说明。其中，科目编码列标记了某行费用对应的会计核算科目，而金额列一律以正数表示了实际发生的费用金额。根据会计核算的相关知识，"财务费用"科目下的利息收入是对费用的一种抵冲，通常记在"财务费用 / 利息收入"科目的贷方（或以负数记在"财务费用 / 利息收入"科目的借方）。但在费用信息表中，所有费用发生额一律是正数，若直接将金额求和，就会将利息收入发生额也计入增加的费用中，这将会违背财务计算逻辑。那么该如何计算实际费用总额呢？

科目映射信息表描述了不同费用类科目的明细信息，参考前述表 8-1。其中，科目编码列是科目映射信息表和费用信息表的公共列，两表基于科目编码列创建了表间关系；而科目映射信息表的科目方向列提供了各科目在会计核算时的借贷方向说明。在费用信息表与科目映射信息表的表间关联关系基础上，我们可以依据科目映射信息表的科目方向对费用信息表的费用发生额进行筛选，以确定哪些费用是借方费用（增加的费用），哪些费用是贷方费用（减少的费用）。

基于上述分析可知，在计算实际费用总额时，需借助科目映射信息表的科目方向列，从费用信息表中分别筛选汇总出借方费用和贷方费用，再将二者相减才能得到正确的实际费用总额。

下面将计算实际费用总额的分解步骤对应的公式列示如下：

（1）筛选并汇总借方费用。

CALCULATE(SUM(' 费用信息表 '[金额]),' 科目映射信息表 '[科目方向] = " 借 ")

（2）筛选并汇总贷方费用。

CALCULATE(SUM(' 费用信息表 '[金额]),' 科目映射信息表 '[科目方向] = " 贷 ")

（3）计算实际费用总额，并将结果保存到变量 AclCost 中。

VAR AclCost =
CALCULATE(SUM(' 费用信息表 '[金额]),' 科目映射信息表 '[科目方向] = " 借 ")−
CALCULATE(SUM(' 费用信息表 '[金额]),' 科目映射信息表 '[科目方向] = " 贷 ")

2. 计算预算费用总额

参考前述表 8-1 的数据说明，费用预算表中保存了各部门的费用预算信息。其中，科目名称列标记了某行费用预算对应的会计核算科目，而金额列一律以正数表示费用预算金额。同实际费用总额计算方法一样，预算费用总额也需要根据费用科目的借贷方之和的差来计算。

由图8-2可知，费用预算表和科目映射信息表基于公共列"科目名称"建立了表间关联，由此，可以依据科目映射信息表的科目方向对费用预算表的金额进行筛选，以确定费用预算表的哪些费用是借方费用，哪些费用是贷方费用。

基于上述分析，计算预算费用总额的分步骤公式分析列示如下：

（1）筛选并汇总借方费用。

CALCULATE(SUM(' 费用预算表 '[金额]),' 科目映射信息表 '[科目方向] = " 借 ")

（2）筛选并汇总贷方费用。

CALCULATE(SUM(' 费用预算表 '[金额]),' 科目映射信息表 '[科目方向] = " 贷 ")

（3）计算预算费用总额，并将结果保存到变量 PlaCost 中。

VAR PlaCost =

CALCULATE(SUM(' 费用预算表 '[金额]),' 科目映射信息表 '[科目方向] = " 借 ")–

CALCULATE(SUM(' 费用预算表 '[金额]),' 科目映射信息表 '[科目方向] = " 贷 ")

3. 计算费用预算执行率

费用预算执行率等于实际费用总额与预算费用总额之比，即：

预算费用执行率 = DIVIDE([实际费用总额],[预算费用总额])

（二）新建费用执行率度量值

步骤1：选中度量值表，利用【表工具】|【计算】功能区中的【新建度量值】功能，依序创建下列度量值。

实际费用总额 =

VAR AclCost =

CALCULATE(SUM(' 费用信息表 '[金额]),' 科目映射信息表 '[科目方向] = " 借 ")–

CALCULATE(SUM(' 费用信息表 '[金额]),' 科目映射信息表 '[科目方向] = " 贷 ")

RETURN ROUND(DIVIDE(AclCost,' 度量值表 '[金额系数]), 2)

预算费用总额 =

VAR PlaCost =

CALCULATE(SUM(' 费用预算表 '[金额]),' 科目映射信息表 '[科目方向] = " 借 ")–

CALCULATE(SUM(' 费用预算表 '[金额]),' 科目映射信息表 '[科目方向] = " 贷 ")

RETURN ROUND(DIVIDE(PlaCost,' 度量值表 '[金额系数]), 2)

预算费用执行率 = DIVIDE([实际费用总额],[预算费用总额])

其中，实际费用总额的值由"RETURN ROUND(DIVIDE(AclCost,' 度量值表 '[金额系数]), 2)"返回，与（一）中关于实际费用总额公式描述不太相同的是，这里使用"DIVIDE(AclCost, ' 度量值表 '[金额系数])"函数将 AclCost 变量除以"' 度量值表 '[金额系数]"(' 度量值表 '[金额系数] 的定义参见图 8-12),以实现 AclCost 对于不同金额系数的转换；ROUND( ) 函数对转换后的金额保留 2 位小数位数。预算费用总额的计算同理。

步骤 2：选中预算费用执行率度量值，在【度量工具】|【格式化】功能区中，设置此度量值的显示格式为"百分比"。

（三）展示公司总体和部门的预算费用执行率

步骤 1：切换到收入预算差异分析报表页面。

步骤 2：参考图 8-10（b）中费用预算差异报表页的版面划分，该版面第二排左侧第一个位置用作公司总体费用执行率仪表盘的展示；第二排右侧的 8 个位置从上到下、从左到右依次作为市场一部、市场二部、市场三部、市场四部、人力资源部、办公室、采购部、财务部等部门的预算费用执行率仪表盘展示。

步骤 3：将度量值表中的预算费用执行率度量值分别拖至 9 个仪表盘的【值】中，即 9 个仪表盘均以预算费用执行率度量值作为展示数据。

步骤 4：除总体执行率仪表盘外，其他 8 个部门仪表盘均需要设置筛选条件，以展示对应部门的预算费用执行率。依次对右侧 8 个仪表盘设置【此视觉对象上的筛选器】，筛选对象均设置为部门信息表的部门名称列，筛选条件分别是部门名称等于市场一部、部门名称等于市场二部、部门名称等于市场三部、部门名称等于市场四部、部门名称等于人力资源部、部门名称等于办公室、部门名称等于采购部、部门名称等于财务部。

步骤 5：分别设置 9 个仪表盘的图表标题为总体执行率、市场一部、市场二部、市场三部、市场四部、人力资源部、办公室、采购部和财务部。

公司总体及各部门的费用执行率如图 8-20 所示。

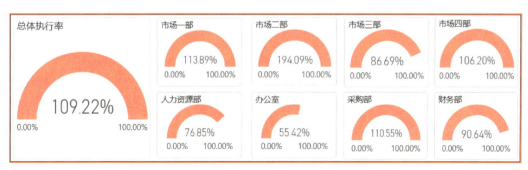

制作费用预算差异分析页面（1）

图 8-20 公司总体及各部门的费用执行率

二、实际费用增长变动趋势分析

使用组合图（折线和簇状柱形图）在展示费用预实对比情况的同时，展示实际费用随时间变动的趋势。

（一）新建实际费用增长率度量值

步骤1：选中度量值表，利用【表工具】|【计算】功能区中的【新建度量值】功能，创建以下度量值。

环比增长率(实际费用) =
VAR Lastcost = CALCULATE([实际费用总额], DATEADD('日期表'[Date], −1, MONTH))
RETURN　DIVIDE([实际费用总额]−Lastcost, Lastcost)

此公式中，首先利用"CALCULATE([实际费用总额], DATEADD('日期表'[Date], −1, MONTH))"函数计算上月的实际费用总额，然后利用"RETURN DIVIDE([实际费用总额]−Lastcost, Lastcost)"返回（当月实际费用总额 − 上月实际费用总额）/ 上月实际费用总额，即环比增长率（实际费用）的值。

步骤2：选中环比增长率（实际费用）度量值，在【度量工具】|【格式化】功能区中，设置此度量值的显示格式为"百分比"。

（二）展示实际费用增长变动趋势

步骤1：切换到费用预算差异报表页面。

步骤2：参考图8−10（b）中费用预算差异报表页的版面划分，第三排左起第一个位置上的折线和簇状柱形图用于展示费用预实对比和实际费用增长变动趋势。

步骤3：选中折线和簇状柱形图对象，将日期表中的Date列拖至【X轴】，将实际费用总额度量值、预算费用总额度量值拖至【列y轴】中，将环比增长率（实际费用）度量值拖至【行y轴】中。

步骤4：设置折线和簇状柱形图对象格式：①在【视觉对象】|【X轴】和【Y轴】面板中，关闭X轴标题和Y轴标题；②在【视觉对象】|【数据标签】中，打开数据标签，设置值的显示单位为无；③在【视觉对象】|【行】面板中，选择线条样式为点线；④在【常规】|【标题】面板中，修改标题【文本】为"实际费用增长变动趋势"。

实际费用增长变动趋势如图8−21所示。

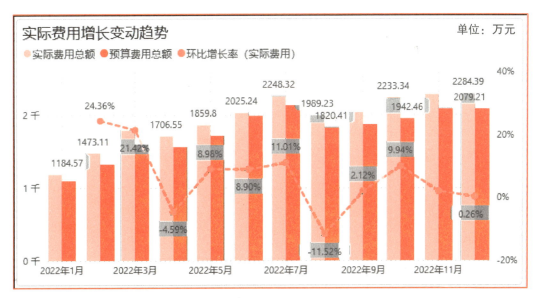

图 8-21　实际费用增长变动趋势

三、费用科目预实差异分析

使用簇状条形图展示不同会计科目实际费用与预算费用排名情况，同时支持明细科目的下钻统计。

步骤 1： 切换到费用预算差异报表页面。

步骤 2： 参考图 8-10（b）中费用预算差异报表页的版面划分，右下角位置上的簇状条形图用于展示不同会计科目的实际费用和预算费用对比情况。

步骤 3： 选中此簇状条形图对象，将科目映射信息表的一级科目、二级科目拖至【Y 轴】中，将度量值表中的实际费用总额度量值、预算费用总额度量值拖至【X 轴】中。

步骤 4： 设置簇状条形图对象格式：① 关闭 X 轴标题和 Y 轴标题；② 打开数据标签，设置值的显示单位为无；③ 修改图表标题文本为"实际费用总额与预算费用总额支出项目对比"。

实际费用总额与预算费用总额支出项目对比如图 8-22 所示。

四、企业费用预算差异综合展示

下面将在费用预算差异分析报表页面添加月份、部门名称及金额单位 3 个切片器，以切片器的交互筛选功能支持企业费用预算差异综合分析。

步骤 1： 切换到费用预算差异分析报表页面。

步骤 2： 参考图 8-10（b）费用预算差异分析报表页的版面划分，该版面第一

311

图 8-22 实际费用总额与预算费用总额支出项目对比

排位置上的 3 个切片器依次是月份切片器、部门名称切片器和金额单位切片器。

步骤 3：单击【视图】|【显示窗格】功能区中的【同步切片器】，在打开的同步切片器窗格中，将月份切片器和金额单位切片器同步到费用预算差异分析报表页面。

步骤 4：在费用预算差异分析报表页面，复制月份切片器，粘贴成一个新的切片器。修改新切片器的数据字段为部门信息表的部门名称列。

步骤 5：取消月份切片器对费用增长变动趋势图的筛选控制。

企业费用预算差异综合展示如图 8-23 所示。

图 8-23 企业费用预算差异综合展示

制作费用预算差异分析页面（2）

　提　示

可将本任务创建的 4 个度量值归整到费用预算文件夹。

任务七　大数据技术在利润预算分析中的应用

一、利润变动趋势分析

基于原始数据，下面将直观展示公司利润变动趋势，包括：实际营业利润变动趋势、实际利润总额变动趋势、实际净利润变动趋势。

（一）设计利润分析相关指标

根据利润变动趋势分析的设计思路，此处需要计算实际营业利润、实际利润总额和实际净利润。

1. 计算实际营业利润

本任务中，营业利润的计算分为实际营业利润的计算和预算营业利润的计算。根据设计，此处先分析营业利润的计算逻辑，然后给出实际营业利润的计算公式，后续还将给出预算营业利润的计算公式。

根据原始数据可知：

华通公司的营业利润＝营业收入－营业成本－税金及附加－销售费用－
管理费用－财务费用－资产减值损失

由：毛利润＝营业收入－营业成本，营业费用＝税金及附加＋销售费用＋管理费用＋财务费用＋资产减值损失

可进一步将营业利润表示为：营业利润＝毛利润－营业费用。

毛利润指标在任务五中已经涉及（参考表 8-4），同时，任务五也创建了"实际毛利润"度量值来计算实际毛利润。费用总额指标在任务六中已经涉及，同时，任务六也创建了"实际费用总额"度量值来计算实际费用总额。若要根据"营业利润＝毛利润－营业费用"来计算实际营业利润，则"毛利润"可用"实际毛利润"度量值来计算，"营业费用"可在"实际费用总额"度量值中去除营业外收入（科目代码 6711）、营业外支出（科目代码 6301）及所得税费用（科目代码 6801）的金额后得到。

参考前述表 8-1 的数据说明，费用信息表中包含了科目编码列和科目名称列，此两列均能支持对不同费用种类的筛选。若以科目编码对费用种类进行筛选，则实

313

际营业费用的 DAX 表达式可表示为：

> 实际营业费用 = CALCULATE([实际费用总额], FILTER(' 费用信息表 ', NOT(' 费用信息表 '[科目编码] = 6711||' 费用信息表 '[科目编码] = 6301||' 费用信息表 '[科目编码] = 6801)))

　　其中，FILTER( ) 函数在费用信息表中筛选出科目编码不等于 6711、6301 和 6801 的所有数据行。CALCULATE( ) 函数在 FILTER( ) 筛选出的数据行中计算实际费用总额度量值。

思考

　　若针对科目名称进行费用筛选，则实际营业费用的 DAX 表达式是什么？请读者们自行在 Power BI 中动手实践。

　　由此，实际营业利润的 DAX 表达式为：

> 实际营业利润 = ROUND([实际毛利润]−[实际营业费用], 2)

　　或者为：

> 实际营业利润 = ROUND([实际毛利润]−CALCULATE([实际费用总额], FILTER(' 费用信息表 ', NOT(' 费用信息表 '[科目编码] = 6711||' 费用信息表 '[科目编码] = 6301||' 费用信息表 '[科目编码] = 6801))), 2)

　　注：ROUND( ) 函数对计算结果保留 2 位小数。

　　2. 计算实际利润总额

　　与营业利润类似，本任务中，利润总额的计算也分为实际利润总额的计算和预算利润总额的计算。根据设计，此处先分析利润总额的计算逻辑，然后给出实际利润总额的计算公式，后续还将给出预算利润总额的计算公式。

　　基于对费用信息表中的费用数据认知，可得利润总额的计算公式为：

利润总额＝毛利润 − 扣除所得税费用后的费用总额

　　则计算实际利润总额时，"毛利润"可用"实际毛利润"度量值来计算，"扣除所得税费用后的费用总额"可在"实际费用总额"度量值中去除所得税费用（科目代码 6801）金额后得到。

　　同样，以费用信息表中的科目编码列作为筛选列，则实际利润总额的 DAX 表达式可表示为：

> 实际利润总额 = ROUND([实际毛利润]−CALCULATE([实际费用总额], FILTER(' 费用信息表 ', ' 费用信息表 '[科目编码]<>6801)), 2)

　　3. 计算实际净利润

　　此处先分析净利润的计算逻辑，然后给出实际净利润的计算公式，后续还将给出预算净利润的计算公式。

基于对费用信息表中的费用数据认知，可得净利润的计算公式为：

净利润 = 毛利润 − 费用总额

则计算实际净利润时，"毛利润"可用"实际毛利润"度量值来计算，"费用总额"可用"实际费用总额"度量值来计算。即：

实际净利润 = ROUND([实际毛利润]−[实际费用总额], 2)

（二）新建利润分析相关度量值

步骤：选中度量值表，利用【表工具】|【计算】功能区中的【新建度量值】功能，依序创建下列度量值。

实际营业利润 = ROUND([实际毛利润]−CALCULATE([实际费用总额], FILTER (' 费用信息表 ', NOT(' 费用信息表 '[科目编码] = 6711||' 费用信息表 '[科目编码] = 6301||' 费用信息表 '[科目编码] = 6801))), 2)

实际利润总额 = ROUND([实际毛利润]−CALCULATE([实际费用总额], FILTER (' 费用信息表 ', ' 费用信息表 '[科目编码]<>6801)), 2)

实际净利润 = ROUND([实际毛利润]−[实际费用总额], 2)

（三）展示利润变动趋势

步骤 1：切换到费用预算差异分析报表页面。

步骤 2：参考图 8-10 中费用预算差异分析报表页的版面划分，该版面第二排左起第一个位置上的折线图用于展示实际利润变动趋势。

步骤 3：选中此折线图，将日期表的月份字段拖放至折线图的【X轴】中，将度量值表中的实际营业利润、实际利润总额和实际净利润依次拖至【Y轴】中。

步骤 4：设置折线图格式：① 关闭 X 轴标题和 Y 轴标题；② 打开数据标签，设置值的显示单位为无；③ 打开标记；④ 修改图表标题文本为"利润变动趋势"。

利润变动趋势图如图 8-24 所示。

图 8-24　利润变动趋势图

二、利润转化分析

下面采用漏斗图直观展示利润从销售收入→毛利润→营业利润→利润总额→净利润的转化情况。

步骤1：切换到利润预算差异分析报表页面。

步骤2：参考图8-10（c）中利润预算差异分析报表页的版面划分，该版面第二排右起第一个位置上的漏斗图用于展示不同利润指标间的转化情况。

步骤3：选中此漏斗图，将度量值表中的实际销售收入、实际毛利润、实际营业利润、实际利润总额、实际净利润等度量值依次拖到此视觉对象的【值】中。

步骤4：设置漏斗图对象格式：① 打开数据标签，设置值的显示单位为无；② 修改图表标题文本为"利润漏斗图"。

利润漏斗图如图8-25所示。

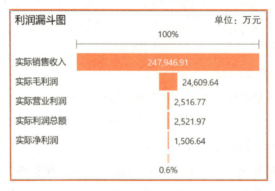

图8-25　利润漏斗图

图表释义

利润的转化过程就像一个漏斗，层层过滤，最终把企业各类业务的各种收支变成了最终的净利润。这张漏斗图就形象地展示了这个过程：华通公司全年的销售收入达到近24.79亿元，而扣除营业成本之后，毛利润只剩下2.46亿元，利润空间压缩较大；再扣除期间费用后，营业利润只有0.25亿元，利润空间进一步压缩至十分之一，最后再加上营业外收入、减去营业外支出，扣除所得税费用后，归属公司净利润仅存0.15亿元。

制作利润预算差异分析页面（1）

三、利润项目明细分析

利润项目明细分析是以项目形式分析各项目利润明细的一种内部管理方法。以华通公司对商品的类别划分为基础，分别计算汇总各类别商品的实际销售收入、实际销售成本、实际毛利润、实际毛利率、实际营业利润、实际营业利润率、实际利润总额、实际净利润和实际净利润率等。

（一）设计利润项目明细表

为完成利润项目明细分析任务，需要专门针对公司管理需求对商品类别进行收入和费用科目整理。数据源中的利润辅助表（参见表 8-1 的数据说明）是事先根据利润项目明细分析的需要专门制作的辅助表格。该表中的一级科目名称罗列了收入项目和费用项目，共计 15 项（销售收入、销售成本、销售毛利、销售毛利 %、营业利润、营业利润率 %、利润总额、净利润、净利润率 %、运营费用、财务费用、其他损益、资产减值损失、税金及附加、所得税费用）；不同一级科目名称下根据管理需要再继续划分二级科目，依次类推，二级科目下再划分三级科目。利润辅助表部分数据如图 8-26 所示。

科目序号	管理科目全称	一级科目序号	一级科目名称	一级科目方向	二级科目序号	二级科目方向	三级科目序号	三级科目名称	三级科目方向	科目长度	二级科目名称
1	销售收入/A类	1	销售收入	贷	1	贷	1	A类	贷	2	A类
2	销售收入/B类	1	销售收入	贷	2	贷	2	B类	贷	2	B类
3	销售收入/C类	1	销售收入	贷	3	贷	3	C类	贷	2	C类
4	销售收入/D类	1	销售收入	贷	4	贷	4	D类	贷	2	D类
5	销售收入/E类	1	销售收入	贷	5	贷	5	E类	贷	2	E类
6	销售成本/A类	2	销售成本	借	1	借	1	A类	借	2	A类
7	销售成本/B类	2	销售成本	借	2	借	2	B类	借	2	B类
8	销售成本/C类	2	销售成本	借	3	借	3	C类	借	2	C类
9	销售成本/D类	2	销售成本	借	4	借	4	D类	借	2	D类
10	销售成本/E类	2	销售成本	借	5	借	5	E类	借	2	E类
11	销售毛利/A类	3	销售毛利	贷	1	贷	1	A类	贷	2	A类
12	销售毛利/B类	3	销售毛利	贷	2	贷	2	B类	贷	2	B类

图 8-26　利润辅助表部分数据

 提　示

不同公司因管理对象不同，故在进行利润项目明细分析时，所需要的辅助数据也不同。本项目所建的利润辅助表并不是一成不变的辅助数据。作为财务人员，在转型管理会计的大趋势下，应该多参与企业的经营活动，多了解企业的业务流程，拓宽眼界，扩充思维，提升数字技能，为企业决策多提供有价值、有依据的建议。

（二）设计利润项目明细分析指标及度量值

按照任务四中"利润预算差异分析对象及指标的视觉版面设计"，下面将以矩阵展示不同利润项目的实际金额、实际金额增长额、增长率、预算金额、预算金额执行差额和执行率情况。

矩阵作为一种多维数据展示的视觉对象，其行和列都可用于多层次维度的数据展示。本任务中，将利润辅助表中与各商品类别有关的一级科目、二级科目和三级科目作为矩阵的行维度，此三级科目共同构成矩阵的三级行层次，如图 8-27 所示。每一行都代表一个要分析的利润项目。

对于矩阵中的每个利润项目（即每一行），设计展示该项目的

图 8-27　矩阵的三级行层次

实际项目金额、实际项目金额（上月）、实际项目金额增长额、实际项目金额增长率、预算项目金额、利润项目执行差异和利润项目执行差异率，即以这些指标作为矩阵的值。预计矩阵展示效果如图 8-28 所示。

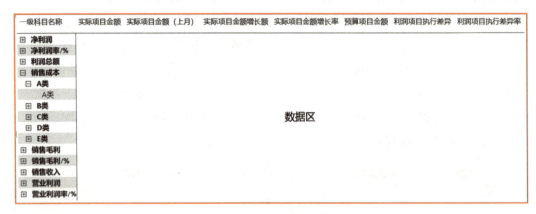

图 8-28　预计矩阵展示效果

在前面的任务中，我们已经创建了实际营业利润、实际利润总额和实际净利润度量值来完成实际营业利润、实际利润总额和实际净利润指标的计算。为完成图 8-28 所示的效果图，还需增加一些指标：预算营业利润、预算利润总额、预算净利润、营业利润率、净利润率、实际项目金额、预算项目金额、实际项目金额（上月）、实际项目金额增长额和实际项目金额增长率、利润项目执行差异和利润项目执行差异率。

1. 计算预算营业利润

预算营业利润的计算和实际营业利润的计算类似，都是使用毛利润 - 营业费用。参考前述表 8-1 的数据说明，费用预算表中包含科目名称列。以科目名称对费用种类进行筛选，则预算营业费用的 DAX 表达式可表示为：

预算营业费用 = CALCULATE([预算费用总额], FILTER(' 费用预算表 ', NOT(' 费用预算表 '[科目名称] = " 营业外收入 "||' 费用预算表 '[科目名称] = " 营业外支出 "||' 费用预算表 '[科目名称] = " 所得税费用 ")))

由此，预算营业利润的 DAX 表达式为：

预算营业利润 = ROUND([预算毛利润]-CALCULATE([预算费用总额], FILTER(' 费用预算表 ', NOT(' 费用预算表 '[科目名称] = " 营业外收入 "||' 费用预算表 '[科目名称] = " 营业外支出 "||' 费用预算表 '[科目名称] = " 所得税费用 "))), 2)

2. 计算预算利润总额

预算利润总额的计算和实际利润总额的计算类似，都是使用公式：

利润总额 = 毛利润 - 扣除所得税费用后的费用总额

"毛利润"可用"预算毛利润"、度量值来计算，"扣除所得税费用后的费用总额"可在"预算费用总额"度量值中去除所得税费用（科目代码6801）金额后得到。由此，预算利润总额的 DAX 表达式可表示为：

预算利润总额 = ROUND([预算毛利润]−CALCULATE([预算费用总额], FILTER (' 费用预算表 ',' 费用预算表 '[科目名称]<>" 所得税费用 ")), 2)

3. 计算预算净利润

根据净利润＝毛利润－费用总额，则计算预算净利润的 DAX 表达式为：

预算净利润 = ROUND([预算毛利润]−[预算费用总额], 2)

4. 计算营业利润率

根据营业利润率＝营业利润／销售收入，可得实际营业利润率和预算营业利润率的 DAX 表达式：

实际营业利润率 = DIVIDE([实际营业利润], [实际销售收入])

预算营业利润率 = DIVIDE([预算营业利润], [预算销售收入])

5. 计算净利润率

根据净利润率＝净利润／销售收入，可得实际净利润率和预算净利润率的 DAX 表达式：

实际净利润率 = DIVIDE([实际净利润], [实际销售收入])

预算净利润率 = DIVIDE([预算净利润], [预算销售收入])

6. 计算实际项目金额

计算实际项目金额即为矩阵的每一个行维度计算实际相关项目金额。由图 8-27 可知，行维度由利润辅助表的收入科目或费用科目组成。在前面的内容中，我们知道，收入和费用的计算各有其对应的度量值。例如，销售收入科目的实际值对应实际销售收入度量值；销售成本科目的实际值对应实际销售成本度量值；利润总额科目的实际值对应实际利润总额度量值等。矩阵各个行维度科目的实际值对应的度量值名称如图 8-29 所示。

图 8-29 所示的矩阵是以利润辅助表的一级科目名称列作为【行】，以实际项目金额度量值作为【值】。然而，从图 8-29 中还可以看出，每行一级科目名称的实际项目金额的计算又对应着各自的度量值，9 种一级科目对应了 9 个不同的度量值。也就是说，实际项目金额度量值作为矩阵的【值】字段，其应该能够达到这样一种计算效果：为每行科目名称自动匹配所需的度量值。

一级科目名称	实际项目金额
净利润	实际净利润度量值
净利润率/%	实际净利润率度量值
利润总额	实际利润总额度量值
销售成本	实际销售成本度量值
销售毛利	实际毛利润度量值
销售毛利/%	实际毛利率度量值
销售收入	实际销售收入度量值
营业利润	实际营业利润度量值
营业利润率/%	实际营业利润率度量值

图 8-29　行维度科目的实际值与度量值名称的对应关系

根据上面的分析，实际项目金额度量值的 DAX 表达式如下：

```
实际项目金额 =
VAR lev = SELECTEDVALUE(' 利润辅助表 '[ 一级科目名称 ])
RETURN
SWITCH(true,
lev = " 销售收入 ", CALCULATE([ 实际销售收入 ], TREATAS(VALUES(' 利润辅助表 '[ 二级科目名称 ]),' 商品信息表 '[ 商品分类 ])),
lev = " 销售成本 ", CALCULATE([ 实际销售成本 ], TREATAS(VALUES(' 利润辅助表 '[ 二级科目名称 ]),' 商品信息表 '[ 商品分类 ])),
lev = " 销售毛利 ", CALCULATE([ 实际毛利润 ], TREATAS(VALUES(' 利润辅助表 '[ 二级科目名称 ]),' 商品信息表 '[ 商品分类 ])),
lev = " 销售毛利 %", CALCULATE([ 实际毛利率 ], TREATAS(VALUES(' 利润辅助表 '[ 二级科目名称 ]),' 商品信息表 '[ 商品分类 ])),
lev = " 营业利润 ", [ 实际营业利润 ],
lev = " 营业利润率 %", [ 实际营业利润率 ],
lev = " 利润总额 ", [ 实际利润总额 ],
lev = " 净利润 ", [ 实际净利润 ],
lev = " 净利润率 %", [ 实际净利润率 ])
```

其中，lev 变量的值由 "SELECTEDVALUE(' 利润辅助表 '[一级科目名称])" 函数返回，此函数返回利润辅助表的一级科目名称列的当前值。即实际项目金额度量值的值受到当前上下文的影响，当矩阵的当前行是 "销售收入" 一级科目时，"SELECTEDVALUE(' 利润辅助表 '[一级科目名称])" 返回的就是 "销售收入"；同理，当矩阵的当前行是 "净利润" 一级科目时，"SELECTEDVALUE(' 利润辅助表 '[一级科目名称])" 返回的就是 "净利润"。

弄清了 lev 变量的值，继续来看 RETURN 为实际项目金额度量值带回的返回值。根据 DAX 表达式可知，RETURN 返回的是 SWITCH( ) 函数的计算结果。而 SWITCH( ) 是依次检查哪个值的计算结果等于逻辑值 true，即 SWITCH( ) 首先检查 "lev = " 销售收入 "" 是否为 true，若是，则返回 "CALCULATE([实际销售收入], TREATAS(VALUES(' 利润辅助表 '[二级科目名称]),' 商品信息表 '[商品分类]))" 的计算结果；若否，则顺序检查 "lev = " 销售成本 "" 是否为 true，若是，则返回 "CALCULATE([实际销售成本], TREATAS(VALUES(' 利润辅助表 '[二级科目名称]),' 商品信息表 '[商品分类]))" 的计算结果；依此类推，若直到最后一个值 "lev = " 净利润率 %"" 才为 true，则返回实际净利润率度量值。

至此，实际项目金额度量值的计算逻辑就弄明白了，虽然公式很长，但整体框架就是依据矩阵行这一计值上下文，确定变量 lev 的值，再根据变量 lev 的值，确定

SWITCH 的计算结果，再将 SWITCH 的计算结果由 RETURN 返回给实际项目金额度量值，作为实际项目金额度量值的计算结果。

接下来的问题是，SWITCH( ) 函数中包含 4 个 CALCULATE( ) 函数，那么这些 CALCULATE( ) 函数又是如何计算的呢？下面以 "CALCULATE([实际销售收入], TREATAS(VALUES(' 利润辅助表 '[二级科目名称]), ' 商品信息表 '[商品分类]))" 为例进行说明。

此 CALCULATE( ) 函数的功能是以 "TREATAS(VALUES(' 利润辅助表 '[二级科目名称]), ' 商品信息表 '[商品分类])" 为筛选条件，计算实际销售收入度量值。TREATAS( ) 函数的功能是在利润辅助表和商品信息表之间建立一个临时的表间关系（相关列分别是利润辅助表的二级科目名称列和商品信息表的商品分类列，请读者自行查看此两表的相关列取值，对比其取值特征），这个关系的 "一" 端是利润辅助表（"VALUES(' 利润辅助表 '[二级科目名称])" 返回的是利润辅助表的二级科目名称列的唯一值，因此利润辅助表是 "一" 端），"多端" 是商品信息表（商品信息表的商品分类列不具备唯一值特征）。

但是为什么要用 TREATAS( ) 建立临时表间关系，并将其作为 CALCULATE( ) 函数的筛选条件呢？矩阵的行维度是利润辅助表的一级科目名称、二级科目名称和三级科目名称，行维度作为实际项目金额度量值的计值上下文，会对 CALCULATE( ) 函数计算实际销售收入度量值产生影响，而实际销售收入度量值是基于销售信息表计算销售收入的，但销售信息表与利润辅助表之间并不存在关联关系（参见图 8-6 的表间数据模型，此模型中的表间关系是永久表间关系），这样的话，矩阵当前行上下文就无法影响实际销售收入度量值的计算。若矩阵当前行是销售收入一级科目下的 A 类二级科目，那就需要实际项目金额度量值计算 A 类商品的实际销售收入，而科目所在的利润辅助表和销售收入所在的销售信息表不存在表间关联，就无法实现此联动计算。若用 TREATAS( ) 函数在利润辅助表和销售信息表之间临时建立关联，结合表 8-6 的表间数据模型（商品信息表和销售信息表间存在永久关联关系），那么，利润辅助表、商品信息表及销售信息表这三表之间就形成了关联关系，也就能够支持根据矩阵行维度的上下文计值环境，完成实际销售收入度量值的计算。

🔔 提 示

基于多表数据的计算模型复杂度较高，而实际中的财务大数据分析却离不开多表数据。逐步分解计算公式，理顺每个函数在数据中的计算逻辑，是掌握财务大数据分析技术的必由之路。

7. 计算预算项目金额

与实际项目金额的计算方法类似，预算项目金额的 DAX 表达式如下：

```
预算项目金额 =
VAR lev = SELECTEDVALUE(' 利润辅助表 '[ 一级科目名称 ])
RETURN
SWITCH(true,
lev = " 销售收入 ", CALCULATE([ 预算销售收入 ], TREATAS(VALUES(' 利润辅助
表 '[ 二级科目名称 ]), ' 商品信息表 '[ 商品分类 ])),
lev = " 销售成本 ", CALCULATE([ 预算销售成本 ], TREATAS(VALUES(' 利润辅助
表 '[ 二级科目名称 ]), ' 商品信息表 '[ 商品分类 ])),
lev = " 销售毛利 ", CALCULATE([ 预算毛利润 ], TREATAS(VALUES(' 利润辅助
表 '[ 二级科目名称 ]), ' 商品信息表 '[ 商品分类 ])),
lev = " 销售毛利 %", CALCULATE([ 预算毛利率 ], TREATAS(VALUES(' 利润辅助
表 '[ 二级科目名称 ]), ' 商品信息表 '[ 商品分类 ])),
lev = " 营业利润 ", [ 预算营业利润 ],
lev = " 营业利润率 %", [ 预算营业利润率 ],
lev = " 利润总额 ", [ 预算利润总额 ],
lev = " 净利润 ", [ 预算净利润 ],
lev = " 净利润率 %", [ 预算净利润率 ])
```

8. 计算实际项目金额（上月）

实际项目金额（上月）是计算实际项目金额度量值上一月份的值，DAX 表达式如下：

```
实际项目金额 ( 上月 ) = CALCULATE([ 实际项目金额 ], DATEADD(' 日期
表 '[Date], –1, MONTH))
```

9. 计算实际项目金额增长额和实际项目金额增长率

```
实际项目金额增长额 = [ 实际项目金额 ]–[ 实际项目金额 ( 上月 )]
实际项目金额增长率 = DIVIDE([ 实际项目金额 ]–[ 实际项目金额 ( 上月 )], [ 实际
项目金额 ])
```

10. 计算利润项目执行差异和利润项目执行差异率

```
利润项目执行差异 = [ 预算项目金额 ]–[ 实际项目金额 ]
利润项目执行差异率 = DIVIDE([ 实际项目金额 ], [ 预算项目金额 ])
```

（三）新建利润项目明细分析度量值

选中度量值表，利用【表工具】|【计算】功能区中的【新建度量值】功能，依序创建（二）中所设计的所有度量值。

322

（四）展示利润项目明细分析表

步骤1： 切换到利润预算差异分析报表页面。

步骤2： 参考图8-10中利润预算差异分析报表页的版面划分，该版面中第三排位置上的矩阵用于展示利润项目明细分析表。

步骤3： 选中此矩阵，将利润辅助表中的一级科目名称、二级科目名称、三级科目名称依次拖至矩阵的【行】中，将度量值表中的实际项目金额、实际项目金额（上月）、实际项目金额增长额、实际项目金额增长率、预算项目金额、利润项目执行差异、利润项目执行差异率等度量值依次拖至矩阵的【值】中。

步骤4： 修改此矩阵中个别值字段的显示名称。将"实际项目金额增长额"修改为"增长额"，将"利润项目执行差异"修改为"执行差异"，将"利润项目执行差异率"修改为"执行率"。

步骤5： 设置矩阵对象格式：① 为矩阵对象设计样式预设为差异最小；② 依次设置矩阵的值、列标题、行标题的字体大小为12；同时，设置列标题和行标题的字体加粗；③ 关闭矩阵的列小计和行小计；④ 将实际项目金额增长率和执行率字段的条件格式设置为图标，规则自行定义；⑤ 调整矩阵数据按照实际"项目金额"的降序进行排序。

利润项目明细分析表效果如图8-30所示。

一级科目名称	实际项目金额 ▼	实际项目金额（上月）	增长额		实际项目金额增长率	预算项目金额	执行差异	执行率	
⊞ 销售收入	247,946.91	226,372.28	21,574.63	↑	8.70%	291,505.58	43,558.67	⬤	85.06%
⊞ 销售成本	223,337.27	203,622.96	19,714.31	↑	8.83%	233,790.25	10,452.98	⬤	95.53%
⊞ 销售毛利	24,609.64	22,749.32	1,860.32	↑	7.56%	57,715.33	33,105.69	▲	42.64%
⊞ 利润总额	2,521.97	2,825.09	-303.12	→	-12.02%	37,434.54	34,912.57	◆	6.74%
⊞ 营业利润	2,516.77	2,820.38	-303.61	→	-12.06%	37,429.80	34,913.03	◆	6.72%
⊞ 净利润	1,506.64	1,930.71	-424.07	↓	-28.15%	36,562.98	35,056.34	◆	4.12%
⊞ 销售毛利/%	0.10	0.10	0.00	↑	-1.25%	0.20	0.10	▲	50.13%
⊞ 营业利润率/%	0.01	0.01	0.00	→	-22.74%	0.13	0.12	◆	7.91%
⊞ 净利润率/%	0.01	0.01	0.00	↓	-40.36%	0.13	0.12	◆	4.84%

图8-30　利润项目明细分析表

✅ 图表解析

该图表比较综合地反映出了华通公司经营预算的差异情况。从收入来看，公司全年销售目标为29.15亿元，而实际完成了24.79亿元，完成率为85.06%。从销售成本来看，公司全年销售成本预计为23.38亿元，按照销售收入完成率折算，公司较为理想的成本目标应控制为19.87亿元（23.38×0.85），而实际成本为22.33亿元，高出2.46亿元。在收入不理想的情况下，公司成本并没有相应减少，反而增加，无疑压缩了公司盈利空间。结合费用差异分析，公司全年的费用整体上呈现上涨态势，并且每个月的实际费用总额均高于预算费用总额，可见公司费用管控力度并不高，这又进一步压缩了利润空间。由此不难发现，公司全年净利润目标为 3.66 亿元，而实际只完成了 0.15 亿元，完成率仅仅为 4.12%。

四、企业利润预算差异综合展示

下面将在利润预算差异分析报表页面添加月份、部门名称及金额单位 3 个切片器，以切片器的交互筛选功能支持企业利润预算差异综合分析。

步骤 1：切换到利润预算差异分析报表页面。

步骤 2：参考图 8-10 利润预算差异分析报表页的版面划分，该版面第一排位置上的 3 个切片器依次是月份切片器、部门名称切片器和金额单位切片器。

步骤 3：单击【视图】|【显示窗格】功能区中的【同步切片器】，在打开的同步切片器窗格中，将费用预算差异分析报表页中的月份切片器、部门切片器和金额单位切片器同步到利润预算差异分析报表页面。

步骤 4：取消月份切片器对利润变动趋势折线图的筛选控制。

企业利润预算差异综合展示的最终效果如图 8-31 所示。

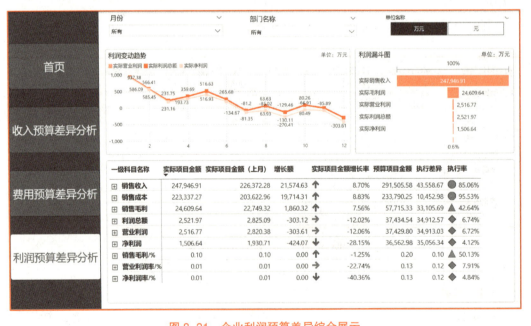

图 8-31　企业利润预算差异综合展示

制作利润预算差异分析页面（2）

🔔 提　示

可将本任务创建的所有度量值归整到利润预算文件夹。

项目评价

在"学习评价表"上记录一下你学会了多少。

学习评价表

学习内容	完成度评价
企业经营预算数据整理	是□　否□
企业经营预算分析整体设计	是□　否□
企业经营预算可视化分析报表设计	是□　否□
企业经营预算分析视觉版面设计	是□　否□
大数据技术在销售收入预算分析中的应用	是□　否□
大数据技术在费用预算分析中的应用	是□　否□
大数据技术在利润预算分析中的应用	是□　否□

　　高翠莲，国家首批"万人计划"教学名师，山西省财政税务专科学校会计学院院长、二级教授、太原理工大学硕士生导师，拥有会计师、注册会计师、注册税务师专业技术资格，从事会计教学、理论与实践研究近40年。全国先进会计工作者，山西省"三晋英才"高端领军人才；国家特色高水平高职学校重点专业群建设项目负责人，财税大数据应用专业国家级职业教育教师教学创新团队负责人，国家黄大年式教师团队负责人，国家优秀教学团队负责人，全国教育系统先进集体带头人，全国高职会计职业技能大赛设计者和专家组组长，国家职业教育大数据与会计（会计）专业教学资源库项目主要负责人。兼任中国商业会计学会职业教育分会副会长、全国会计教育专家委员会委员、全国财经职业教育集团副理事长等职务。

　　曾获教育部"先进工作者"、山西省五一劳动奖章，并获山西省教学名师，山西省"双师型教学名师""青年科技奖""教育专家奖""精神文明奖""巾帼建功标兵"等荣誉称号。获国家教学成果一等奖一项、二等奖一项；山西省教学成果特等奖一项、一等奖三项，荣立山西省劳动竞赛委员会一等功一次、三等功一次。主持完成"企业经济业务核算"国家精品课程和国家精品资源共享课程；主持建设国家职业教育专业教学资源库课程"出纳业务操作"和职业教育国家在线精品课程"企业内部控制"。出版专著1部，主编教材40余部，其中首届全国教材建设奖全国优秀教材1部，国家级规划教材10部；主持制定全国高职大数据与会计专业和会计信息管理专业教学标准；组织制定全国高职会计专业实训教学条件建设标准；主持完成教育部"会计专业中高职衔接教学标准"课题1项；主持或参与完成省级科研课题25项；公开发表学术论文50余篇。

乔冰琴，山西省财政税务专科学校大数据学院院长、副教授，计算机应用技术专业工学博士，信息系统项目管理师、信息系统监理师。山西省财政厅先进个人、山西省优秀党员。从事会计电算化教学、计算机专业教学、智能会计专业教学。发表论文20余篇，主编和参编教材10余部，主持和参与省级及以上课题20余项。参与山西省省级精品课"计算机公共基础"，主持山西省在线精品课程"财务大数据基础"，主编"十四五"职业教育国家规划教材《财务大数据基础》，曾获山西省微课大赛二等奖，担任多项国家及省级职业技能大赛和全国大学生数学建模竞赛指导教师。

谢计生，中级经济师，厦门科云信息科技有限公司创始人，长期致力于财经教育行业的相关工作，专注产教融合解决方案研究。主持教育部1+X证书制度试点的"企业财务与会计机器人应用职业技能等级证书标准"开发，主持"财会职业能力养成平台""智慧财务创新实训中心""人工智能财务专业仿真实训"等校企合作、产教融合项目开发与实施，发表了《浅谈中小企业竞聘上岗制度》等论文。曾参与编写"十三五"职业教育国家规划教材配套教学用书《纳税实务仿真实训》。

郑重声明

高等教育出版社依法对本书享有专有出版权。任何未经许可的复制、销售行为均违反《中华人民共和国著作权法》，其行为人将承担相应的民事责任和行政责任；构成犯罪的，将被依法追究刑事责任。为了维护市场秩序，保护读者的合法权益，避免读者误用盗版书造成不良后果，我社将配合行政执法部门和司法机关对违法犯罪的单位和个人进行严厉打击。社会各界人士如发现上述侵权行为，希望及时举报，我社将奖励举报有功人员。

反盗版举报电话 （010）58581999　58582371

反盗版举报邮箱　dd@hep.com.cn

通信地址　北京市西城区德外大街 4 号

　　　　　高等教育出版社法律事务部

邮政编码　100120

读者意见反馈

为收集对教材的意见建议，进一步完善教材编写并做好服务工作，读者可将对本教材的意见建议通过如下渠道反馈至我社。

咨询电话　400-810-0598

反馈邮箱　gjdzfwb@pub.hep.cn

通信地址　北京市朝阳区惠新东街 4 号富盛大厦 1 座

　　　　　高等教育出版社总编辑办公室

邮政编码　100029

防伪查询说明

用户购书后刮开封底防伪涂层，使用手机微信等软件扫描二维码，会跳转至防伪查询网页，获得所购图书详细信息。

防伪客服电话 （010）58582300

资源服务提示

授课教师如需获取本书配套教辅资源，请登录"高等教育出版社产品信息检索系统"（http://xuanshu.hep.com.cn/），搜索本书并下载资源。首次使用本系统的用户，请先注册并进行教师资格认证。

高教社高职会计教师交流及资源服务 QQ 群（在其中之一即可，请勿重复加入）：

QQ3 群：675544928　QQ2 群：708994051（已满）

QQ1 群：229393181（已满）

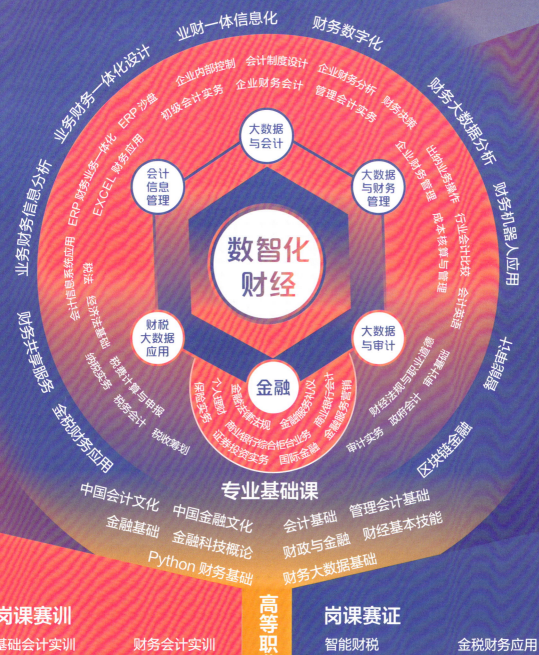

业财一体信息化　　财务数字化

业务财务一体化设计

EXCEL 财务应用　ERP 财务业务一体化　ERP 沙盘

企业内部控制　会计制度设计　企业财务分析

初级会计实务　企业财务会计　管理会计实务　财务决策

财务大数据分析　财务机器人应用

出纳业务操作　行业会计比较　会计英语

企业财务管理　成本核算与管理

数智化财经

大数据与会计

会计信息管理

大数据与财务管理

财税大数据应用

大数据与审计

金融

业务财务信息分析

会计信息系统应用　手工帐

财务管理实务　内部审计实务

税务基本技能　务

税务会计　税收筹划

税费计算与申报

保险实务　六人通关

金融法律法规　金融服务礼仪

证券投资实务　商业银行综合柜台业务

商业银行会计　金融服务营销

国际金融

财经法规与职业道德　审计基础

审计实务　政府会计

区块链金融　智能审计

专业基础课

中国会计文化　中国金融文化　　会计基础　管理会计基础

金融基础　金融科技概论　　财政与金融　财经基本技能

Python 财务基础　　财务大数据基础

高等职业教育财经类专业群

岗课赛训

基础会计实训　　财务会计实训

成本会计实训　　出纳岗位实训

审计综合实训　　税务会计实训

管理会计实训　　会计综合实训

数字金融业务实训　　会计信息化实验

岗课赛证

智能财税　　　金税财务应用

财务共享服务　业财一体信息化应用

财务数字化应用　数字化管理会计

智能估值　　　智能审计

财务机器人应用